鲁迅（1881—1936）　　周作人（1885—1967）　　周建人（1888—1984）

耽讀

度尽劫波：

周氏三兄弟

黄乔生

人民出版社

题三义塔

三义塔者，中国上海闸北三义里遗鸠埋骨之塔也，在日本，农人共建之。

奔霆飞熛歼人子，败井颓垣剩饿鸠。偶值大心离火宅，终遗高塔念瀛洲。精禽梦觉仍衔石，斗士诚坚共抗流。度尽劫波兄弟在，相逢一笑泯恩仇。

序言

"度尽劫波兄弟在，相逢一笑泯恩仇"，出自鲁迅诗《题三义塔》。一只鸽子在"一·二八"战事炮火中受伤，被一位日本学者救出废墟，带回日本抚养，一年多后，鸽子死去，日本朋友埋葬鸽子并建塔标志，求碑铭于鲁迅。鲁迅在诗中表达了中日两国人民亲如兄弟的愿望。但事与愿违，两国关系不但鲁迅时代不能"泯恩仇"，而且后来更加恶化。鲁迅写这首诗特别是"度尽""相逢"一联的时候，可能会想到自己的两个弟弟，尤其想到自己与二弟周作人之间的失和，可能寄希望于恢复早年兄弟怡怡的情态。但这希望也落空了，不但他和二弟周作人再未相见，就是后来同城居住的作人与建人也老死不相往来。

百年家族的命运和三兄弟之间的恩怨引人瞩目，发人深思。

我1998年出版的关于周氏三兄弟的书，书名《度尽劫波——周氏三兄弟》即来自鲁迅的诗句。历来有不少将鲁迅和周作人两兄弟比较的文字，传统上所说的"周氏兄弟"，主要是指鲁迅和周作人两个文学巨匠，对于排行第三的周建人，注意不多。我的这本书是第一次将三兄弟合传的尝试。2007年，我做了一些文字上的修改，以《周氏三兄弟》之名出了第二版。

三兄弟合传有必要，但并不容易写好。其困难在于如何发挥合传的优势。将兄弟放在一起观察，应该比他们各自的传记多出些什么，更注重兄弟之间的联系，进行异同的比较。但叙述文学活动，不能不把大量篇幅给鲁迅和周作人，建人总处于陪衬的地位。这是本书题材的先天不足。不过，这种陪衬地位造成对建人及大家庭生活的伤害，也对两个兄长的人生历程起到了不小的影响，却又是合传的一点收获。

2009 年，因为三兄弟曾经聚居的宅院八道湾十一号面临改造，我起手写作《八道湾十一号》一书，2015 年由三联书店出版。其中有些章节如"全家福""文学共同体""房产"等是对《周氏三兄弟》一书相关章节的细化和补充。

2016 年年初，我开始修订《周氏三兄弟》一书，其实我起初觉得没有必要再版，因为《八道湾十一号》虽然单薄，但找到三兄弟生平的交汇点，截取一个横断面，容易把握；而且从院内到院外，多有所扩展；而三兄弟合传，题目太大，枝节过多，有分有合，分多于合，常常话分三头，却只表一枝，顾此失彼，难以周全。但朋友们认为：此书自上一版到现在，已近十年，坊间上很难见到；《八道湾十一号》只是部分细化了三兄弟共同生活时期的叙述，三兄弟青少年时代在一起生活时间更长，他们成长道路的经验值得分享给更多读者。两本书比较起来，一个是横切面，比较细致；一个纵向地叙述三兄弟行状，时间跨度更大，所涉范围更广，牵连人物更多，两书有连续性也有互补性，可以并行。我被说服了。但一着手修订，便觉得问题不少，工程浩大，费力甚多，仍有遗憾。我尽力补充历年来发现的新材料。但为了篇幅的考虑，也删掉了不少段落乃至章节。因此叙述三兄弟成长道路时，一面因为自己知识储备的不足，一面也因为篇幅的限制，细节仍不充分；三兄弟思想的异同，也没有足够的阐发；周作人任伪职时期的思想脉络叙述不够完整；建人晚年的活动，尚不能勾勒出完整的轮廓，更遑论细节乃至幽微。原来设想的通过三兄弟的成长史反映家族变迁和时代社会风貌的目标，不免大打折扣。

尽管我有时困惑合传是否能成立，怀疑自己是否有能力做好这项工作，但我还是要感谢这个主题——把三兄弟放在一起考察，毕竟让我思考了一些问题，也促进了我的工作。

关于三兄弟尤其是鲁迅、周作人已经有很充分的传记材料和研究论著，我只是在已有成果的基础上，做了一些编排组织工作，这是必须申明而且向前贤表示感谢的；感谢本书出版过程中杜卫红、王兆阳、张胜、李建新、罗少强诸君给予我的鼓励和帮助；北京等地的鲁迅博物馆和纪念馆提供了资料特别是图像资料，为本书增色不少，谨致诚挚的感谢；北京市第三十五中学校长朱建民先生关心本书的再版。三十五中校内的"周氏兄弟旧居"正是八道湾十一号三兄弟故宅，《周氏三兄弟》和《八道湾十一号》两本书都与这个中国新文学重要遗存有关。朱校长说，学校师生很喜欢《八道湾十一号》，因此也很期待《周氏三兄弟》的再版。我衷心感谢师生们的厚爱，并期待师生们和读者朋友们对拙著批评教正。

黄乔生

2016年12月8日于北京阜成门

目录

V 1945—

引子

绍兴龙山越王台，越王勾践卧薪尝胆之地

绍兴位于浙江东部。相传大禹治水成功，在此计功行赏，因得会稽之名。春秋时，这里是越国都城，故也称越。越曾败于吴，越王勾践卧薪尝胆，终得复国，遂享"报仇雪耻之乡"美誉。

然而，"绍兴"这个名字却不令人喜欢。

它是宋朝被北方民族赶到江南、偏安一隅时给自己壮胆打气的名号。康王赵构取古书"绍祚中兴"语，名之为"绍兴"。但赵家皇帝却没有勾践报仇雪耻的强力，后来把宫廷迁到杭州，"直把杭州作汴州"，沉溺享乐，意志衰退，终于国破家亡了。

水乡绍兴，景物秀美。《世说新语》称赞说："从山阴道上行，山川自相映发，使人应接不暇。"鲁迅在《好的故事》中写道："两岸边的乌桕，新禾，野花，鸡，狗，丛树和枯树，茅屋，塔，伽蓝，农夫和村妇，村女，晒着的衣裳，和尚，蓑笠，天，云，竹，……都倒影在澄碧的小河中，随着每一打桨，各各夹带了闪烁的日光，并水里的萍藻游鱼，一同荡漾。"

因为海禁和治理不善，绍兴并不富庶。人民弊衣疏食，终年劳苦，才仅得糊口。农家日常食物是饭和干菜，居家十分节俭，便是城里人，一般也都赶在天黑之前把事做完，以免点灯费油。

"绍兴师爷"闻名全国。

师爷就是幕僚，是衙门或军队里参谋、办事的专职人员。因分工不同，有刑名师爷、账房师爷、钱粮师爷和书启师爷等。绍兴最多的是刑名师爷和钱粮师爷。

明清两朝绍兴师爷遍布全国，有"无绍不成衙"之说。因为师爷多，绍兴渐渐养成遍布民间的一种风气，人称"师爷气"，也叫作"浙东性"。在文学上，清末章学诚、李慈铭等就颇具此种品格，他们看问题深刻透彻，文章如老吏断狱，言辞辛辣。鲁迅一生不断与人论战，主张睚眦必报，曾申述"痛打落水狗"的主张，甚至临终还有"一个也不宽恕"的宣言。他的一些论敌把他称为"刀笔吏"。

周作人说自己身上也有绍兴师爷的遗风，有"浙东性"。

钱店官的特点自然是账目清楚，乃至锱铢必较。鲁迅的日记记录见闻不多，抒发感受更少，但对于往来账目，银钱事情，却不含糊。20世纪六七十年代去过绍兴的外地人惊奇地发现，在集贸市场上，几乎每一个购买者都自带一杆秤，便是买很普通的蔬菜也要亲自称量一番。这大概就是钱店官作风的遗留。难怪鲁迅、周作人等绍兴出身的文豪性格中有刑名和钱粮兼而有之的师爷气。

当然，绍兴决不是只有这一种品格，在"硬气""师爷气"之外，还有豪迈、飘逸之气，同样在文人身上得到显现。唐代有自号"四明狂客"、被誉为"饮中八仙"之一的诗人贺知章；宋代有"放翁"陆游；明清以降，出现了徐渭（文长）、王思任（季重）、张岱（宗子）等文艺奇才。

绍兴深厚的文化底蕴，悠久、丰赡的文学传统，加上时代风云激荡，培育了周氏三兄弟：鲁迅（周树人）是中国现代伟大的文学家和思想家；周作人是新文化运动的大将，其文学成就可与其长兄比肩，可惜后来投敌叛国，累及一世英名；周建人虽然文学才华不及两个哥哥，但在科普和翻译方面也有一定建树。

周氏一门三杰，彪炳史册，堪称奇迹。

I

1881—

一　官宦人家

水乡绍兴

周家台门

"翰林"匾。鲁迅的祖父周福清于同治十年（1871年）中进士，被钦点为翰林院庶吉士

台门

1881 年 9 月 25 日,浙江省绍兴府城东周家新台门诞生了一个男孩。孩子的祖父、在北京担任内阁中书的周福清得到消息,十分高兴。报喜信中请他这个周家最有学问的人给新生儿起名。正巧当时有位姓张的官员来访,老先生就决定道:孩子就叫阿张吧。随即觉得"张"字太常用,就找了个同音字"樟",大名叫樟寿,小名唤作阿樟,字豫山,取"豫章之材"的典故。因为"豫山"与"雨伞"谐音,被人取笑,就改为豫才。后来,这个孩子多次改名,考入新式学堂用的是"周树人",从事写作又用过很多笔名,但以笔名"鲁迅"闻于天下。

鲁迅一直到十三岁才见到祖父。他常听人们讲祖父的故事:如何勤奋读书,进学、中举、中进士、点翰林,在外地和京城做官……祖父在他脑子里是一个虽然形象模糊但很了不起的人物,因为读书做官是那个时代最荣耀的事。

周家在绍兴城里住的是台门。所谓台门,就是大宅邸,是官宦之家或巨商富贾营造的住所。周福清在一篇写给后代的家教读本《恒训》中说:周家在明朝万历年间,就达到小康的水平了,此后世世代代耕读传家。到了乾隆年间,达到鼎盛,有老七房、小七房,人口众多,田产超过一万亩,开设当铺十几间。后来,因为家人不知节俭,加上战乱,家产渐渐耗损,到周福清这一代回落到小康水平。

周福清经常以本族的发达史激励后代,也以复兴家族为己任。

在绍兴的辞典里，官宦人家的后代被称为"台门货"，受人尊敬。从台门里走出来，他们自会有一种与众不同的感觉：生来要读书做官，不会也不能干粗活。晚上出门，仆人在前边打着灯笼，黄色灯壳上有三个黑色的大字"汝南周"，表示本族乃从中原地区迁徙过来。周家的祖先可能是为躲避金兵而迁徙到南方的。从那时到鲁迅一代，已经过去了七百多年，很多事无可考证了。周福清参加科举考试的履历表上写道："元公，宋封汝南伯，元封道国公，学者称濂溪先生，从祀文庙。"元公指的是宋代理学大师周敦颐（1017—1073）。

周敦颐本籍湖南道县，汝南伯是他的封号。周家既然是濂溪先生之后，应该说祖籍湖南，但称湖南人不免显得平淡了一些，用汝南伯这个爵位对外宣传，颇能增多几分荣光。

宗法社会里宗亲观念重。儿童读书伊始，就要熟读甚至背诵四字一句押韵的《百家姓》；稍长，还要了解家族的历史，以使其不忘根本。《百家姓》在每姓之后，注明其源自何地。例如赵姓，注文说是"陇西天水人也"。赵匡胤发动陈桥兵变，黄袍加身，开辟了宋朝天下。《百家姓》成于宋朝，编者把皇家姓氏列在首席，巴结之意不言自明。至今还有喜欢搬弄旧学的人，提到宋代时，或曰"赵宋"，或者称之为"天水一朝"。

鲁迅的名著《阿Q正传》里所写的未庄，有两个家庭被远近乡民称颂敬畏，一家姓赵，另一家姓钱，正好是《百家姓》起首两个，真可谓数一数二。作者似乎信手拈来，其实大有讲究。阿Q是个打短工的，被人瞧不起，地位低微到大家觉得他有没有姓无关紧要。不过，他看到人家（尤其是赵家）有名有利，十分钦羡，渐渐地觉得自己似乎确凿地也姓赵了，言语之间不免有所表露甚至炫耀。然而，赵家老爷岂能容忍此种僭妄行为？

> 那知道第二天，地保便叫阿Q到赵太爷家里去；太爷一见，满脸溅朱，喝道：
>
> "阿Q，你这浑小子！你说我是你的本家么？"
>
> 阿Q不开口。
>
> 赵太爷愈看愈生气了，抢进几步说："你敢胡说！我怎么会有你这样的本家？你姓赵么？"
>
> 阿Q不开口，想往后退了；赵太爷跳过去，给了他一个嘴巴。
>
> "你怎么会姓赵！——你那里配姓赵！"

可怜阿Q连自己姓什么都不知道，想攀附名流又挨了打，至于搞革命、分田地、当官做老爷，他就更沾不上边儿了！

周福清追本溯源，攀扯名人，孙辈们也隐隐约约地受了些影响。鲁迅曾写诗《莲蓬人》，后两联道："扫除腻粉呈风骨，褪却红衣学淡妆。好向濂溪称净植，莫随残叶堕寒塘！"周作人少年时代写的诗文署过"汝南介孙氏"。家族文化的印记打在脑海中，轻易不会消除——他们内心里恐怕也不愿消除——往往自觉不自觉地从笔底流出。

周福清点了翰林后，周氏家族三个台门的仪门上都挂上蓝底金字的"翰林"匾额。两个大字旁边的泥金小楷写的是："巡抚浙江等处地方提督军务节制各镇兼管两浙盐政杨昌浚为钦点翰林院庶吉士周福清立。"仿佛一张巨幅名片，让来访者一进门便知晓主人的身份。

新台门的大厅名为"德寿堂"，两旁柱子上有副对联：

品节详明德性坚定

事理通达心气和平

这联语看起来眼熟——原来曾出现在鲁迅小说《祝福》里鲁四老爷家:"我回到四叔的书房里时,瓦楞上已经雪白,房里也映得较光明,极分明的显出壁上挂着的朱拓的大'寿'字,陈抟老祖写的,一边的对联已经脱落,松松的卷了放在长桌上,一边的还在,道是'事理通达心气和平'。"鲁迅不写上联,可能是不愿意暴露写的是自己的家族,也可能意在说明旧式家族的破败,更可能是在讽刺鲁四老爷,因为他虽然竭力道貌岸然,但对祥林嫂之死表现的愤恨和急躁情绪与对联要求差距很大。

宅子的后面有一个花园,大家叫它百草园,是家里孩子们游玩的地方。

四男一女

绍兴风俗,新生儿吃奶以前,要先尝五样东西,依次是醋、盐、黄连、钩藤和糖。醋,酸得让人眉眼挤在一处,古人有言"吃得五斗醋,方能做宰相";盐是咸的;黄连,苦;钩藤刺嗓子,这些东西成人都难以下咽,何况小孩;只是到了最后,才给一点糖吃,合乎人生先苦后甜、先难后易的规律。

因为是头胎,周家格外重视,精心照料。

请来算命先生,一掐算,这孩子闰年出生,又生在阴历八月初三,和"灶司菩萨"同生日。又据接生的人说,出生时衣胞很薄,是所谓"蓑衣胞"。综合这几个因素,算命先生指出,这孩子将来一定有出息!

然而,算命先生说,越是有出息的孩子,越不容易养活。

怎么办呢？送到寺庙里拜师傅。于是，周家赶紧去长庆寺里记名——意思就是向菩萨报到，名义上就算是出家人了。出家人一无所有，谁还来害他呢？

鲁迅拜的是长庆寺住持龙师傅。龙师傅为小"徒弟"取法名"长根"，又送他一些"避邪"的东西，如用橄榄形的各种颜色的小绸布片缝制而成的百衲衣，还有一根上面挂着好些小物件如镜子、银筛子之类的牛绳。

母亲鲁瑞是离县城三十里的皇甫庄人，她的父亲中举后，不愿做官，闲居乡下。鲁瑞没有读过书，但她靠自修到了能看书的程度。她嫁到周家不久，丈夫就接到了进学（中秀才）的喜报。

光绪十年甲申十二月初一，公历 1885 年 1 月 16 日，周家又一个婴儿呱呱坠地！

他的出生颇有些神异色彩。

那天夜里，本房的一位堂叔出门游玩，半夜回家，走进内堂大门时，也许是眼花了罢，看见一个白胡子老头站在那里，刚一定神，却又不见了。后半夜，周宅诞生一个男孩。这位堂叔就把两件事接合起来，演绎成一个老和尚投胎转世的传说。若如此，这孩子就不是"头世人"（意为第一次做人，不懂得人情世故），而是刻苦修行、功德深厚的老和尚投胎转世，一定特别聪明，将来肯定有出息。

这个男孩就是周作人。周作人后来成为新文化运动的骁将，本没有迷信思想，但对这个传说，也偶尔提起，虽然用调侃的语气，却也暗喜乃至自豪。比如他五十岁时写"自寿诗"，第一联就是"前世出家今在家，不将袍子换袈裟"，意思是说：我是老和尚投胎转世的，现在我仍是一个和尚，只不过是在家的和尚罢了。

他还自称"苦茶庵的老僧"。

他的谱名并不是"作人"。像哥哥一样，他的谱名也系祖父所赐。还是老办法：老先生得到报喜的家信时，正接待一位旗人官员，这位官员的姓读作"Kuí"。周福清想选一个木字旁的同音字，但好看的字面很难找，最后只好用了"櫆"字，于是老二就叫"櫆寿"了。

比起老大有奶娘并且被送进寺庙记名来，老二就不那么幸运了。他同样没有奶吃，而雇来的奶娘奶水也不多，所以总吃不饱，整天哭闹。为了哄他，奶娘就到街上胡乱买东西给他吃，有些东西小孩子消化不了，日久天长，得了消化不良症，人很瘦小，却看见什么东西都要吃。家人没有办法，只好采取强制措施，除了饭和腌鸭蛋，别的什么都不给他。

后来母亲又生了一个女儿，小名端姑，长得十分可爱。老二那时已有三四岁，看妹妹好玩，有一次好奇地咬了她的大脚指，惹得她大哭。

不幸的是，小妹妹还不满周岁，就因出天花而夭折。

1888年11月11日，鲁瑞又生了一个男孩儿，取名松寿。几年以后第四个男孩儿出生，取名椿寿，但三四岁时不幸患病死去。

老三出生时，鲁瑞已经成了周家的主妇。阖族人都认为她是一个有"帮夫运"的多子多福的女人。族中人家娶媳妇，都要请她去接新人。

不如意的事自然也有，父亲考试连年不第，心情郁闷，整天沉着脸，让孩子们很觉压抑。

启蒙

对官宦人家子弟而言，最要紧的事自然是读书。鲁迅七岁时，父母请了叔祖周玉田来给他启蒙。

周玉田是一位态度和蔼的老人，中秀才以后，因为家境不宽裕，不再应试，而坐馆教书。他的学识不错，平时喜欢写些诗文。鲁迅曾将他的一百首《鉴湖竹枝词》抄录一遍，卷末用工整的小楷写道："侄孙樟寿谨录。"他藏书不少，鲁迅跟着他养成了爱读书，特别是爱看图画书的习惯。

子京公公是鲁迅的第二个老师。他的住处离鲁迅家最近，因为房屋的两扇门是蓝色的，大家称之为"蓝门"。他多年应试不第，在家开办私塾，招收几个本台门的学生。可是不多久就丢了饭碗，因为他的文理实在不通，读起书来错别字连篇，并且缺乏耐心。有一回，他教儿子读书，问蟋蟀是什么，儿子答说是蛐蛐，他一时恼怒，用戒尺打儿子的头，一边打一边说："虱子啦，虱子啦！"有一次，他把荔枝的"荔"字写成草字头下面三个刀字，看看不像，又改写成木字旁三个力字。鲁迅将字拿回家给父亲看，父亲在上面批了几个字，指出其错误。子京看了批语，很紧张，在本子上写了自责的话，说自己是"真真的大白木"。他教鲁迅对对子，出了个"父攘羊"（"攘"是偷的意思，语出《论语·子路》：叶公语孔子曰："吾党有直躬者，其父攘羊而子证之"）。鲁迅对了一个，他不满意，亲自对"叔偷桃"（按应为"朔偷桃"，传说汉代的东方朔曾偷吃西王母的仙桃），也不妥帖，"羊"是平

百草园和三味书屋

声，与它对应的须是仄声，而"桃"字也是平声。更可笑的是，他把"东方朔"的"朔"字说成了"叔"字。鲁迅回家向父亲报告，父亲听了不禁笑起来。

还有一次，他教鲁迅读《孟子》，讲到其中所引《公刘》诗中的"乃裹糇粮"一句，本来可以简单解释为"带上干粮"的，他却任意发挥说，这表示公刘是非常穷困的，他把活猕袋里的粮食也咕地一下挤了出来，装在囊橐里带走。"公刘抢活猕的果子"的笑话很快传开，使子京极为狼狈。

父亲觉得这样下去会耽误了儿子的学业，就不再让鲁迅去"蓝门"读书了。

三味书屋

鲁迅十二岁那年，进了绍兴城内声望较好的书塾——三味书屋。主人是寿镜吾。书屋是寿家宅院的东配房，大约有三十多平方米，房子低矮，又被正屋的墙挡住阳光，所以屋内阴暗潮湿。因为寿家的正屋已典给别人居住，学生们上学时须得走东偏门。

它的原名是"三余书屋"。三国时魏人董遇常教学生利用"三余"的时间读书。什么是"三余"？冬者岁之余，夜者日之余，阴雨者时之余。就是充分利用零碎时间的意思。鲁迅去上学的时候，已改名为"三味书屋"，也有出典："读经味如稻粱，读史味如肴馔，读诸子百家味如醯醢（用鱼肉等制成的酱）。"

在"三味书屋"匾额下边，是两扇蓝地洒金的屏门，上面挂了一幅《松鹿图》，一只梅花鹿屈腿伏于老松树下。

书屋两侧木柱上有一副木刻抱对，写道："至乐无声唯孝悌，太羹有味是诗书。"呼应着"三味"的含义。

书屋正中间放着一张八仙桌和一把高背椅子，那是寿先生的座位。学生们的书桌分列周围。鲁迅坐在东北角，他用的是一张从家里搬来的带抽屉的长方形书桌，一把有扶手的木椅，是父母特意花两块钱为他购置的。

寿镜吾先生高而瘦，戴着一副阔边眼镜。鲁迅进学时，他的须发已经发白。他厌恶功名，不爱钻研应试的八股文。二十岁中秀才后，不再继续应试，立志终生坐馆授徒。不但如此，他还不准他的儿子寿洙邻赶考。他认为天下是贪官污吏当道，做官不可避免同流合污，清白人决不能为。寿洙邻执意要去，他盛怒之下把儿子禁闭在书房里。儿子无法，只好逃到杭州应考，结果中举，到辽宁任职。儿子有了官俸，派人给父亲送些银子，寿老先生原封退还，还骂儿子是不听话的畜生。

寿先生性格耿直，品行端正，在绍兴城里口碑很好。鲁迅后来写文章，称赞他是"极方正、质朴、博学的人"。

学生初进书塾，要按规定行礼。首先拜至圣先师孔子，因为三味书屋里没有孔子的牌位，学生就对着那块匾和《松鹿图》行礼如仪。接着是向先生行礼，寿先生站在旁边和蔼地答礼。

书屋里规矩很多：坐得要直，书桌上书本要放端正，不许在墙上乱涂乱画，背书咬字吐音要清楚，不许无故旷课，不许迟到早退，学生每到月中要背出上半月读过的书，月底要会背一个月里读过的书，到年底要背出一年所读过的书。如果背不出，就要受责罚。

先生的桌子上放着一把戒尺，孩子们最怕的就是这戒尺。有

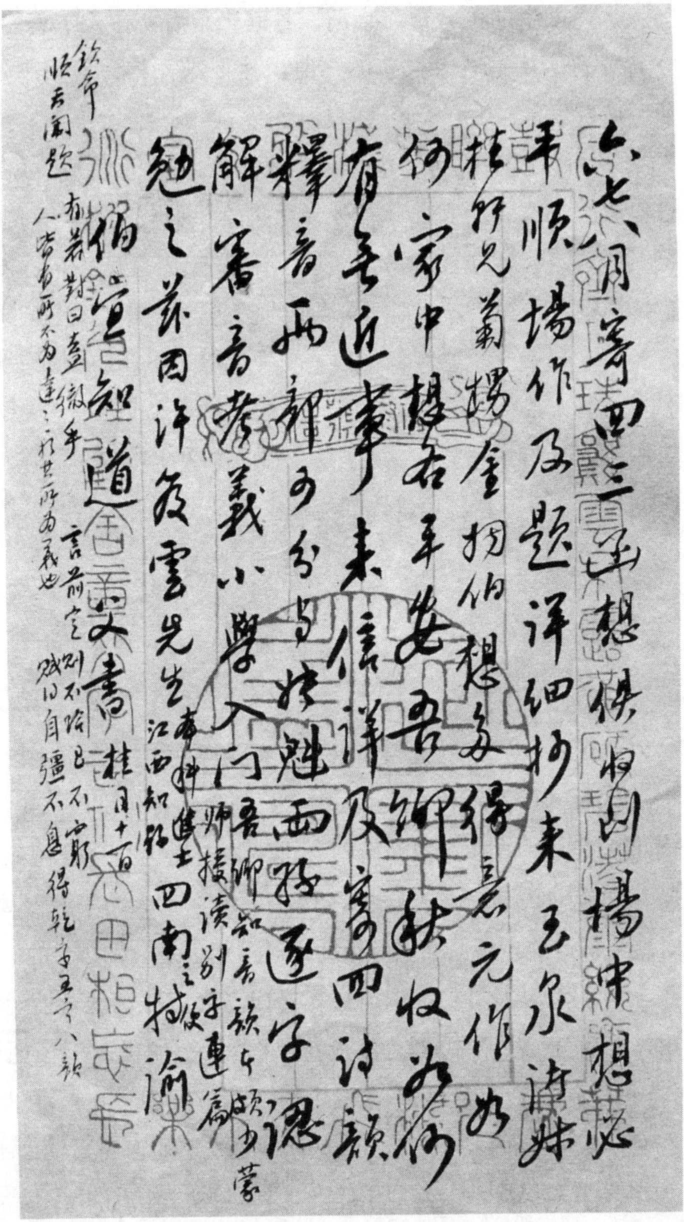

周福清给周伯宜的信

些塾师把学生的手背顶着桌角，打起来很着实，几下就能把手打肿。寿先生算是宽厚仁慈的，他虽然要求严格，但很少用戒尺。即便用，也是在手心轻轻地扑打几下。

学生们读书是为了应试，老师既然无意于科举，就乐得读自己喜爱的文章。因此，在课堂上，学生们放开喉咙，高声诵读"仁远乎哉我欲仁斯仁至矣""上九潜龙勿用""厥土下上上错厥贡苞茅橘柚"之类，老师则摇头晃脑地读他的"美文"：

> 铁如意，指挥倜傥，一座皆惊呢；金叵罗，颠倒淋漓噫，千杯未醉嗬。……

鲁迅写《从百草园到三味书屋》，想必寿先生读书姿态历历在目，声调犹然在耳，竟把语气词都标注出来了。

八股文

死记硬背的读书法弊病很大，因为不讲文义，学生读了好几年，竟不知道课文讲的是什么内容，须老师逐句讲解，才能开悟。这叫开讲。只背诵经文，而不开讲，脑子里仍是一盆糨糊。但背诵并非绝对没有好处，记的东西多，词汇量大，一旦开讲开悟，对融会贯通地理解原文很有帮助，对写作也是一种必要的储备。

鲁迅学习很用功，也很会找窍门。为了更快地背诵经文，他制作一种书签，两边都有红色花纹图案，中间写着十个小楷字："读书三到心到眼到口到。"读书时，他把书签夹在书页里，每读一遍就从上往下盖掉一个字，这样读过几遍后，再默读，不多久，就能将课文背出来了。到了年底，鲁迅经过几天的复习，将书往寿先生桌上一放，从从容容地把一年的书背出来。寿先生很赞许，同学们也都很佩服，纷纷仿效他制作"读书三到"书签。

鲁迅记忆力很强，读过的书，经久不忘。书屋里大家有时玩一种叫"猜字默词"的游戏，即一个人读出一段书，另一个人默写。有一次，寿镜吾先生因事外出，让儿子寿洙邻照看书房。大家就玩起了这种游戏。寿洙邻给鲁迅念了《诗经·卫风·硕人》的最后几句："河水洋洋，北流活活。施罛濊濊，鳣鲔发发，葭菼揭揭。庶姜孽孽，庶士有朅。"大家都为鲁迅捏一把汗。经书上的字往往不读本音而读破音，跟着老师读出来不难，默写容易出错。鲁迅没有被难倒，他从容地拿起笔，一字不差地将这一段写了下来。

鲁迅读书多而且熟，对对子的本领也很高。有一次，寿先生出了一个"独角兽"的三字题，同学们七嘴八舌地对起来，有对"两头蛇"和"三脚蟾"的，也有对"八脚虫"和"九头鸟"的。还有一位竟对上个"四眼狗"，寿老先生将他训了一顿："'独角兽'是麒麟，'四眼狗'是什么？你见过吗？以不存在的东西对实有的东西，根本不对！"鲁迅用《尔雅》上的资料，对了个"比目鱼"，寿先生听了十分赞许："对得好。'独'不是数字，但含有单的意思；'比'也不是数字，但含有双的意思。"

对课从三言到五言，越来越难。对到五言的时候，就开始做八股文和试帖诗，为参加科考做准备。

寿先生讲课，时有独到见解。书屋每天八点上课，学生背完头天的课文，就站在他的书桌前听讲新课。他喜欢魏晋文章，特别喜欢不为五斗米折腰的陶渊明的诗文。一次，讲陶渊明的《五柳先生传》，寿先生指着课文中"好读书不求甚解"一句，对学生们说："'不求甚解'是不去看注释，而只读本文的意思。"一般人把"不求甚解"解释为不愿探究深意、马马虎虎的意思。陶渊明那么大的学问，肯定不是浅尝辄止得来的。古书上常常充斥着典故，一句话里有时竟有两三个，一般人需要看注解才能读懂其义。然而，这样夹缠着读书还有多少情趣呢？陶渊明一来学问好，二来喜欢顺着本文一气读下去，以体会其声韵之美和涵义之深，所以不刻意去探究注释。这个解说有一定道理，鲁迅一直到晚年还记得，并且专门写了文章，申述这种解法。

寿镜吾先生不喜欢八股文，所以派他的儿子寿洙邻课读。三味书屋用的教材是苏州著名学者俞樾（曲园）为其孙子俞陛云编的《曲园课孙草》。说起来，俞曲园在周氏兄弟一生中颇有影响。当鲁迅在三味书屋读《曲园课孙草》时，日后成为民国元勋的章太炎正在杭州诂经精舍跟随俞樾读书。后来在日本东京，鲁迅和周作人两兄弟曾听章太炎讲授《说文解字》，算是他的学生。这么说来，周氏兄弟可以说是俞老先生的徒孙了，使用《曲园课孙草》真是无意的巧合。至于俞樾的曾孙俞平伯后来问学于周作人，就结缘更深而且续缘更远了。

八股文的题目一般是从经书如《论语》《孟子》中截取出来的语句，学生见题后按照一定的格式加以发挥。其实这种程式化的作文训练，对小学生还是必要的。因为学生初懂文字，不可能有什么创意，必须经过一个模仿阶段。但八股文日久生弊，规矩愈发繁密苛刻，束缚了学生的思想，尤其是脱离了模仿阶段后，仍要照着僵化格式作文，这就是八股文的罪过了。

二 从小康坠入困顿

周氏兄弟外婆家安桥头村

鲁迅搜集和手绘的活无常、死有分图，见《朝花夕拾·无常》

诗与画

鲁迅进三味书屋三年后，二弟也来就学。鲁迅多了一个学习上的同伴。

儿童都喜欢看图画书。然而那个时代看图画书被视为不务正业，老师一发现，便厉声呵斥，没收图书，甚至打手心。尽管如此，兄弟俩还是常常想方设法找图画书来看，即便是恶鬼一样的魁星像，也看得津津有味。

鲁迅在家藏中找到一本绣像本《西游记》，爱不释手。他还养成了描画儿的爱好。从离家不远的东昌房口老胡子文具杂货店买来薄而透明的荆川纸，蒙在绣像上，用笔蘸了墨汁，像写毛笔字描红一样，把画临下来。在他的带动下，二弟和三弟也喜欢上这项活动。他们陆续把《西游记》和《东周列国志》中的绣像描完，装订成册。鲁迅很爱干净，不许别人损坏或弄脏图书，所以弟弟们在旁边帮忙也须格外小心。

同学们见鲁迅画得好，纷纷去买来荆川纸请他画，带回家去，有的还用金纸镶边，挂在墙壁上。还有的同学干脆向他借了书去，自己动手描起来。

鲁迅找到的马镜江《诗中画》，是一种诗画相配，山水人物都有的书。虽然画起来比较繁难，但鲁迅还是耐心把它全部临完，并且描得十分逼真。弟弟们或在旁边帮助磨墨抻纸，或去找更多图画书来看，从中挑选值得描摹的作品。他们将王冶梅的《三十六赏心乐事》全部描了一遍，家藏的明代徐光启《农政全书》最末一册中的《野菜谱》画的是灾荒之年穷苦人借以度日的各种野菜，每种都配有歌谣，也拿来描摹。

对图画书的偏爱，使兄弟几个有一段时间差不多把零钱都用来买书了。有一次，他们见到日本画家小田海仙的《海仙画谱》。海仙做画用的是他自己创造的十八描法（如柳叶描、枣核描、鼠尾描、钉头描等），所绘罗汉像栩栩如生。这套书价格昂贵，鲁迅就和弟弟们商量合买。

这事必须瞒着父亲，因为看图画书是不认真读书的表现。鲁迅把描画订成册，平时塞在小床的垫被底下，就是不想让家人知道。三兄弟把《海仙画谱》藏在楼梯底下，趁父亲不在的时候，偷偷拿出来翻阅欣赏。

可是过了些天，小弟弟也许因为天真诚实，也许因为取书不方便，不高兴了，就把这事报告给了父亲。父亲其时正躺在床上抽烟，听完了他的叙述，就把老大叫来，让他拿书来看。

鲁迅忐忑不安地将书递上，担心父亲责骂他。

出乎意料，父亲接过书翻阅了一会儿，不但没有责骂，脸上还显出很有兴致的表情，把书还给他——这分明是默许了！

从此以后，他们描画和买画书更起劲了。

然而，三弟却因这次的行为得了个绰号。没别人的时候，鲁迅就叫小弟弟"谗人"（出自《诗经》，即告密者），但还没有读过经书的小弟弟听不懂。

大哥骂了几次，见小弟弟没什么反应，便知道了个中原因，于是放弃这种高雅的战法。但他的愤恨仍没有消去，于是又改叫小弟弟"十足犯贱"——这回不用古典而用今典。

此前不久，祖父送给老三一双白色的竹筷，上方下圆，筷体刻字，一支刻了"十品"，一支刻了"万钱"，合起来是"十品万钱"，意思是一顿饭吃十种菜，花费万钱。祖父希望孙子好好念书，将来飞黄腾达，享尽人间美味。可是无论从字形上看，还是从声音上听，都和"十足犯贱"相近。

由此可见大哥骂人的本领高超。

筷子是祖父送的礼物，三兄弟每人都有。鲁迅的一副上刻着"竹青木香"四个字，作人的一副上刻着"射鹿刺麋"，虽说字面比老三那一副听起来高雅，但"福气"差了不少。

祖父对孙辈的读书情况很关心，他在北京的时候就经常在家信中询问他们读书的进度，加以指点。鲁迅九岁那年，祖父从北京寄回两部《诗韵释音》，附信叮嘱说，这两部书"可分与张、櫆两孙逐字认解，审音考义，小学入门（吾乡知音韵者颇少，蒙师授读别字连篇），勉之"。

关于读诗，他后来特意在给儿子的信里加了一段给孙辈的指示：

> 初学先诵白居易诗，取其明白易晓，味淡而永。再诵陆游诗，志高词壮，且多越事。再诵苏诗，笔力雄健，辞足达意。再诵李白诗，思致清逸。如杜之艰深，韩之奇崛，不能学亦不必学也。

这段话里特别值得注意的是对陆游诗的评论。陆游生当南宋，痛惜山河破碎，力主抗金，诗中表现了热烈的爱国精神和豪迈的英雄气概，读他的诗有助于培养青少年的理想和志气；而"多越事"，是指绍兴人陆游的诗里常出现故乡的名物，当地孩子们读了感到亲切，易懂也易记。

老先生很希望孙辈在人生道路上一帆风顺，所以杜甫和韩愈

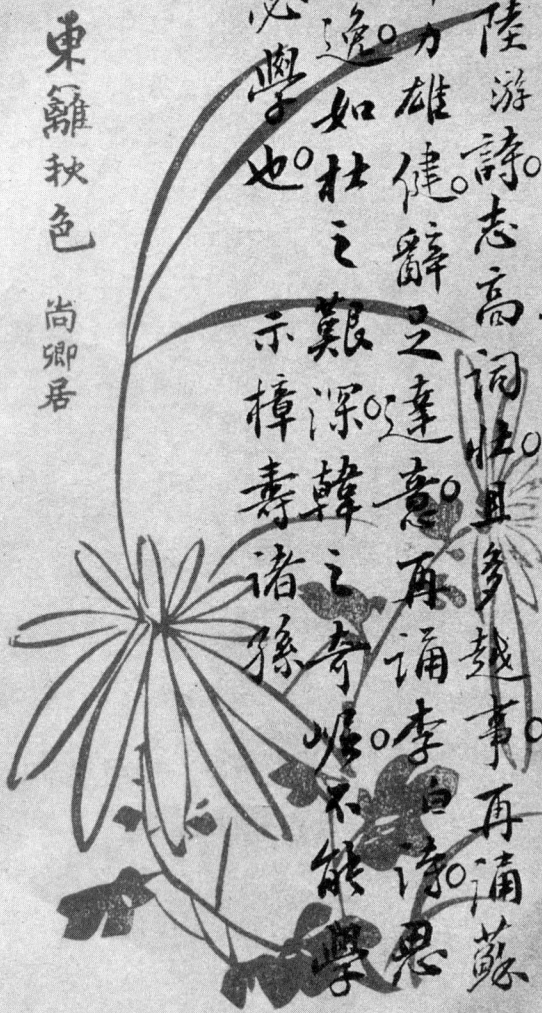

初學先誦白居易詩。取其明白易曉味淡而永。

再誦陸游詩志高詞壯。且多越事。再誦蘇

詩筆力雄健。辭之達意。再誦李白。惟

致清逸。如杜之艱深。韓之奇崛。不能學

尒不必學也。

示樟壽諸孫

東籬秋色　尚卿居

的诗虽为文学史上千百年来公认的上品，但"艰深""奇崛"，沉郁顿挫，摇荡生悲，青少年时期以不学或少学为宜。

斩监候

1893 年，兄弟们终于见到祖父——曾祖母戴氏病逝，祖父回来奔丧。周福清接到电报，从天津坐船到上海，从上海走陆路到绍兴，用了一个多月的时间。

他除了带着几个用黄铜包角的红漆大皮箱，还带着一个姨太太和十二岁的儿子凤升。

周福清在小堂前落座，周伯宜夫妇率儿子们过来磕头。简单地问了几句情况后，周福清就换上白麻衣，脖子上挂上麻绳，到母亲的灵前跪拜。跪拜刚完，周福清就挑起毛病来了："伯宜啊，佣人们是不必戴孝的，庆叔、长妈妈、运水他们，为什么要戴孝？他们又不是丫头、家奴，不必为主人穿孝。"周伯宜听了，赶紧让佣人们脱下了孝衣。

周福清的脾气不好，兄弟们早有耳闻，现在开始领教了。

"五七"这天早晨，周福清起得特别早，穿好衣服，走到明堂里，看见各房间都关着门——大家多天忙碌，都有些累，起得晚了点。他不由得大怒，先走到蒋夫人的房里，用力敲床。蒋夫人赶紧起来。他出得门来，嘴里迭声地骂着"迷死豸"。儿子和媳妇听见，也赶快起床了。

到了百日，戴老太太可以安葬了。

过年节，又加上办丧事，家里需要人手，于是雇了短工章福庆——孩子们都叫他庆叔，因为"福"字犯了祖父的讳，是不能叫的。庆叔借机把儿子运水也带进城里玩。运水脸圆圆的，面颊红润，头上戴着一顶小毡帽。他是闰年生的，当地的风俗认为不好养活，他的父亲便在神像前许了愿，并在他脖子上套了一个明亮的银项圈。

他比鲁迅大两三岁，两个人很快就混熟了。后来鲁迅写小说《故乡》，其中的闰土即以运水为原型。

家里不如以前那样和睦安祥了。祖父本来脾气就坏，加上闲得心慌，更要没事找事。按规制，父母去世，官员丁忧三年。周福清六十岁才能复职。因此，母亲的去世，意味着他可能永远在家赋闲。

家里的稻田还有四五十亩，一年可得近五千斤谷子，能养活十来口人。

周福清对这种局面很不满意。他离家二十多年，中间只回来过一次，来去匆匆，印象不深。这次回来，仔细观察，发现新台门周围的环境变得很恶劣。房子长期失修，破败不堪；台门口竟然开了一家棺材店，晦气重重；西隔壁住的是三个送妈妈（给人送葬的），也很不吉利；院内一些房子出租，陌生人进进出出，吵吵闹闹，让人心烦。

家族中少有体面、争气的人。子京疯疯癫癫，寻死觅活；还有几个不务正业的子弟已经沦为流氓；更多的是染上了烟瘾，不可救药。他的儿子周伯宜身体孱弱，精神不振，几次考试都铩羽而归，尤其使他担忧。

秋季乡试又到了。绍兴一些有考生的家庭探知浙江的主考官殷如璋与周福清是同科进士，打算利用一下。跟周家有亲戚关系的马、顾、陈、孙、章等几家人决定凑一万两银子，托周福清跟殷如璋打招呼。周福清开始觉得事情难办，极力推辞，但经不住再三劝说，答应一试，就给殷如璋写了一封信，附上几家应试子弟的名单，后面加了"小儿第八"（就是他的儿子周伯宜），信里附上自写一万两银子的凭证。

可是，要想把信交到殷如璋的手里却非易事。按规定，主考官到监考省份即被隔离，不准收发信件，不准见生人，更不准见亲戚朋友，身旁还须有其他官员陪同（监视）。要是等他到了杭州，就来不及了，在半路上会见较为安全方便。航船由京至杭必经苏州，周福清决定派听差陶阿顺携信在那里等候。

7月27日，主考官殷如璋和副主考官周锡恩所乘船到达苏州，停泊在阊门码头，陶阿顺登船送信。此时，副主考官正在殷如璋的船上议事。殷如璋接过信，随手放在茶几上，并不拆看，而继续说话，但一旁等急了的陶阿顺嚷叫起来：信里有万两银票，怎么不给一张回条？殷如璋一听，事关重大，为了避嫌，便把信交给周锡恩拆阅。周锡恩看了信，立即下令逮捕陶阿顺。殷如璋大怒，下令要将此事一查到底，决不宽贷。

周福清逃往上海躲避。

案子到了浙江，浙江巡抚崧骏进行了调查，认为信中的凭证和名单特别是"小儿第八"（考名周用吉）是铁证，立即取消了周伯宜的考试资格。但因为乡试在即，案子暂时放下。乡试一结束，崧骏便将此案上奏光绪皇帝，并说只有将在逃的周福清逮捕审讯，此案才能查明。

光绪皇帝下了一道圣旨，措辞十分严厉："案关科场舞弊，亟应彻底查究。丁忧内阁中书周福清着即行革职，查拿到案，严行审办，务得确情，按律定拟具奏。"

这是无可挽救的了。皇帝等待查办结果，各级官员怎敢不卖力气？周福清必须到案，否则，他的家人要受到不停的骚扰，甚至要受牵连。

清朝对科场徇私舞弊，一贯视为重大案件，有时采用株连法，一杀就是几十口人。但到了清末，科场贿赂的现象已经非常普遍，查不胜查，官府有时取敷衍态度，惩处也没有以前那么严厉了。但是，光绪皇帝刚从太后老佛爷手里取得亲政的恩典，正欲励精图治，大展宏图，情形又不一样了。

周福清听到这消息，又得了家人的报告，知道躲不过去，便到官府自首。

他立即被押解到杭州。在审讯中，周福清多次供称，贿赂案是他一人所为，与参加考试的其他几家没有关系。崧骏上奏说，周福清去疏通关节，是一时糊涂起意，并没有成功，加上后来投案自首，应该酌情减罪，建议"于本罪上减一等"。光绪批道："刑部奏议。"年底，刑部拟出判决："拟杖一百，流三千里。"如果这个判决实施，周福清就要被发配到环境恶劣的边疆。

光绪皇帝不同意刑部奏议，颁旨说："未便遽于减等，周福清着改为斩监候，秋后处决，以肃法纪而儆效尤。"这虽然免去了路途之苦，但在监狱里等死的滋味更难受。

为了营救周福清，周家多方筹钱，陆续卖掉二十亩水田。周伯宜不但失去了考试资格，还被革斥了秀才名份，此后永不得参加科考。

他没有一技之长，只能在家吃闲饭。

周福清被监禁在杭州府狱，因为是官犯，比普通犯人自由，可以不戴脚镣和手铐，还能散步、串门，享受家人仆人的照料。于是，周家又花钱在杭州府狱附近的花牌楼租了一间一楼一底的房子，让他的姨太太和小儿子凤升居住。

父亲的病

　　县衙捉拿周福清那天晚上，周伯宜知道了事情的严重性，就把老大和老二送到皇甫庄外婆家。十三岁的樟寿和九岁的櫆寿，过上了流亡生活。

　　他们在外婆和舅舅家与表兄妹们一起游园、看书，总起来说是快乐的，但也有不愉快的时候。年龄大一些的鲁迅就能感觉得到，住得时间长了，便是很近的亲戚也不耐烦：大概是嫌他们兄弟像乞食者似的赖在这里吧。也许还有不知礼的孩子竟直接说出来了。无论挂在脸上还是脱口说出，都让人感到寄人篱下的难堪。

　　他们在外住到第二年夏天，父母觉得不会因科场案受牵累了，才把他们接回家。

　　新台门笼罩在一种哀痛、没落的氛围中。周家从此必须习惯在屈辱和困苦中度日了。

　　鲁迅读书更勤。他仍然倾心画谱，陆续得到《海上名人画谱》《点石斋丛画》《阜长画谱》《椒石画谱》《百将图》《古今名人画谱》《天下名山图咏》《梅岭百鸟画谱》，还有四集的《芥子园画谱》。

　　晚上是兄弟们读课外书的时候。为了省灯油，鲁迅到母亲的房里，把桌子擦得干干净净的，拿出他心爱的藏书来翻看。他看书之前一定要检查一下手指是不是干净，翻书的时候也是用指头拿住书页折缝上端有墨线的地方，绝对不用指甲在书上刮过去，免得使书的一角翘起来。弟弟们可以在一旁看，但不允许用手摸，弄脏了书他是要责骂的。因为木箱容易生虫，母亲特意将床头的一只红皮箱腾出来给他藏书。鲁迅对书有洁癖，有时买回来，看到有字迹不清或纸不够白净，他不嫌路远，拿去店里调换。有一次书店的老板烦了，讥讽说："这书的纸比大姑娘的脸还白呢。"他很生气，从此再也不去那家书店买书。

鲁迅爱书，但缺少买书的钱，只好用笨办法，见到好的内容就抄下来。玉田叔祖那里有一套二十卷的木板小本《唐代丛书》，又叫《唐人说荟》，辑录唐代传奇和笔记。他借来，选抄了其中陆羽《茶经》三卷，陆龟蒙《五木经》和《耒耜经》各一篇。这一抄就上了瘾，愈抄愈勤。

绍兴有不少刻书铺，鲁迅有时进去看工人们刻字刻图。久而久之，自己也养成了动手的习惯。他包书的技术就是从书坊工人那里学来的。因为财力有限，买来旧书，脏破的地方需要改换或重新装订，经过琢磨，鲁迅学会了这套手艺。

家境日益坏下去。安顿了祖父在杭州的生活，家底基本上空了。身体衰弱的周伯宜，想到前途一片黑暗，就越发没有好声气。家人日常活动，都得看他的脸色。尤其是母亲，体贴关怀无微不至。甲午年又逢大考，母亲早早把父亲的考篮和参考书《经策统纂》藏起来，怕他看了伤心。

父亲很少出门见人，常躲在屋里，埋怨自己命苦。有一天，孩子们正要去向他请安，在门外听见他跟母亲说："我的名字是不吉利的，你看'用吉'，把'周'拆散了，真是奇怪，怎么会起这样一个名字！"

看到三个孩子喜欢读书，父亲多少得到些安慰，他只有把希望寄托在孩子们身上了。

可是不久，父亲病倒了。那天，他坐在房间的北窗下，突然吐起血来，正吐在窗外的小天井里。大家都吓坏了。

他还只有三十出头年纪。

赶紧去请医生。医生诊断一番，发挥其"医者意也"的理论，说吐血可以用墨水来治，且须用陈年的墨磨的汁。因为墨的黑色可以盖过血的红色。于是立即磨了一碗，父亲强迫自己喝了下去。

可能是病在初期，他吐一阵血后就止住，平时还能活动。家人对他更加小心翼翼。血吐得多，需要好好补养。绍兴当地土方认为藕能补血，母亲就每天一大早起来给父亲榨藕汁，等他醒来，端到他屋里让他喝下去。过了一段时间，父亲的病有好转，可以出门走动了。

然而他却从此染上吸鸦片烟的恶习。有人向他建议：身体虚弱的人，每天少吸一点鸦片有好处。周伯宜一试，顿时来了精神，不想从此就上了瘾。

鲁迅为父亲讳，在《父亲的病》一文中，并没有写父亲吸鸦片的事。

父亲本来平时喜欢喝一点酒，吐了血以后，喝得更多了一些。他惯常用水果下酒，总是让大儿子上街去买鸭儿梨、苹果和花红之类。晚上喝酒时，几个儿子可以凑热闹，坐在他身边，听他讲聊斋故事，情节阴惨可怕，孩子们却听得欲罢不能。他高兴的时候就讲得很长，还不时地给孩子们水果吃。可惜，他的好脾气维持不了多久，酒喝得多了，又想起不顺心的事，他的脸色就变得特别难看。孩子们知趣，赶紧起身走开。

他醉酒时，虽然性情暴躁，但从不打骂孩子，也不跟妻子吵架，而是独自生闷气。他心情坏时，不想见人，一个人在床前吃饭。妻子给他斟好酒，然后离开。孩子们常在吃饭时听见摔碎酒盅的声音，他们跑过去看，见父亲先把饭碗扔到窗外，接着把菜碗一个个扔出去。他这么扔着，神态沉静，脸上积压着悲哀和忧郁之气。

周伯宜发完火，平静下来，脾气会变得好一些。本家的长辈问他为什么摔碗，是不是跟妻子吵架了，他总是说："没有的事，她从来不和我吵架，摔碗是我脾气不好。"

"可是你为什么要发脾气呢？"

"我心里难过，不知怎么就发起脾气来了。"

戏剧

父亲心情好的时候，除了给兄弟几个讲《聊斋》，还讲《西游记》。祖父也很喜欢读《西游记》，他最爱讲的是孙猴子怎么变成一座庙，尾巴却没法处理，只好变作一根旗杆立在庙后，终于被识破。

夏天在院子里乘凉，祖母摇着芭蕉扇，给孙辈讲老虎外婆、老虎学艺、蛇郎等故事。

鲁迅很喜欢有关古代怪异事物的书，插图本的《山海经》让他爱不释手。看了书，兄弟们津津有味地互相复述那些奇闻异事。平常家里要求他们早睡，因为怕第二天上学起不来。鲁迅迷上了这类书的那段时间，常常很早就上床却不立刻入睡，招两个弟弟来一起讲仙山故事。《十洲》《洞冥》之类书上有"赤蚁如象"的记载，他们就想象自己居住在山中楼阁里，指挥着名叫阿黑和阿赤的巨蚁，能像孙猴子那样变换出各种形态，并且能起死回生。

有一个时期，他们迷上了演戏。孩童期想象力发达，而且模仿欲强，单是把现实中、书本上的事搬演一遍，就会给他们极大的快乐。

从家到三味书屋虽是很短的路程，却有一个奇特的风景：有一家的主人长得有些怪，头大身矮，家里养着一只不经见的山羊。书屋的学生们不知道这是养了防火灾的（按迷信的说法），觉得这山羊身上有些神奇的味道。有一个学生身体很长，与这家的主人正好相反，虽然头跟平常人差不多大，但同身子比起来就显得很小了。这两个奇怪形象引发了兄弟们的联想。而且环顾四周，他们竟发现了更多怪相。新台门里一个长辈，因为长期吸鸦片烟的缘故，极瘦，两肩耸立，仿佛在大衫底下横着一根棒似的。把这几个怪异的人物放在一个舞台上，岂不是妙？

于是兄弟们就在院里两株桂花树下搬演起来。

"大头"被想象成凶恶的巨人，他带着山羊，把守着岩洞，扰乱行人；小头的同学和耸肩的长辈，就用各样法术去制服他。其中一个办法是，小头把头伸进洞去探测大头在里边的动静，耸着肩在外面等候，等大头把头伸出来，他就用肩一夹，把这个凶恶的巨人夹在肩窝里制服了。

他们的一个壮举，是与三味书屋的同学结伙去另一家书屋"仗义行侠"。

在周家新台门和老台门之间，有一家私塾名叫"王广思"。塾师名曰王侃如，身材矮小，满脸胡须，头皮光秃可鉴，因此得了个绰号"矮癞胡"。鲁迅日后写小说《怀旧》，其中王先生就跟他长得很像。

"矮癞胡"水平不高，架子却不小，对学生们很严厉，远远不如寿镜吾先生和蔼可亲。学生们稍有过失，"矮癞胡"就把学生的手掌拗弯了，顶在桌子角上使劲地打，或者罚他们长跪。最可恨的是，他还订一条规矩：学生外出大小便，须先向他领取"撒尿签"。相比之下，三味书屋的学生暗自庆幸可以自由地到后园大小便。庆幸之余，他们也为王广思的同学们抱不平。

一天，王广思一个学生自带的点心被"矮癞胡"没收后吃掉了，而且这位学生还受了罚。三味书屋的学生们得知后十分气愤，决定去找"矮癞胡"说理。放了午学，鲁迅、章翔耀等几个大一点的学生一起来到王广思。不巧，这里也放午学，没有一个人。那也不能便宜了他！同学们把"矮癞胡"书桌上的"撒尿签"全部折断，把他的砚台和笔墨扔了一地，算是对他的惩罚。

不久，他们又干了一件大事——讨伐贺家"武秀才"。

原来贺家住在东昌坊口附近的柔遁弄，主人是个蛮横的家伙，人们称他为"武秀才"。他经常辱骂殴打从门前经过的小学生，三味书屋有几个同学就挨过打。大家忍无可忍，决心惩罚他一下。他们做了一番周密的计划后，在一天放晚学的时候，集合在柔遁弄口。鲁迅从家里拿来了祖父在江西做知县时用过的一把腰刀，藏在大褂里。其实那刀已经锈成一块废铁了，但它总算一个铁器，还能吓唬人。其他的同学手里拿着棍棒。

可是等了好长时间，没有动静。武秀才可能不在家，或者预先听到了风声，不敢出来。然而在同学们看来，这次行动取得了胜利——武秀才分明是害怕他们的棍棒。

这件事也成了兄弟们搬演戏剧的好题材。他们一遍又一遍地排演打败贺家武秀才的情节，结局自然是凯旋。

对于儿童来说，奇异的情节和夸张的人物最有吸引力。后来致力于儿童文学研究的周作人，曾引用阿尔考特的小说《小女人》中的一段话来说明他们小时候这种快乐的"合理性"：

> 在仓间里的演剧，是最喜欢的一种娱乐。我们大规模的排演童话。我们的巨人从楼上连走带跌的下来，在甲克（Jack）把缠在梯子上的南瓜藤，当作那不朽的豆杆，砍断了的时候。灰妞儿（Cinderella）坐了一个大冬瓜驰驱而去；一支长的黑灌肠经那看不见的手拿来长在浪费了那三个愿望的婆子的鼻子上。

他们住屋的朝北的套房里，西向放着一张床。有一次，兄弟两个在床上模仿演戏，内容是兄弟失散，两人来回行走，沿路寻找，一个叫着"大哥呀"，一个叫着"贤弟呀"，一副情深义重的样子，一直叫到非常凄苦的程度才停住。

周作人后来说，他们兄弟演剧虽然是受了《西游记》的影响，但主要是小儿性情中的童话分子在起作用。他认为，后来鲁迅利用童话、神话之类的题材，写成《故事新编》，可能与这个时期的阅读和演剧活动有关。

演剧爱好也与他们平时常看的绍兴地方戏有关。老台门的对面有一大片空地，据说原来有房子，后来遭火灾统统烧光，这片地就成了娱乐场所。每年秋天，由周家发起，请"绍兴大班"来这里演年规戏。观众自带竹凳、木凳来观看。戏文内容大多为祭神。剧团分"文班"与"武班"。文班叫高腔，武班叫乱弹。

周家收藏的绍兴民间剪纸《盗灵芝》

皇甫庄包公殿，周氏兄弟幼时曾乘船来此看戏

正戏前后的开场戏和结尾戏很有趣味。开场戏是所谓"五场头"：庆寿、跳加官、跳魁星、小赐福、掘藏，人们称之为"讨彩戏"，祝福人们享受"福、禄、寿、财"。正戏演完，一生一旦上台向观众拜礼，观众知道这是"拜堂"，可以回家了。

年龄小一点的观众，最喜欢热闹的武打场面。建人后来回忆说，他最爱看的是武丑戏，有一个叫薛金的演员，在武松戏里演和尚，武松把刀在他眼前撩动，他的头跟着刀晃，能晃很长时间，也不怕头晕目眩。等刀法稍为懈怠时，他向台下做一个鬼脸，装出胆战心惊的样子说："这刀是真的呵！"观众一下子给逗乐了，孩子们尤其兴奋。

儿童大多不爱看咿咿呀呀唱个没完的文戏。鲁迅到外婆家，也曾与几个小伙伴去外村看戏，后来在《社戏》中，写一个老旦唱个不休，让他们等了好久，失去耐心，撑船回家，"偷"吃罗汉豆去了。跟这种情况相似的是，他到北京后去剧场看戏，不能忍受咿咿呀呀唱个没完，又久等名角不来，终于不堪嘈杂和拥挤，废然退场，对京剧留下不良印象。

目连戏的演员是临时凑集的，农夫、木工、瓦匠、舟子、轿夫等各色人等都有，演到秋风起时，便解散回家，各干各的营生。他们所用的言语是地道的土语，所穿戏装很简陋，所以绍兴俗语里称人衣冠不整为"目连行头"。

目连戏的主要内容是"目连救母"的故事。《盂兰盆经》上说，目连是佛的大弟子，神通广大，曾经入地狱救母。戏中宣扬的因果报应、生死轮回观念，很能打动老百姓。

目连戏中穿插的反映现实生活的短剧最受欢迎。周作人记得小时候在长庆寺前的路亭台上看过演了半天一夜的目连戏，穿插戏有"泥水作打墙""张蛮打爹"等，都很有趣。还有一个戏讲的是一个人给地主当佣工，当初说定挑水是十六文一担，后来不知怎的变成一文十六担了，纠缠不休，闹出很多笑话。

绍兴地方戏中有两个角色让鲁迅感动，作了他的两篇文章的主人公。一篇是中年时期写的《无常》，一篇是晚年写的《女吊》。在写作过程中，他特地就某些情节，向三弟建人咨询，例如，关于"女吊"："她两肩微耸，四顾，倾听，似惊，似喜，似恕，终于发出悲哀的声音，慢慢地唱道，'奴奴本是杨家女，呵呀，苦呀，天哪！……'下文我不知道了。就是这一句，也还是刚从克士那里听来的。"克士就是建人。

1935年12月4日，鲁迅在给徐訏的信中谈及自己一个关于绍兴地方戏研究的计划："这种戏文，好像只有绍兴有，是用目连巡行为线索，来描写世故人情，用语极奇警，翻成普通话，就减色。似乎没有底本，除了夏天到戏台下自己去速记之外，没有别的方法。我想：只要连看几台，也就记下来了，倒并不难。现在听说其中的《小尼姑下山》《张蛮打爹》两段，已被绍兴的正人君子禁止，将来一定和童话及民谣携手灭亡的。我想在夏天回去抄录，已有多年，但因蒙恩通缉在案，未敢妄动，别的也没有适当的人可托；倘若另有好事之徒，那就好了。"

可惜，他终于没有找出时间回乡进行这项工作。

三 唯有读书高

水乡的乌篷船

《明季稗史汇编》《酉阳杂俎》，鲁迅阅读的部分野史杂说。这些书可以与"官修"的正史相参照，帮助他全面认识中国的历史和社会

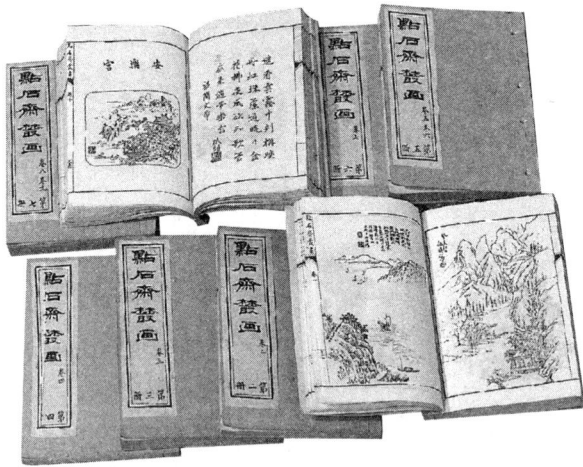

对绘画有浓厚兴趣的鲁迅买了很多画谱，如《海上名人画谱》《古今名人画谱》《诗画舫》《点石斋丛画》等

杂览

家中藏书，自然少不了科考"必读书"，如石印的《十三经注疏》、活字本的《四史》《纲鉴易知录》《古文析义》《古唐诗合解》等，工具书则有《康熙字典》大小本各一部。集部和杂书有《王阳明全集》《谢文节集》《韩五泉诗》《唐诗叩弹集》《制义丛话》《章氏遗书》《癸巳类稿》等，其中有些是乡前辈的著作。

周福清见解清通，从他喜欢看的书中可知。《癸巳类稿》是清代学者俞正燮的读书札记，里面有颇多通达的见解。这部书周福清读过，周伯宜也读过，上面留下他们的批注，后被作人珍藏。周作人一生多次撰文，称赞俞正燮有见识，尤其在妇女问题上见解独到，言前人所不敢言。周作人将俞正燮和汉代的王充、明代的李贽合称为中国思想史上的三盏明灯。

周福清喜欢言简意赅的小品文。有一次他从一个书贩那里看到一本《古文小品咀华》，买回来修补后写上题识："售旧书者挟此本，纸劣字拙，而文可读，因以薄值得之。"书前还有周作人父亲周伯宜题写书名。周作人收藏后，写了题记：此抄本末尾有祖父题记，四五十年前偶从旧书堆中捡得，订为一册。书面有先君署书名，计其时在清光绪甲午乙未年间也。

科举考试参考书《经策统纂》涉及面广，引导兄弟们的学问向"杂"也就是博的方面发展。这套书有几十册，用小木箱装盛，内收《陆玑诗疏》丁晏校本，郝氏《尔雅义疏》等，还收入《四库全书目录提要》子部和集部两部分。《四库提要》简明扼要地介绍古代书籍的内容、版本，为学者指明路径。受这部书的引导，他们后来又购买了《四库全书简明目录》。鲁迅在《随便翻翻》一文中写道："现在有一些老实人，和我闲谈之后，常说我书是看得很多的，略谈一下，我也的确好像书看得很多，殊不知就为了常常随手翻翻的缘故，却并没有本本细看。还有一种很容易到手的秘本，是《四库书目提要》，倘还怕繁，那么，《简明目录》也可以，这可要细看，它能做成你好像看过许多书。不过我也曾用过正经工夫，如什么'国学'之类，请过先生指教，留心过学者所开的参考书目。结果都不满意。"

鲁迅晚年指导后辈读书，并不贬低《四库全书简明目录》，尽管对编纂者的态度和方法有所批评："《四库全书简明目录》其实是现有的较好的书籍之批评，但须注意其批评是'钦定'的。"所谓的"钦定"，指的是清朝专制政权对文化的摧残：

> 清的康熙，雍正和乾隆三个，尤其是后两个皇帝，对于"文艺政策"或说得较大一点的"文化统制"，却真尽了很大的努力的。文字狱不过是消极的一方面，积极的一面，则如钦定四库全书，于汉人的著作，无不加以取舍，所取的书，凡有涉及金元之处者，又大抵加以修改，作为定本。

这是后来的见解。少年时代的鲁迅反清意识还不强，只是如饥似渴地汲取知识罢了。

有一个时期，他们对书籍中的古文奇字很感兴趣，就把那小本的《康熙字典》从"一"部查起，把释义中引用的文献抄下来，订成一册。他们还抄录了《唐诗叩弹集》里的"百花诗"和《唐代丛书》有关花草的文字。

鲁迅对笔记类的书兴趣甚浓，陆续购买了《阅微草堂笔记》

《淞隐漫录》《板桥全集》《酉阳杂俎》《容斋随笔》《辍耕录》《池
北偶谈》《金石录》等。鲁迅喜欢六朝的文章，买了《古诗源》
《古文苑》《六朝文絜》《六朝事迹类编》等书。

　　张澍辑录其家乡甘肃武威的风俗和人文地理研究成果编成的
《二酉堂丛书》，给周氏兄弟以启发。他们仿照此例，搜集会稽古
代文献，后来编成《会稽郡故书杂集》，出版时署名"周作人"。
鲁迅在序言中说："作人幼时，尝见武威张澍所辑书，于凉土文
献，撰集甚众。笃恭乡里，尚此之谓。而会稽故籍，零落至今，
未闻后贤为之纲纪。乃捃就所见书传，刺取遗篇，絫为一袠。"

　　野史一向被统治者斥为道听途说、荒诞不经，往往是毁禁的
对象，但其中有些真实记录颇能补正史之不足。他们购读了《曲
洧旧闻》《窃愤录》《玉芝堂谈荟》《鸡肋编》《明季稗史汇编》《南
烬纪闻》等，对认识中国历史特别是明清之交的历史大有帮助。

　　鲁迅后来说：

　　　　我常说明朝永乐皇帝的凶残，远在张献忠之上，是受了
　　宋端仪的《立斋闲录》的影响的。那时我还是满洲治下的一
　　个拖着辫子的十四五岁的少年，但已经看过记载张献忠怎样
　　屠杀蜀人的《蜀碧》，痛恨着这"流贼"的凶残。后来又偶然
　　在破书堆里发现了一本不全的《立斋闲录》，还是明抄本，我
　　就在那书上看见了永乐的上谕，于是我的憎恨就移到永乐身
　　上去了。

　　杂览使人知识广博，是融会贯通、触类旁通的基础，有助于
培养通达的见识、宽阔的视野。周作人说他们兄弟的学问是"杂
学"，虽有谦虚的成分，却也颇含自信。实际上，他并不觉得杂览
不好。后来他专门写的相当于学术自传的《我的杂学》，也可以用

48

鲁迅手书拟购书目，多为上海点石斋书局所出书

鲁迅重新装订《徐霞客游记》，自拟卷目及题识

来说明鲁迅学问渊源的大概。

　　鲁迅多读野史杂记，也为日后的创作准备了素材。例如《故事新编》中的《铸剑》一篇，就取材于他幼时读过的书。1936年3月28日他在给日本学者增田涉的信中说："《故事新编》中的《铸剑》，确是写得较为认真。但是出处忘记了，因为是取材于幼时读过的书，我想也许是在《吴越春秋》或《越绝书》里面。"

"呆子孙！"

　　父亲科考没有前途，又疾病缠身，深自失望，只好把希望寄托在下一代。鲁迅在《朝花夕拾·五猖会》一文中叙述父亲望子成龙心切，在他出发去游乐时却要他背书，剥夺了童年的快乐，正是父亲心境的一种折射。

　　不久，周伯宜病情加重，从吐血发展到小腿肿，浑身乏力。

　　当地名医，诊费每次一元四角，是一笔不小的花费。请医生次数多，加上用药，开支巨大，家人只好咬牙拼凑。田产所剩不多，是一家人的口粮，不能再卖了。实在急需，就卖东西，或者上当铺。

　　名医姚芝仙喜欢对人讲"医者，意也"的玄理，而且喜欢用奇怪的药引子。从前有个病人，请了好多医生，用了各种药，仍不见好，待到遇见一位名医，一剂药就见效了。这位名医其实只在原药方上加了一味药引——梧桐叶。其间有何奥妙呢？原来病在积郁，气血不通，时值秋季，梧桐树先知秋气，以梧桐叶做药引，即以秋气动之，以气感气，病就霍然而愈了。这神法需要掌握时机、把握分寸，运用之妙，存乎一心。姚先生就常宣讲这类道理。他开药引子，生姜两片、竹叶十片去尖之类家常物品是断然不用的。最起码是芦根，要跑到河边去掘；经霜三年的甘蔗，也颇费寻找的功夫。每换一次药方，周家人为药引就得忙上大半天。有一次为了找陈仓米，到处问而不得，无意间在三味书屋里说起，被寿先生知道了。第二天，寿先生用装铜钱的褡裢，盛了一升多陈仓米，亲自背到周家。全家人感动不已。

鲁迅几乎每天都要出门办事，不是去当铺就是去药铺。在塔子桥东咸欢河北，有一家恒济当铺，他是那里的常客。朝奉（当铺的办事员）都摆出一副傲慢的神气，为了压价，对物品百般挑剔。而且，这当铺柜台很高，鲁迅个子矮小，要踮脚仰视，才能看到小窗户内的朝奉。他就这样在屈辱中把母亲给他的东西当掉，拿了钱去药房抓药。他办事很妥帖，钱、当票、药方和药包，每次都如数交给母亲。父亲吸鸦片烟，烟瘾越来越大，更加重了家里的经济负担。他亲眼看见母亲因为父亲病重和生活的艰苦而落泪。有一天他和母亲一起去烟馆找父亲，从窗外看见父亲正躺着吸烟。母亲并没有惊动父亲，而是落着泪牵着鲁迅的手默默地走回家。鲁迅后来回忆那段日子，曾动情地说："阿娘，是苦过的！"

在为母亲分忧分劳中，鲁迅长大了。

姚先生看了将近两年，周伯宜的病还是不见好，水肿越来越厉害，慢慢地由腿部肿到肚子上。人瘦得不堪，起床走路甚至摔碗的力气也没有了。他常对妻子说，自己浑身好像被湿布捆紧了，动也不得动，连喘气都感到吃力。

后来换了同样很有名的医生何莲臣。何莲臣先生的诊金也是每次一元四角，但药引备办起来更费力。

有服药的药引子是"蟋蟀一对"，旁边注上小字道："要原配，即本在一窠中者。"也就是说，不能东一只西一只，必须捉来本是"夫妻"的两个。好在百草园也不缺此物，但这工作需要两个人，作人就去帮哥哥。他们将蟋蟀赶出来，一人捉一只，一会儿就能得到好几对，用线一缚，投进熬药的锅里。多年以后，鲁迅回忆这些情节，嘲讽地写道："似乎昆虫也要贞节，续弦或再醮，连做药资格也丧失了。"

还有一次，药引是"平地木十株"。问药店，问卖草药的，问老年人，问读书人，问乡下人，都不知其为何物。最后大家想起喜欢养花弄草的玉田叔祖。玉田叔祖说，这是生在山中大树下的一种小树，俗称"老弗大"，能结小珊瑚珠大小的红果实。难题总算解决了。

何老先生也还是用"医者，意也"的道理辨症论治。他炮制一种特别的丸药叫"败鼓皮丸"，用打破了的旧鼓皮做成。周伯宜得的是水肿病，医名"鼓胀"，吃了打破的鼓皮自然就可以消肿去胀——中国人迷信的表现形式之一是在文字谐音上做功夫——但都无效。

九月里，天气已较凉爽，一天夜里，父亲的病突然加重了，母亲让孩子们不要睡。

临终，父亲将放在身上的那只手抬起来，张嘴想要说什么，可又轻轻地落下——他已经没有力气了。这样地重复了好几次，最后才喃喃地说："呆子孙，呆子孙！"声音极其微弱。因为没有挣得功名，年纪轻轻离开人世，留下孤儿寡母，这句"呆子孙"是在自责。

甲午年中国战败，当时周伯宜还能走路，有一天站在门口，望着庭院沉思良久，对妻子说道："我们有四个孩子，长大了，可以送两个出去留学，一个到东洋，一个到西洋。"

在狱中服刑的周福清，得知儿子死去，写了一副挽联：

世间最苦孤儿，谁料你遽抛妻孥，顿成大觉；

地下若逢尔母，为道我不能教养，深负遗言。

他埋怨儿子不成器没出息，对其吸食鸦片尤其不满。鲁迅看了挽联，对弟弟们说，祖父真是尖刻，人已经死去了，他还不饶恕。

周福清在入狱的那年秋天并没有被处决——他有幸遇到大赦，后来陆续减刑直到出狱，一共服刑九年。他的二儿子凤升在杭州照顾他，长孙鲁迅每隔一段时间送去些钱和生活必需品。

父亲的丧事刚办完，家里就收到周福清的一封信，让鲁迅或作人到杭州陪伴他，因为凤升要去南京的江南水师学堂读书了。进这所学校，意味着将来毕业了要加入海军。绍兴的亲族听到这消息，都觉得周福清穷极无聊，脑子进水了。在当时看来，学洋学问，就是把灵魂卖给洋鬼子！新台门的椒生叔祖也在这个学堂里，大家早已不以为然。但椒生年龄大，混混日子也就罢了，凤升可还年轻啊。

鲁迅离不开，任务就落到作人身上。母亲虽然舍不得，但孩子祖父的命令怎好违背呢？

好在，陪侍祖父不会耽误作人的学业。祖父也正想他在身边好亲自课读。所以在杭州的一年半时间里，作人平时在住处用功，隔几天去监狱里看望祖父。

周福清脾气暴躁，发怒时，咬手指甲，诅咒骂詈。他谁都敢骂，上到太后、皇帝，下到后辈、仆人。他不看书时，就到室外走动，同禁卒甚至罪犯谈天。

但他教导作人读书很有耐心。

周福清认为，读书人受教育的初始阶段应该广泛阅览，储存渐多，日久自然开悟。他鼓励作人读小说，如《西游记》《镜花缘》《儒林外史》等，因为小说语言浅显，文理顺畅，读得多了，文字粗"通"。通了之后，再读别的东西，也就不难了。作人照着这条路子，进而读文言的《聊斋志异》，再进到《阅微草堂笔记》。祖父身边备有多种图书，他可以自由取阅，例如《四史》《明季南北略》《明季稗史汇编》《纲鉴易知录》等。

八股文和试帖诗自然是不能中断的。祖父还特别重视音韵学，让作人将一部《诗韵》抄了两三遍，这种扎实的训练对他以后的创作很有帮助。

大哥每隔些时候来杭州探望祖父，兄弟两个聚谈学业和家事，度过几天快乐的时光。作人在祖父的指导下，也是在大哥的带动下，开始记日记。开篇第一天就记着大哥的事：

> （1898年）正月廿八日，阴。去（指去狱中探望祖父——引者注）。下午，豫亭兄（指大哥——引者注）偕章庆至，坐谈片刻，偕归。

鲁迅直接到狱中去找他们，还给作人带来几种书籍：《壶天录》四本，《读史探骊录》五本，《淞隐漫录》四本，《阅微草堂笔记》六本。

兄弟俩经常通信交流读书心得，报告时事新闻。二月末，鲁迅来信报告离绍兴不远的诸暨，老百姓与洋人发生了冲突，听说还打死了几名洋人。这在当时可是大事，洋人在中国受到特殊保护，伤害了他们，政府要追究，洋人更不会善罢甘休。官吏处理这些事最头痛，到末了总是抓几个老百姓治罪。

诸暨的案子其实并没有那么严重。作人把大哥的来信内容记在日记上不多久，就又听到了消息，那里并无洋人被刺死，只是发生了拆毁教堂的事。

鲁迅在另一封信上说自己在绍兴水澄桥墨润堂书坊口买到维新派办的《知新报》。该报第四十五册上翻译转载日本《时事新报》上的《法国照会瓜分中国事》一文，其中刊登一幅据说是法国政府草拟的瓜分中国图，大略谓英、日、俄、法、德五国，由长江进入中国，先取南京，占领江岸富饶之地，浙江归英国所有。信中还说，绍兴最近谣传"有苗兵三千入杭城守镇海关"。

其时，鲁迅虽已离开三味书屋，在家自修，但作成的诗文仍请寿老先生的儿子寿洙邻批阅。作人也可以做整篇的八股文了。鲁迅常常把自己的诗文寄到杭州，一是呈给祖父审阅，二是让弟弟观摩。作人总把文题和诗题写入日记，如文题的"义然后取""无如寡人之用心者""左右皆曰贤"和"人告之以过则喜"等，诗题的"百花生日，得'花'字""满地梨花昨夜风，得'风'字"等等，并按题写作。

有一天，鲁迅来信说自己决定去南京求学了，不久就要动身。

走异路

鲁迅在家庭从小康坠入困顿的途中，深切感受到世态炎凉。便是本家亲戚之间，也渐渐地失去了揖让的礼数。父亲去世后，他作为兴房的长子参与家族事务。有一次，家族开会商量重新分配住房，有人认为兴房人少房多，应该让出几间来。鲁迅虽然气愤，但表面上很镇静，说这样的大事自己不能做主，祖父在杭州狱中，等禀告了祖父才能决定。平时和蔼可亲的玉田公公，这时却声色俱厉地训斥他不尊重长辈，不明事理，但他拒绝在房契上签字画押，会议不欢而散。

鲁迅回到家里，没有将这件事告诉母亲，而是自己默默承受下来。

绍兴城里读书人家的子弟，除科举的正路外，还有几条异路或曰岔路可走：一是做塾师；二是做医师；三是学幕，即做幕友，俗称"师爷"。此外，还有学生意，一般是钱庄和典当两种行业。

现在又有一条出路，就是上新式学堂。中国各地已经开办不少新式学校，绍兴也办了中西学堂，汉文以外，还教洋文和算学。人们接受新生事物是需要时间的。读圣贤书的秀才们很看不起这学堂，集《四书》的句子，做了一篇文章来嘲笑它。讽刺外国语用的是《孟子》中的话"徐子以告夷子曰：吾闻用夏变夷者，未闻变于夷者也。今也不然：映舌之音，闻其声，皆雅言也。"

省城杭州的求是书院档次较高，但学费太贵，家里负担不起。想来想去，唯有一条路，就是凤升就读的水师学堂，不但不要学费，每月还发给一定的赡银。堂叔祖周椒生在该校担任管轮堂监督。鲁迅写信去，请叔父和叔祖留意入学机会。不久，他收到凤升的来信，让他到南京参加考试。

母亲不愿意放他外出，但看他已经下定决心，只得筹措八元的路费，送他上路。

鲁迅一到南京，立即给杭州的祖父和二弟去了一封信，报告自己的情况。信中说，他已经有了一个新名字——叔祖周椒生认为本族子弟进新学堂，并且进军校，不大光彩，不能用本名，就给他取名周树人。凤升入学时也是改了名的，叫周文治。

入学考试并不难，作文题目是"武有七德论"，鲁迅考中了。他把这题目写信告诉作人，作人用这个题目试作了一篇文章。

这年，九岁的松寿进了会稽县学堂。学校有宿舍，学生每月交两三元的膳宿费就可以住读。因为家境困难，松寿选择了走读，好在学堂离家不远。

松寿从小体弱多病，但坚持学习，文字通顺，已能写普通的信件。两个哥哥到南京上学后，家里给杭州祖父写信，就由他执笔。祖父接到家信，高兴地说，阿松没有读过书，但写出来的信倒是蛮通顺的。后来祖父出狱回到家，对谁都苛刻，但对小孙子总是和颜悦色。

会稽县学堂的办学宗旨是德、智、体全面发展。校长主抓德育，每周一的第一节就由他上修身课。他秀才出身，是当地有名的绅士。有一天他讲"孟母教子"：孟母坐在门外，看见孟子走进房里，又立刻走出来了。孟子对母亲说，媳妇没有礼貌。母亲问他，媳妇怎么没有礼貌？他答道：我走进屋时，看见她坐没坐相，简直是箕踞而坐（两腿叉开成八字形），太不象话了。孟母问他，你事先扬声了么？他说没有。母亲就教训他说，是他先无礼的。他进屋之前，应该高声说一句话，让妻子听见，同他相见。孟子觉得母亲说得有道理，就向母亲认错。

学校的课程，有算术、汉文、英文、历史、地理，还有体操和唱歌。那时候，懂得新学的人很少，教员不容易找，特别是教唱歌的老师。有一个人，小时候在县城南街的耶稣教堂里唱过赞美诗，并学会了弹手风琴，但长大后无事可干，只好挑担做小贩。学校缺教唱歌的老师，找遍全城没有合适人选，最后想到他。他从此放下了挑担，又与乐谱打上了交道。

　　后来换了一位校长，也是秀才出身，思想开明，在教育方法上敢于革新。他认为学生当然要尊重先生，但反过来，先生也要对得起学生，平时要倾听学生们的意见。他规定每周六下午开一次演讲会，请同学们登台演讲，陈述对学校和老师们的意见。

　　有一次，一位同学上台讲道："学堂聘请的先生，应该确实有学问，有德行，这样才可以为人师表。但是在我们的学校里，有的先生却念别字，例如把'贸易'念成了'贾易'，学生对他说了，他不但不纠正，还训人。这样的先生岂不要误人子弟？"

　　校长听了，做了一番调查，发现这位同学反映的情况属实。不多久，念别字又训斥人的教师就被辞退了。

从"水师"到"矿路"

　　江南水师学堂创办于 1890 年，目的是培养海军军官和技术人员。学校有驾驶和轮机两班，每期招收约一百二十名学生，教员大多聘用英国人。教学是汉英文并重，专业课如机械、天文、航海等用英文讲授。

　　学堂坐落在南京仪凤门和挹江门之间，大门朝东，进大门是一条狭长的甬道，二门朝南，中间是中堂和签押房，以及文书会计处。后边是学生的饭厅。北面是风雨操场，操场旁边广场上，竖立一根桅杆，差不多有二十丈高，供学生操练，一进仪凤门就能看见，成了学校的象征。因为高，乌鸦、喜鹊平时只能停在半腰的木盘上。学生爬到顶，遇到好天，能看到远方的莫愁湖。因此，要是从上面掉下来，性命就难保了。鲁迅入学的时候，它底下已经张着粗索编的网，可能是为防止这种情况发生——以前也许就有人掉下来过。

新生待遇最低，宿舍是两人一间，每人一桌一凳一床，床板只有两块。床架有柱，可挂帐子，此外还有书架、箱子架和面盆架各一。学生第一年所得的津贴是二两银子。另外每人发油灯一盏，油钱二百文，用的是桐油，如果自己想用洋油，还须加一百文，买玻璃油壶的洋灯。

学校欺生现象严重。其实这也并不限于学校，社会上普遍如此。资格一老，对新来者就有了教训的"义务"，而军校尤甚。因为学堂里有本家，鲁迅在住宿方面没有受欺负。但在平时，也分明感受到高年级学生的威风。上讲堂时，二班和头班的学生，抱着一堆厚而且大的洋书，气昂昂地走在前面；三班生呢，所用的教材总共只有一本英文语法和四册《左传》，自己先就觉得气短。即便是空着手的时候，老生们也很擅场，将肘弯撑开，像只螃蟹，走在后面的低班生无法走到他们之前。

最能表现这种等级分别的是吃饭的时候。学校作息时间由号声统一指挥。午饭和晚饭最让新生紧张。饭厅里的方桌，一桌可以坐八个人，本来应该自由组合，但高班生霸道，五六个人占一桌，而且座位固定，都是同班好友或低年级里附合他们的小友，生人不得闯入。年级低的学生，一听见吃饭号声，就直奔饭厅，寻找非高班生所占的空位。在熙熙攘攘奔窜的队伍中，资格最老的学生神态最安详，以螃蟹姿势，在曲折的走廊中央大摇大摆地踱方步。走在后面的新生，决不敢僭越，只好跟着他慢慢踱着，直到进了饭厅门，才得解放，急忙各处乱钻，好像是晚上找不着窝的鸡，好不容易找到一个位置，坐下一看，一碗雪里蕻上的几片肥肉早已不见了。只有早饭，老生不理会号声，高卧不起，等着听差托了长方的木盘，把稀饭和一碟腌萝卜或酱莴苣送进宿舍，起来慢慢享用。这时饭厅里就显得宽敞一些，新生可以坐下来将稀饭喝了一碗又一碗。

课时安排沿用书房里的办法，一天中并不分做若干小时，而是分为上下午两大段：午前是8点至12点，午后是1点半到4点。上午10点打一次钟，休息十分钟，可以吃点心。青年正长身体，一天到晚总感到饥饿。这个办法很受欢迎，饥肠辘辘的学生们用这十分钟叫听差到学堂门口买一个铜圆的山东烧饼，一个铜圆的麻油辣酱和醋，拿烧饼蘸了吃，又香又辣，感觉比山珍海味还好。

课程很死板。一星期中，四整天是英文，从"This is a cat. Is it a rat?"学起，另两天是汉文，一天读《左传》，一天做文。作文题目是《知己知彼百战百胜论》《颖考叔论》《咬得菜根则百事可做论》之类。

由汉文课程可知学堂的守旧作风很浓厚。一些教员仍按照老式教法，要学生死记硬背，不鼓励独立思考，用鲁迅的话说是"两眼下视黄泉，看天就是傲慢，满脸装出死相，说笑就是放肆"。

但已接受新思想的学生们不那么驯服了。

鲁迅进校不久，来了一个新教员，官气十足，派头很大，把谁都不放在眼里。可他一开口讲话就露了馅，把一个叫"沈钊"的同学唤作"沈钧"，立刻招来一片讥笑声。从此学生们一见面就叫他"沈钧"，他很恼火，厉声训斥，有时竟与学生们对骂起来。其结果，十多名同学——鲁迅也在内——两天中被连记两小过两大过。假如再记一小过，凑足三个大过，就要被开除了。

帮助鲁迅入学并为他改名的叔祖椒生，脑筋也很陈旧。他很以中过举自豪，给人写信总不忘落款"文魁第周宅"，其实是只能做做八股文，谈不上学问文章。他以候补知县的资格到南京投奔妻族一个在两江总督衙门里办理洋务的亲戚，被推荐到水师学堂任职。

鲁迅入学之年即 1898 年（光绪二十四年）6 月间，光绪皇帝下"明定国是"诏，任用维新派的康有为、梁启超等实行新政。改革的诏令不断地从紫禁城里飞出来，裁汰冗员、兴办学堂、奖励著书、制造机器……轰轰烈烈，气象一新。

但好景不长，变法运动刚过一百天，慈禧太后发动政变，囚禁光绪皇帝，逮捕惩办维新派人物。谭嗣同等六人被杀，康有为、梁启超等逃往国外避难。

椒生对康有为等变法派恨之入骨。他对本家的几个学生说，康有为有野心，想篡位，顾其名可明其意：有者，"富有天下"，为者，"贵为天子"，这不是图谋不轨是什么？他见鲁迅经常阅读新杂志，很担心他中了新派思想的毒。一天，他拿来一张报纸，对鲁迅说："你这孩子有点不对了，这里有一篇文章，你拿去抄下来，好好地看看。"那是一张《申报》，上面有主张斥逐康有为的奏折。鲁迅对此不感兴趣，照样看新书。不过，他渐渐发现这个学堂问题很多，所学内容既不新，学校管理又混乱，一言以蔽之："乌烟瘴气。"更让他沮丧的是，自己分在管轮班，注定永远上不了舱面。学堂里按地域分成派别，驾驶班差不多被福建人控制。福建籍学生仿佛天之骄子，一来就学驾驶。这很不公平。

怎么办呢？走为上策。

正巧，南京的江南陆师学堂要附设一个矿路学堂。原来两江总督刘坤一听说南京附近的青龙山煤矿很有开采价值，便上奏朝廷道："江南办理矿务甫有端倪，此项学生一时尚难其选，然以测量绘算为初级，则与武备学生所学略同，拟即挑选学生，调派教习，于陆师学堂内添设矿路学一斋，分习重力、汽化、地质等学，以备专门学堂异日之取材。"十几天后，就获批准。原来，戊戌政变后，慈禧太后为了捞取"开明统治"的资本，也以改革开放、大办洋务的面目出现了。

考试并不难，鲁迅等二十多人考中。但因为学堂聘请的外国教员还没有到校，开学日期只好推迟。

鲁迅趁此机会回绍兴探亲。

县试

探亲期间，鲁迅和二弟一起参加了县试。

进南京的学堂，在时人眼里，终非正路。所以，母亲极力主张孩子们参加科考。

考生须在考前一天的半夜里起床，洗过脸，吃点东西，工人替考生拿着考篮，考生自己提着一盏四面玻璃、中间点一支洋蜡烛的灯，赶往十几里外的试院。

考场是甬道两旁的东西两个大场子，用短墙隔出若干个区域，每一个区域可以容纳两三排长板桌，每排可以坐一二十个人。考生拿到卷子，试院封门。天色发亮的时候，题目发下来，开始作文。

考试要整整一天，中午只能吃一点自带的干粮充饥。上午九十点钟光景，就听见外面有人传呼道："盖戳！"这是一种监察制度，凡考生作文到一个段落，就要"学老师"在卷子上文句完结处盖上一个戳记，县府考时由考生自己去盖，院试时则由学老师亲自盖。盖戳以后，考生自由安排时间，将两篇四书文和一首五言六韵诗做好，就结束了。

考试结果有"大案"公布出来。所谓大案，是县考初试及四次复试之后，出一总榜。只要榜上有名的人，就可以去应府试；按成绩，靠前的若干位取得秀才的资格。当时山阴、会稽还没有合并为绍兴县，会稽一县的考生有五百多名，出榜时以五十人为一图，写成圆圈形状，共有十一图。而进学即成为秀才的名额只有四十个，竞争相当激烈。周作人日记记录的初试结果是：

> 会稽凡十一图，案首为马福田，予在十图三十四，豫才兄三图三十七，仲翔叔头图第廿四，伯文叔四图十九。

马福田就是马一浮，后来成为儒学大师。鲁迅和作人成绩不佳。

鲁迅体验了科举考试的艰辛，还不幸落下了胃病。考场离家远，入场时间在半夜，考生在家里吃了晚饭后就得出发。那天，有个同伴一定要先洗了脚才走，等他洗完脚，时间就有些紧张了。鲁迅刚吃饱了饭急剧运动，胃里很不舒服。

初试后，鲁迅接到南京矿路学堂的开学通知。他执意不再参加考试。母亲和同考的叔辈认为放弃了很可惜，便雇一个人替考。考试结果，作人的名次是四图四十七，"枪手"八图三十，成绩仍不佳。

就在两个哥哥忙于考试的时候，四弟不幸得了急病死去。

椿寿是个可爱的讨人喜欢的孩子，生得方头大耳，极聪明，邻里都说他将来会有大出息的。

全家人都陷入了悲伤之中。

四弟葬在南门外龟山。离他的小坟不远处，还有一座小坟，是端姑的墓，石碑上刻着周伯宜手书的"亡女端姑之墓"。

四弟安葬那天，鲁迅已离家赴宁，一切都由作人操办。在凛冽的寒风中，作人看着几天前还活蹦乱跳的四弟被永远地埋在地下。

母亲很悲痛，不忍看小儿子留下的遗物。因为住房无法调换，只好移动板壁，改住在朝北的套房里，并把家具摆设变换位置。母亲派作人找来画神像的人，给四弟画了一张小像。画师没见过小孩，只听家人说是一个白白胖胖的很可爱的孩子，头顶留着三仙发，穿和尚领长袍，仍不得要领，只好照哥哥的脸型来描绘。成品是一棵树底下画一块圆扁的大石头，前面站着一个小孩，留着三仙发，穿藕色斜领的衣服，手里拈一朵兰花。脸型与作人相似，不像一个五六岁孩子。

但母亲很满意，让作人拿去装裱，挂在自己的卧房里。后来移家北京，也随身带着，至今仍挂在北京阜成门内宫门口西三条鲁迅旧居堂屋的东壁上。

作人写了好几首诗悼念四弟，如《读〈华陀传〉有感》说："闻君手有回生术，手足断时可能续？闻君橐有起死丹，兄弟无者可复还？"他还为四弟写了《逍遥处士小传》。

外国书

矿路学堂的课程有国文、算学、测量、地质、冶金、机械制图等，外文是德文和日文两种任选。鲁迅选了德文。

课程安排并不紧张，上下午各两节。下午5点以后自由活动，鲁迅通常留在学校读书，偶尔去逛书店，或到南门的贵人坊吃干丝（干丝是南京的一种小吃，用豆腐丝、麻油等制成）。

鲁迅的国文成绩很突出，得力于他小时候受的训练。每逢星期六，学校要加添作文课或算学课，作文前三名可得奖，奖金称为"膏火费"。鲁迅每次总能得到一两十五串钱的奖金。平时学堂还有一个奖励办法，就是国文作文优秀者，第一名赏三等银牌一个，四个三等银牌可以换一个二等银牌，四个二等银牌可以换一个金牌。同学中只有鲁迅换回过金牌。

当然，和别的学校一样，矿路的课程设置和教学法很死板。因为学校刚开办，缺乏教材，学生们只好在课堂上跟着老师的板书抄讲义，上课枯燥乏味可想而知。但鲁迅并不惧怕抄书，这门手艺，他在小时候就打下了很好的基础。

地质学课本用的是英国赖耶尔著的《地质学纲要》，当时中文本译作《地学浅说》。这本书让鲁迅获得不少古生物学知识，对于理解进化论也很有益处。开矿学用的课本是美国代那撰写的《金石识别》，鲁迅工工整整抄了六册。有些矿物的译名，中译本是按美国人的口译写出来的，多为译音，如"开克可儿"和"别溪可儿"，学生读了不知所云。鲁迅在旁边注明："俗称大黄石煤，小黄石煤，即此二种。"他在学习中常常结合中国矿产实际写一些心得，加添一些注释。如枯块煤（又名焦煤，即焦炭）的炼法，课本上只介绍外国的办法，鲁迅注上了中国炼法："中国法就地挖坑，先用柴草燃火，于中将煤铺上，四面各留一进风洞，俟煤燃后用足踏实，迨全燃至顶，以土盖之。"

这些训练为鲁迅的思想方法的养成打下了坚实的基础。在日本留学期间，他利用地质学知识，撰写了《中国地质略论》，编纂了《中国矿产志》。后者还将中国矿产的分布情况做了图示，出版后很受好评，被清政府学部定为学堂参考书。

鲁迅大量阅读翻译作品和新发行的报刊，受益非浅。其中有一本讲解达尔文进化论的书《天演论》，英国赫胥黎著，由严复译为中文。严复特别关注达尔文进化论中"物竞天择，适者生存"的道理，"于自强保种之事，反复三致意焉"，意在警告那些顽固反对改革的人，如果不跟上世界潮流，就有亡国灭种的危险。

这并非危言耸听，当时中国正面临被瓜分的局面。所以严复的译本一出，就在社会上引起了不小的反响。

鲁迅在《朝花夕拾·琐记》里生动地记述了他初读《天演论》的情景：

> 看新书的风气便流行起来，我也知道了中国有一部书叫《天演论》。星期日跑到城南去买了来，白纸石印的一厚本，价五百文正。翻开一看，是写得很好的字，开首便道：
>
> "赫胥黎独处一室之中，在英伦之南，背山而面野，槛外诸境，历历如在几下。乃悬想二千年前，当罗马大将恺彻未到时，此间有何景物？计惟有天造草昧……"
>
> 哦，原来世界上竟还有一个赫胥黎坐在书房里那么想，而且想得那么新鲜？一口气读下去，"物竞""天择"也出来了，苏格拉第，柏拉图也出来了，斯多噶也出来了。

严复是一个古文家，译文刻意模仿《史记》《汉书》笔法。桐城派作家吴汝纶对严复的译文备极推崇，在某一译本序言中甚至说，原书并不见得怎么好，但经过严复用上好的古文译出来，简直可以同先秦诸子的文章媲美了。

鲁迅也觉得译笔确实好，读起来朗朗上口。他反复研读，以至于多年后还能背诵其中的一些篇章。

　　鲁迅很受进化论学说的影响，后来到日本又购买了加藤弘之的《物竞论》，想做更深入的研究。加藤弘之是日本贵族院议员，以研究德国问题知名，在日本大力宣传进化论思想；但他所说的进化论，着眼点在竞争，尤其是国家间的竞争，并主张国家对于个人有至高无上的权力，最终发展成"国家主义"。

　　在鲁迅的有生之年，中国一直没有摆脱国家分裂、外敌入侵的厄运，所以鲁迅常用进化论观念，激励、催促中国人从萎靡不振的状态中惊醒。

　　由于喜欢严复的译文，鲁迅见到严复翻译作品出版就买来看，陆续阅读了甄克思的《社会通论》、斯宾塞的《群学肄言》、孟德斯鸠的《法意》、穆勒的《名学》等。

　　矿路学堂没有生理学课，但鲁迅课外阅读了从日本翻译过来的《全体新论》和《化学卫生论》等医学著作。这两部书属于所谓"兰学"（日本对西医的称呼，因为他们最早从荷兰入侵者那里接触到这门学问），是鲁迅最初看到的有关西方医学的书籍。他不由得想起几年前给父亲请医生的经历。那几位老中医的玄妙理论，与这书上的道理差别不小。他因此觉悟到中医不过是"有意或无意的骗子"。按照这些书上所说，日本明治维新就是从学习西方医学开的头。那么，中国何不也来学学西医呢？后来他到日本留学，选择医学，大概这时就种下了志愿的种子。

　　另一种他读得较多的书是林纾翻译的小说。林纾是桐城派，发愿以上好的古文来译外国作品。他与严复的不同之处在于：严复通英文，而林纾是外文盲，却通过别人口述，翻译了很多外国作品，堪称文坛奇迹。

　　鲁迅去南京上学时，林纾用笔名"冷红生"翻译的法国小仲马的《巴黎茶花女遗事》已经出版，风行全国。严复写诗赞道：
"可怜一卷《茶花女》，断尽支那荡子肠。"追求恋爱和婚姻自由的
中国年轻人，被玛格丽特和阿芒的命运深深感动了。

林纾还是中国最早翻译英国著名侦探小说《福尔摩斯探案》
的人，译本取名《包探案》。鲁迅一到南京就买来阅读，同时还买
了林译的英国哈葛得所著神怪小说《长生术》，讲的是"罐盖人头
之国"的奇闻。林纾陆续译了多种哈葛得的作品，如《埃及金塔
剖尸记》和《鬼山狼侠传》等，鲁迅和周作人都读过。

鲁迅对林译司各得（司克特）所著《撒克逊劫后英雄略》印
象很深，认为是真正花了功夫的译作。小说讲述了撒克逊人抵抗
诺曼人入侵的故事。鲁迅对它感兴趣的原因是，当时中国人正受
着帝国主义列强的欺凌；在国内，汉族人又受着满族统治者的压
迫和奴役。这观念，在他到日本后更加清晰。当他自己从事翻译
时，就顺着这种取向，偏重介绍切合民族民主斗争的作品。

兄弟怡怡

学生时代，最快乐的事莫如春节放假，回乡探亲。旧历的新
年毕竟最像新年，家家祭灶，祈求上天的祝福。

这一年回乡，鲁迅见到少年时代的伙伴运水。运水平时难得
进城，所以很想到人群中看热闹。有一天，三兄弟和运水同去参
观外国油画展，虽说只看到一些外国人物如黑格尔、康德等的画
像，但对于当时还不熟悉西方绘画的人来说，还是很新奇的。他
们还一起去陶二峰游览，那里有当地著名的测字先生。运水是迷

信的，呆呆地站着，聆听测字先生对他演说。测字先生满口胡言，破绽百出，居然也能混到饭吃。接受了新学的鲁迅只觉得可笑。

兄弟们谈天论地，说东道西。鲁迅讲南京学校里的事情，使两个弟弟对外面的世界愈发向往，特别是二弟，极想跟哥哥一起去南京求学。假期结束，鲁迅返校，作人心里就特别郁闷。

鲁迅和二弟一起切磋诗艺，也是很快意的事。鲁迅曾从南京托人给二弟捎回王渔洋编的《唐人万首绝句选》一部，还有老祖宗周敦颐的《周濂溪集》。"诗是吾家事"——周敦颐是周家的祖先。

送灶日这天，鲁迅和作人都有诗作。鲁迅的诗题是《庚子送灶即事》，署名戛剑生。诗云："只鸡胶牙糖，典衣供瓣香。家中无长物，岂独少黄羊！"透露出家里的破落景象，家无长物，而供瓣香则需要典衣——在祝福的热闹氛围里，鲁迅想起了自己少年时代常常出入当铺的情景了。

二弟和诗一首道："角黍杂狻糖，一尊腊酒香。返嗤求富者，岁岁供黄羊。"不屑于跟供黄羊的富人家相比。

这些习作，因为周作人工工整整地抄录在日记里，得以留存。

绍兴的老规矩：除夕那天，下午接神，夜里拜祖像。读书人则在祭祖并拜见各位尊长后，还要向书神致祭。致祭的时候要叫着书神长恩的名字，呼吁他显出神威，阻止老鼠咬啮和蠹鱼啃食书籍。

庚子年（1901）除夕祭书神，鲁迅写下了《祭书神文》。是时，香烟缭绕，华筵铺张，"钱神醉兮钱奴忙"——世人爱钱，这是常态；穷苦的读书人却守着断简残篇，恭候书神驾临，"绝交阿堵兮尚剩残书，把酒大呼兮君临我居"。穷书生愿意（也只能）与书神为伍。因此，他请求书神永远与爱书者同在，并且将那些凡

周作人日记抄录的《戛剑生杂记》

行人于斜日將墮之時暝色逼人四顧沍
目非故鄉之人細聆沍耳皆異鄉之語一
念及家鄉萬里老親弱弟必時時相語譚
可當是某處矣此時真覺柔腸欲斷涙不
可仰故予有句云日暮客愁集烟深入語
喧皆所身歷非記諸空言也

生鱸臭與新秔米炊熟臭須研小方塊去
骨加秋油謂之鱸魚飰味甚鮮羑名極雅
飰可入林洪山家清供

夷人呼茶爲嗏閩語也閩人始販茶至夷
故夷人效其語也

試燒酒法以缸一隻猛注酒于中視其上

夫俗子即钱神钱奴驱逐出书的世界，"导脉望而登仙兮，引蠹鱼之来游。俗丁伧父兮为君仇，勿使履阈兮增君羞。若弗听兮止以吴钩，示之《丘》《索》兮棘其喉。令管城脱颖以出兮，使彼啜啜以心忧"。最后，是表态或者说宣誓："宁召书癖兮来诗囚，君为我守兮乐未休。他年芹茂而椒香兮，购异籍而相酬。"诗囚指唐代的孟郊和贾岛两位苦吟的诗人。诗人心甘情愿与书神相守，不怕人笑话，别看他现在拿出的祭品很菲薄，有朝一日，他会买很多好书奇书，献给书神。

鲁迅这个时期取了两个别号，并且请人刻了图章，一个是写诗文时常用的"戛剑生"，另一个是"文章误我"。他不愿死啃书本，不安于贫困和默默无闻，而思学以致用，建功立业。

作人模仿大哥，给自己起了"跃剑生"的别号。

假期的生活是快乐的，但假期结束兄弟离别却痛苦不堪。第一年寒假后，鲁迅写了一则杂记，抒写离别和思乡情绪：

> 行人于斜日将堕之时，暝色逼人，四顾满目非故乡之人，细聆满耳皆异乡之语，一念及家乡万里，老亲弱弟必时时相语，谓可当至某处矣，此时真觉柔肠欲断，涕不可仰。故予有句云：
> 日暮客愁集，烟深人语喧。皆所身历，非托诸空言也。

作人心有戚戚，特意把这段话抄入日记中。

鲁迅还写了《别诸弟》诗三首：

> 谋生无奈日奔驰，有弟偏教各别离。
> 最是令人凄绝处，孤檠长夜雨来时。
>
> 还家未久又离家，日暮新愁分外加。
> 夹道万株杨柳树，望中都化断肠花。

　　从来一别又经年，万里长风送客船。

　　我有一言应记取，文章得失不由天。

　　作人经常收到鲁迅从南京寄来的书籍等物品，他也常从绍兴给鲁迅寄去生活用品，每次总不忘捎上鲁迅爱吃的姜糖。第二年假期结束，作人送大哥回校后，在日记上记道："上午大哥收拾行李，傍晚同十八公公、子恒叔启行往秣。余送大哥至舟，执手言别，中心黯然。作一词以送其行，稿存后。夜作七绝三首，拟二月中寄宁，稿亦列如左。予见太白送崔度诗，有'去影忽不见，踌躇日将曛'二语。于此时恰似之。"这三首七绝步鲁迅《别诸弟》原韵：

　　　　一片征帆逐雁驰，江干烟树已离离。

　　　　苍茫独立增惆怅，却忆联床话雨时。

　　　　小桥杨柳野人家，酒入愁肠恨转加。

　　　　芍药不知离别苦，当阶犹自发春花。

　　　　家食于今又一年，羡人破浪泛楼船。

　　　　自恨鱼鹿终无就，欲拟灵均问昊天。

诗中除了表达离情别绪，还表示羡慕大哥在外求学，希望自己也能离开偏僻的小城，到大世界乘风破浪。

　　鲁迅收到后，立即又用原韵写了三首：

　　　　梦魂常向故乡驰，始信人间苦别离。

　　　　夜半倚床忆诸弟，残灯如豆月明时。

日暮舟停老圃家，棘篱绕屋树交加。

怅然回忆家乡乐，抱翁何时共养花？

春风容易送韶年，一棹烟波夜驶船。

何事脊令偏傲我，时随帆顶过长天！

脊令是一种鸟，它们在遇到危险的时候，互相鸣叫报警。《诗经·小雅·棠棣》说："脊令在原，兄弟急难。"人们常用脊令的这种习性比喻兄弟在危难时互相救助。

鲁迅为这组诗写跋语道："仲弟次予去春留别元韵三章，即以送别，并索和。予每把笔，辄黯然而止。越十余日，客窗偶暇，潦草成句，即邮寄之。嗟呼！登楼陨涕，英雄未必忘家；执手消魂，兄弟竟居异地！深秋明月，照游子而更明；寒夜怨笳，遇羁人而增怨。此情此景，盖未有不悄然以悲者矣。"

作人时刻挂念着在异地的大哥，特意把大哥寄回来的陆师学堂图形一张拿到店里装裱，挂在墙上。他还在农历八月初三的日记上郑重写道："少司命诞日，家兄豫才二十寿诞。"

两兄弟在少年、青年时代这般友爱，不免让人对他们后来失去和睦感到万分惋惜。

此时，作人很受煎熬。他在日记里写道："学术无进而马齿将增，不觉恶然。"街坊有一个叫阿九的人，年纪比他大几岁，跟他一起读书。其实，作人继续作文章预备应考，阿九却还在读《幼学琼林》，从程度上说阿九应该算他的学生。两人成了游玩的伙伴，经常外出游荡，作人跟阿九学了一些绍兴"破（读作 pā）脚骨"的手法，好在没有彻底变成街面上的流氓，闹出什么乱子。

祖父回到家里不到半个月，就引发了"大风暴"。他听信邻居某人的馋言，常对自己的妻子大发脾气，闹得鸡犬不宁。

周作人的日记里经常出现祖父"怒詈""大闹"的字样。周福清对儿媳不满，却不好直接斥骂，就常借作人来做过渡，将他叫到身边加以教训。这教训一开始并不疾言厉色，而是讲故事给他听。这些故事大多是说某家的儿媳怎样不孝敬公婆，赌钱看戏，后来沦为乞丐，饥寒而死，或者遇见兵乱全家罹难。说到愤激的时候，周福清把指甲咬得嘎嘎作响，仿佛要吃人的样子。

不过儿媳并不怕他，建人描写了这样一个场面：

> 有一次，……祖父骂了祖母。我母亲从自己的房里出来，很严肃地对我祖父说："这么大年纪了，还吵什么？头发都白了，还不给小辈做个样子？"
>
> 祖父没有料到我母亲竟然会出头来，不觉一怔，本来小辈如不是不作声，顶多也是相劝罢了，而我母亲竟然对他持批评的态度。他看了我母亲一眼，一言不发，逃进自己的房里去了。从此以后，虽然对祖母的感情还是不好，但不再吵吵闹闹了。

祖父偏爱建人，但对作人的要求就严格得多。他一回到家，就训教作人说，家境不好，以后不能再做少爷了，要学会过日子，学会买东西。他让作人每天早上到集市上买菜。

于是作人每天就带九十几文铜钱，到二里地外的大云桥去采购。所买菜品要搭配好，既要新鲜又要便宜，什么四两虾、一块胖头鱼、一把茭白、两方豆腐，等等，这差事本来并不难，只需要讨价还价的功夫，作人很快就掌握了。他拿回菜来，祖父总是很满意，说比佣人买的还要便宜呢。

但有一点作人难以忍受，就是祖父一定要他穿长衫出门，因为是读书人家的子弟，不能同短衣帮的平民相混。这让人想起鲁迅笔下的孔乙己到咸亨酒店饮酒，因为缺钱，不能踱进店里慢慢地坐喝，只好在外面站着喝，但因为是读书人又不肯脱去长衫。时值夏天，二里多的路，汗流浃背，长衫又不透风，走起路来也不方便，其苦可想而知。集市上几乎全是穿短衣的人，只见作人一个穿着白色夏布长衫，携几个装菜的"苗篮"，挤在鱼摊菜担中间，也真难为情！

周作人科考不顺，几次落榜，加上家里的气氛不对，就萌生了出走的念头。他在日记里写道："连日郁郁不快，日记亦多挂漏，未知何时得乘长风，破万里浪，作海外游也。毛锥误我，行当投笔执戈，从事域外，安得郁郁居此与草木同朽哉！"

就在祖父回家两个月后，他私下里给大哥写信，托他寻找机会，也到新式学堂读书。

大哥接到信，就和叔叔凤升一起活动起来。大约又过两个月，作人得到消息，让他到南京去，先做水师学堂的额外生。

又过几天，接到大哥的信，入学的事得到确认。信中还附有大哥和凤升叔合写给祖父的请求放行的信。大哥后来又来信说，叔祖椒生用"周王寿考，暇不作人"的典故给他起了新名叫"周作人"，号"朴士"（这号发音不响亮，没有用过）。后来的笔名周遐寿就从这个学名而来。

作人于这一年9月中旬到南京，先住在叔祖那里，不久参加入学考试，考题是《云从龙风从虎论》，考官给他的批语是"文气近顺"。月底发榜，正取一名，备取二名，作人列为备取第一名。几天后复试，考题是《虽百世可知也论》，不过没有再发榜。就这样，周作人成为水师学堂的额外生，第二年1月转为正式生。

水师学堂的汉文功课仍然是八股文当道。多数题目还是"四书"腔调，如："孟子曰，我四十不动心，又曰，我善养吾浩然之气；平时用功，此心此气究如何分别？如何相通？试详言之。"这种玄奥的理学，真难为了青年学生。

史评是常见的作文题目，无非是些翻案文章，所谓"翻手为云，覆手为雨"，正说反说都可以圆通。鲁迅在《狂人日记》里借狂人之口批评说：

> 我还记得大哥教我做论，无论怎样好人，翻他几句，他便打上几个圈；原谅坏人几句，他便说"翻天妙手，与众不同"。

周作人遇到过这样的史论题目："秦易封建为郡县，衰世之制也，何以后世沿之，至今不改？试申其义。"还有："问汉事大定，论功行赏，纪信追赠之典阙如，后儒谓汉真少恩。其说然欤？"作者只要找出一两个理由，对古人的行为给以赞赏或反对的意见，自圆其说就可以得高分。关于汉高祖的题目，周作人是这样开篇的："史称汉高帝豁达大度，窃以为非也，帝盖刻薄寡恩人也。"起得好，态度鲜明，语气坚定，一下子翻转过来。老师很认可，在他的卷子上加了很多圈圈。

评价历史人物是很复杂的工作，不能像小孩子看戏，角色一上台就立刻分辨好人或坏人。所以，后来周作人经常批评古代尤其是宋朝的史论家信口雌黄，妄评古人。

那时候，教员的新学知识还不足。如有教员竟不知华盛顿是人还是物；有一位汉文教师竟说地球有两个，一个自动，一个被动，一个叫东半球，一个叫西半球；还有一位教员，看见学生文章中有"社会"一词，误认为是古代的结社讲学，大加删改，弄得牛头不对马嘴，传为笑谈。

二弟来宁，兄弟两个经常互访，交流心得。周作人日记记载较详，如 1902 年 1 月 5 日：晴。礼拜，放假。晨步至陆师学堂，同大哥闲谈，午饭后回堂，带回《世说新语》一部，杂书三本。1月 12 日：晴。礼拜，放假。上午大哥来谈，云丁耀卿兄已于上月二十六日晚逝世，一叹。1 月 15 日：晴。……得大哥信并课本，云堂中毕业大考在月初八日（1 月 17 日——引者注），故不克往下关去。1 月 22 日：阴。上午静坐，大哥来，带书四部。午饭后同大哥至下关，行至仪凤门，小雨，亟返，下午大哥回去。1 月 23日：阴。下午同升叔步行至矿务学堂，同大哥晤谈片刻，即至下关天宝楼饮茗，食馒首数枚，即回堂。可见他们会面相当频繁。有时，因为事先没有约定，未能见到，就感到失落，如 1902 年 2 月6 日：晴。下午看小琅嬛数页，三下半钟至陆师访大哥，适出游不值，泱泱而回……有时候一天之内互相访问，甚至留宿。1902 年2 月 2 日，虽然是晴天，但天气很冷。午后，作人步行去了陆师学堂，因为刚下过雨，道路泥泞，很不好走。两兄弟谈了一会儿天后，一起到鼓楼游玩喝茶聊天，同去的有鲁迅的同学张协和。作人回到学校，已经下午四点钟了。到了晚上，鲁迅突然来看他了。原来，鲁迅买了赫胥黎的《天演论》，认为很好，急切地想让弟弟阅读。作人看了书，认为"译笔甚好"。这天晚上，他们一起阅读《天演论》《苏报》等书刊，一直到 12 点才就寝。

《苏报》是上海出版的进步报纸，常刊登宣传新思想的文章，也报道学界的消息。后来，反清革命志士章太炎等人在报纸上发表文章，鼓吹革命；报纸还大力宣传邹容鼓吹反清的著作《革命军》，遭清廷查禁，章太炎和邹容等为此坐牢。

兄弟二人的阅读范围很广，周作人日记上还记有很多书籍，

1902年1月鲁迅以一等第三名的成绩从矿路学堂毕业，此为毕业执照

如《阅微草堂笔记》《解学士诗》《状元阁执笔法》《芥子园全集》《圣武记》《汉魏丛书》《渔洋精华录笺注》《池北偶谈》《曲园墨戏》《百衲琴对句》《农学丛书》《文社日录》《小琅嬛》《浇愁录》《铁花仙史》《琴操》《支遁集》《板桥集》等。

鲁迅去日本留学时，把很多书籍留给二弟，如《汉魏丛书》《徐霞客游记》《前汉书》《古文苑》《剡录》《中西纪事》《仁学》《人民学》《日本新政考》《和文汉读法》《科学丛书》等等。

II

1898—

四 留学生

鲁迅在仙台租住的"佐藤屋"

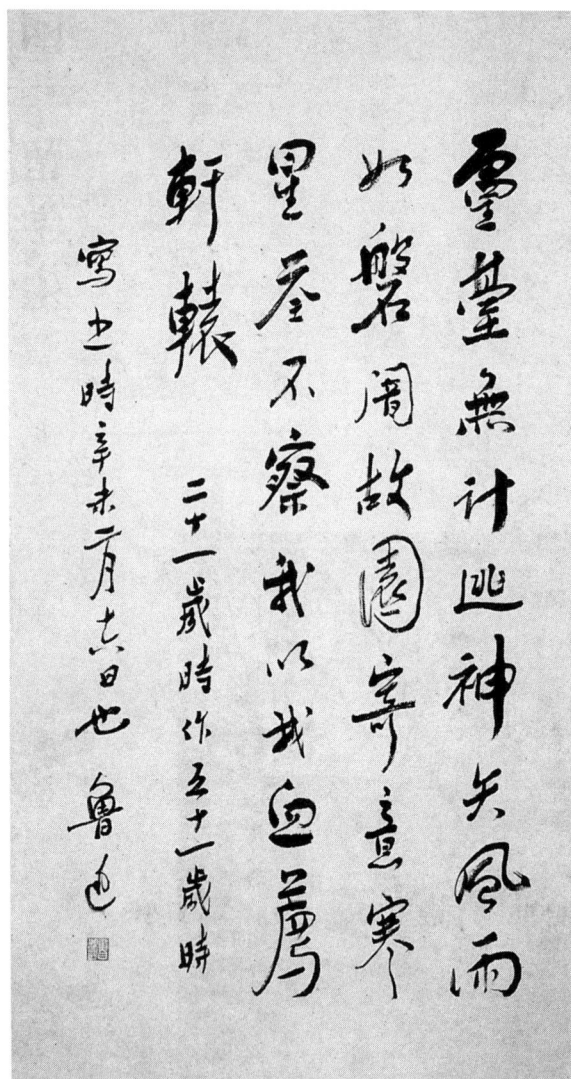

灵台无计逃神矢，风雨
如磐闇故园，寄意寒
星荃不察，我以我血荐
轩辕

二十一岁时作　五十一岁时
写之　时辛未二月十六日也　鲁迅

鲁迅剪辫后所作诗

国民性

1902 年，鲁迅以第三名的优异成绩从矿路学堂毕业，拿到两江总督颁发的毕业证。

毕业以后干什么呢？后来回忆往事，他幽默地写道：

> 毕业，自然大家都盼望的，但一到毕业，却又有些爽然若失。爬了几次桅，不消说不配做半个水兵；听了几年讲，下了几回矿洞，就能掘出金银铜铁锡来么？实在连自己也茫无把握，没有做《工欲善其事必先利其器》的那么容易。爬上天空二十丈和钻下地面二十丈，结果还是一无所能，学问是"上穷碧落下黄泉，两处茫茫皆不见"了。

正在这时，两江总督决定派遣五名矿路学堂学生去日本学习的奏折获得朝廷批准，鲁迅入选，于三月离开南京，经上海赴日本。

十天以后，鲁迅到达东京，住在鞠町区平河町四丁目三桥旅馆。他立即给二弟写封信，报告平安抵达的消息。信中还附上他途中所写《扶桑日记》，周作人接到后，立即抄写一份，转寄绍兴家里。可惜这稿子后来遗失了。

鲁迅进入弘文学院补习日文，被编入普通江南班。

弘文学院是专为中国留学生设立的一所日语速成学校。课程设置以普通科为主，所学为日文和基本科学知识，以为升入正式的高等专门学校的准备。例如陈独秀在该校学习后，进入高等师范学校。学校同时还设速成班，分师范、警务、理化、音乐等科。速成班用日语上课，配有汉语翻译。学习年限，普通科为两到三年，速成班有六个月、八个月、一年、一年半不等。

学校采用的是住宿制，对学生的行为有比较严格的规定，例如起床后和就寝前都要行礼。因为是专门培养中国学生的，校方和清政府联系密切，学校章程规定：学生必须尊重本国的国体和本院的体面。意思很明白：不要造反、搞革命。还有一条规定，凡逢孔圣诞辰，晚餐予以敬酒。入学不久，学监把学生们集合起来，说：因为你们都是孔子之徒，今天到御茶之水的孔庙里去行礼！鲁迅后来回忆："我大吃了一惊。现在还记得那时心里想，正因为绝望于孔夫子和他的之徒，所以到日本来的，然而又是拜么？"

鲁迅入学不久，弘文学院的学生就闹起了学潮。

原来，几年间，中国留日学生人数从几百人激增到几千人。留学生中盛行"排满"反清的言论。清政府得到驻日本公使蔡钧的报告，感到事态严重，决定采取措施。首先是限定留学生进入日本军事学校的名额，因为如果学习军事的学生接受了革命思想，将来回国当了军官，更加危险。其具体规定为：学生入士官学校，必须持有驻日公使签发的证件。公费生自然必须按政府规定办，但本是可以自由选择学校的自费生就很不赞成这种规定。

7月间，在弘文学院就读的自费留学生吴稚晖等人到公使馆要求开具进入成城陆军学校的证明，公使蔡钧百般刁难，不准其请，吴稚晖等二十六名留学生因此大闹公使馆。蔡钧请来日本警察，驱散学生，并将带头的吴稚晖和孙叔方逮捕。随后，蔡钧要求日本内务部下令，将二人解送回国。

留学生组织立即召开大会，决定维护学生利益，各校学生一律停止上课，等待交涉结果。

吴稚晖在被解送回国的途中，气愤于清政府和日本警察之野

蛮专横，跳入护城河中，幸好被人救起，没有丧命。否则，将会
使事态更加恶化。

　　鲁迅刚到日本，沉浸在兴奋之中。

　　鲁迅将自己的相片寄给亲人，其中寄给作人的一张，背面写
有这样一段话：

> 　　会稽山下之平民，日出国中之游子。弘文学院之制服，铃木
> 真一之摄影。二十余龄之青年，四月中旬之吉日。走五千余里之邮
> 筒，达星杓仲弟之英盼。兄树人顿首。

"星杓"是周作人的号。作人收到照片，非常珍爱，用镜框装起来，
放在书桌上，每天观瞻，而且把背面的题词抄录到日记里。照片
后来遗失，题词幸而留存。

　　在弘文学院，鲁迅结识了许寿裳，并与之成为好友。许寿裳
也是浙江绍兴人，由浙江省派往日本，学习师范科。他们经常在
一起谈社会、谈人生，特别是谈中国积贫积弱的病症到底出自哪
里等问题。许寿裳回忆说：

> 　　有一天，谈到历史上中国人的生命太不值钱，尤其是做
> 异族奴隶的时候，我们相对凄然。从此以后，我们就更加接
> 近，见面时每每谈中国民族性的缺点。因为身在异国，刺激
> 多端，……我们又常常谈着三个相联的问题：（一）怎样才是
> 理想的人性？（二）中国民族中最缺乏的是什么？（三）它
> 的病根何在？对于（一），因为古今中外哲人所孜孜追求的，
> 其说浩瀚，我们尽善而从，并不多说。对于（二）的探索，
> 当时我们觉得我们民族最缺乏的东西是诚和爱，——换句话
> 说：便是深中了诈伪无耻和猜疑相贼的毛病。口号只管很好
> 听，标语和宣言只管很好看，书本上只管说得冠冕堂皇，天

花乱坠，但按之实际，却不是这回事。至于（三）的症结，当然要在历史上去探究，因缘虽多，而两次奴于异族，认为是最大最深的病根。做奴隶的人还有什么地方可以说诚说爱呢？……

许寿裳与鲁迅回国后在同一个学堂教书，又同在教育部工作，经常见面或通信，探讨学问，交流思想，互相提携，友情终生不渝。

当时，留学生大多因同乡的关系聚在一起。1902年年底，浙江籍同学一百多人在东京成立了浙江同乡会，决定出版月刊《浙江潮》。许寿裳一度担任编辑人。其他很多省份也有同学会同乡会，创办杂志，例如河南籍学生的《河南》、湖北籍学生的《汉声》、江苏籍学生的《江苏》等等。

弘文学院替清政府推行奴化教育，引发学生不满。例如，校方让大家务必将弘文的"弘"字写作"宏"，因为要避很久以前一位清朝皇帝乾隆（弘历）的讳。那时，留学生们不愿说自己是清国人，宁可自称"支那人"，为此常常在填写履历表时与校方发生争执。

终于发生了一件事，使冲突升级。弘文学院不集中精力办正规教育，却热衷于搞所谓"速成班"，什么"速成师范""速成警务"，花样翻新，有名无实，教学质量大大下降。学生们要求学到真东西，因此向当局提出改革课程的要求；但学校当局财迷心窍，反而变本加厉，颁布了十二条新规定，其中有一条是"无论临时告假归国及暑假归国者，每月须纳金六元半。"这分明是欺负身在异国的穷学生们。学生干部开会，决定向校方交涉，但教务干事三矢断然拒绝修改规定，并威胁说：不同意的可以退学，我不强留！

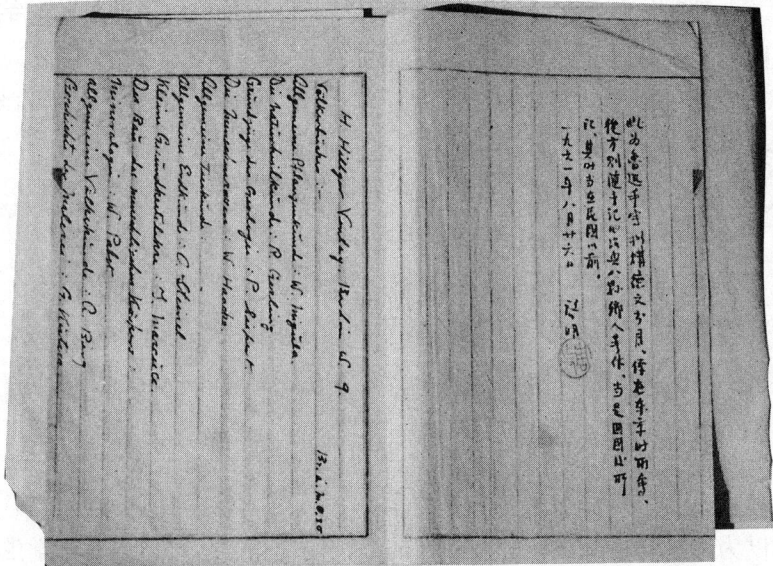

鲁迅在东京时手写拟购德文书目，周作人保存到1961年，捐赠时有题识

同学们被激怒了，决定全体退学，以示抗议。这就是弘文学院的集体退学事件，最终以学生的胜利收场。

鲁迅把这些情况报告给南京的二弟。尽管日本的学校有这样那样的弊端，鲁迅还是力劝弟弟争取留学的机会。

剪辫

中国留学生总体上给鲁迅的印象并不好。

有些家境好的学生，无心求知，耽于享乐，经常跳舞游荡，追逐女人。鲁迅有一天到留学生会馆，听见楼上有很大的响动，以为出了什么乱子，一问知情的人，说是在学跳舞！还有些学生关起门来炖牛肉吃。鲁迅颇不以为然，心想：中国也有牛肉，何必千里迢迢来日本炖着吃呢？还有一些学生，仍寄希望于清政府，以为慈禧太后一旦死去，光绪皇帝亲政，大清国还会有复兴的一天，因此热衷于学习军事或法政，准备报效朝廷。

热心革命的留学生一到东京，学业之外的必修课，就是"赴会馆、跑书店、往集会、听演讲"。鲁迅刚到，就赶上孙中山和章太炎组织"支那亡国二百四十二年纪念会"。为什么说亡国这么多年呢？原来当时革命党不承认清政府，将汉族统治的明朝最后一个皇帝朱由检的祭日作为亡国纪念日。这次集会号召国人起来推翻清朝统治。曾在南方一些地方策动过武装起义的孙中山公开亮明推翻清朝、恢复中华的主张。但清政府驻日使馆察知了会议计划，立即照会日本当局，在会场外拦截从各地来开会的学生和侨民，致使会议无法在原定地点举行，只好转移到孙中山的居住地横滨开了一个小型招待会。

尽管大会没有开成，但声势已经造出。革命思想已经在留学生中扎了根。有一部分留学生，连名字都改成了"扑满""打清"之类，表达对于光复的渴望；有人搞武装暴动，造炸弹，进行暗杀活动；有人办报纸杂志；有人钻进图书馆抄写明末抗清志士的著作，印刷成册运回中国，以期唤起同胞的民族解放意识。这些书包括《扬州十日记》《嘉定屠城记》《朱舜水集》《张苍水集》等等。其中《扬州十日记》记录了清军攻克扬州后，连续十天屠杀平民百姓的罪行。

鲁迅经常给二弟和三弟寄去书籍和报刊。

新教育的一个重要内容是体育。弘文学院院长嘉纳治五郎是日本柔道运动的创建者和热心提倡者。柔道结合了日本柔术和中国武术的特长，有利于锻炼人的灵敏反应能力，它不用任何武器，在打斗中借用对方的力量，将对手按住、压住或打倒。嘉纳治五郎为这项运动拟定的铭文是："精力善用，自他共荣。"

1903 年 3 月，嘉纳治五郎在弘文学院开设了柔道讲道馆，招收中国留学生。鲁迅、许寿裳等三十多名学生报名学习。从体育运动中，鲁迅体会到日本民族的尚武精神。西方人将中国人说成东亚病夫，而同在东亚的日本人却脱颖而出，正在朝健康、富强的目标迈进。鲁迅认为中国人应该在一些方面向日本人学习。

中国学生学习柔道，最碍事的要数头上的辫子。一开始，大家将辫子一圈一圈地盘在头顶，但进行扭打练习时，辫子时时散落，不得不停下手来整理。于是，尚武的场所竟仿佛女子梳妆的闺阁。很多人觉得难堪和耻辱，剪辫的呼声越来越高。

二百多年的专制使中国人习惯了被奴役的状态，但一到国外，就会因环境的变化而觉悟。外国人常以讥讽的口吻议论中国人蓄辫，使留学生们感到屈辱和难堪。行走在伦敦的大街上，被呼为"披克台儿"（pigtail，猪尾）、"赛维基"（savage，野蛮人）；在东京，则被称为"锵锵啵子"（拖尾奴才）。所以，摆脱奴役的第一步，哪怕是象征性的，就是将这可耻的、累赘的辫子剪掉。

在风潮的感召下，鲁迅也毅然将辫子剪掉了。完成这壮举后，他心情极为兴奋，跑到好友许寿裳的自修室里报告。已经剪了辫子的许寿裳表示祝贺："啊，壁垒一新！"鲁迅用手摸了一下自己的头顶，两人相视一笑。鲁迅剪去辫子后，照了一张相，并写了七绝诗一首：

> 灵台无计逃神矢，
>
> 风雨如磐黯故园。
>
> 寄意寒星荃不察，
>
> 我以我血荐轩辕。

轩辕就是汉民族的始祖黄帝。崇奉黄帝正是反满兴汉的需要。邹容在他的《革命军》一书中就自称是"黄帝子孙"，当时还有以《黄帝魂》作为书名的。诗的最后一句，面对不被人理解的艰难处境，鲁迅庄严发誓：努力奋斗，牺牲自我，投身到民族解放的事业中去。

看到学生们纷纷剪辫，清廷驻日使馆的官员坐不住了，负责江南班的学生监督姚文甫声言要停了剪辫学生的官费，并将他们遣送回国。

几个胆大的学生想出一个对策。他们知道，姚文甫虽然平时道貌岸然、威风八面，却正和一个女人私通。邹容、陈独秀、张继等人决定教训一下这个伪道学。他们趁他与情妇相会的时候，闯将进去，先批了他几个嘴巴，然后剪掉了他的辫子，第二天挂在留学生会馆门前示众。一时间，舆论哗然，姚文甫只好卷铺盖走人。不过，这样给政府官员造成难堪，几个策划实施者也被遣送回国了。

"篰底鸭"

鲁迅回国探亲时，却感到没有辫子的巨大压力。在国内，被人剪辫子的，要么是大逆不道的谋反者，要么就是犯了什么罪，尤其是犯了通奸罪，被人捉住，强行剪除——就像学生监督姚文甫那样。

在国外剪了辫子的人，回国后有一个补救之法是戴假辫子。鲁迅在上海也买了一条。假的总归是假的，戴在头上感觉不舒服且不说，特别令人担心的是很容易掉下来，招来路人更大的嘲笑。回到家里，亲朋好友也觉得他的打扮离经叛道，担心受连累。本家的伯文叔甚至扬言要去告官。

这次经历让鲁迅终身难忘。后来他回国教书，当受新思潮影响的学生们想剪去辫子，来征求他的意见时，他的回答竟是：没有辫子当然是好的，但我劝你们还是不要剪。考虑到自己曾经深受其苦，他不愿青年学生在现实生活中遭受冷眼和白眼。

鲁迅经常感叹，在中国，改革极难，别说剪掉一根辫子，就是搬动一张桌子，有时也要流血甚至牺牲生命。

三弟见大哥一身旅行装束，精神饱满地站在面前，欣喜若狂。二弟也特地从南京赶回来。兄弟相聚，有说不完的话。鲁迅向两个弟弟介绍日本的人情风俗，如日本人不坐凳子、睡觉也没有床……两个弟弟听了很感新奇有趣。他们不分白天黑夜地谈着，不顾天热和蚊子叮咬，有时竟忘了吃饭和睡觉。

两个弟弟也对大哥说了南京和家里的事情。作人说，前些时，传说因为怕留日学生闹学潮，水师学堂决定不再派留学生了。有的同学觉得再待下去没意义，打算退学。作人看了大哥的来信，打消了退学念头。鲁迅又一次叮嘱二弟说，千万不要退学，要等待机会，设法到国外学习。

其时，三弟正为自己的前途忧虑。

他曾与南京水师学堂的叔祖说好去投考。就在准备动身时，母亲知道了，对他说："你们都往外走，那我怎么办？"说这话时，母亲哭了起来。建人原以为母亲也会像放走两个哥哥那样支持他的。母亲有自己的难处。一是家乡的习惯，不让一房里兄弟几个都出门在外，家中无人；二是母子相依为命，儿子一走，母亲生活上会大受影响，家中有些事不适宜一个女人家抛头露面去做；三者，建人从小体弱多病，在家尚且三天两头生病，出门在外要也这样，谁照顾他呢？最后一项，母亲最不放心。

小舅舅知道这事后，来劝母亲放行，说："大的出去了，将来羽毛丰满，各自飞了，这个留在家，要变成簖底鸭的。"但母亲执意不肯放老三走。建人只好听从母亲的安排。

现在听两个哥哥讲外面世界，南京、东京，新奇有趣，建人又有些不甘心了，于是向两位兄长提出了自己去南京读书的想法。

两个哥哥都沉默不语。建人已经看出来，两个哥哥已经知道自己的心思，并且已经同母亲商量好了。鲁迅说出了他的想法：你可不可以留在家里，一面自学，一面照料家务，陪伴母亲？这样，母亲可以安心，我们两个在外面也可以放心。他接着又说：

将来我们学成，赚一个钱，大家合用。兄弟几个生活在一起，永不分家。

建人回答道："我不要你们养活。"

大哥保证说："莫非你不相信我的话吗？我是说话算数的。"

看来，两个哥哥主意已定，建人也就不再说什么了。

在假期将要结束时，两个哥哥商量给三弟改个名字，好同他们的新学名相合。两人研究的结果，是"侃人"，取自《论语》："朝，与下大夫言，侃侃如也。""侃"的意思是刚直、和平、从容不迫。老三高兴地接受了。但刚过了一天，大哥又对他说，这"侃人"二字，读起来有些拗口，还是改作"建人"为好。老三又愉快地接受下来。

三兄弟都给自己起了号，老大号"震孙"，老二号"介孙"，老三号"景孙"。老三还有一个别号"樵苴子"，来自一个民间传说。

从前有个青年人家里很穷，每日打柴为生，要走很远的山路把柴挑到河埠，装船运到城里卖。一天，他在柴堆里看到一支箭，心想可能是谁丢失的，失主一定很着急，于是四处寻找，终于把箭送到一位白发老人手里。老人很感激他，问他要什么报酬，他辞谢了。但老人坚持要给报酬，他只好说："老人家，我是打柴的。船天天要进城，如果行路顺风，我的船就走得快。我希望早上刮南风，晚上刮北风，夜里刮东风。"话音刚落，老人乘风而去，原来是一位神仙！不消说，青年的心愿得到了满足，从此这里的打柴人和船夫们便享受到了顺风的便利。人们为纪念这位诚实善良的樵夫，就把顺风叫做"樵风"。那么"樵苴子"就含有给人带来便利的意思。以后建人用过多个与此有关的名号，如"乔峰""乔风""巢风""奇峰"等。

至此，三兄弟的名号定型了。

祖父喜欢讽刺人并且讽刺技艺很高，他不骂脏话，而用典故和比喻影射暗示，比一般骂人话更刻薄。三兄弟在这个假期又领教了一回。

看他们兄弟三个整天有说不完的话，从楼上说到楼下，又从廊厦说到明堂，祖父看不顺眼了。一天，他们又站在明堂里议论着什么，祖父从房里出来，站在阶沿上，笑道："乌大菱壳汆到一起来了！"

水乡河港，到处有菱，人们吃了菱，就把菱壳倒回河里。菱壳漂浮在水面上，日子久了，呈现黑色，所以称"乌大菱壳"，是废物一堆。菱壳本来是分散倒下去的，经风一吹，往往漂浮汇聚到一起，所以说是"汆到一起来了"。

在祖父眼里，周家的后辈都不成器，他早就不抱希望了。

鲁迅这次离家之后，就再也没有见过祖父。周福清六十八岁病逝。他的大儿子已经去世，二儿子是庶出，没有资格做孝子。本该由鲁迅当孝子的，但因为他在东京，不能赶回，只好由作人来做承重孙了。

祖父死后，建人在整理遗物时发现了祖父自撰的挽联：

死若有知，地下相逢多骨肉；

生原无补，世间何时立纲常！

鲁迅从日本回来，建人拿出来给他看。鲁迅看了说，这是在骂人呢：上联是说曾祖父、祖母和父亲都已先他而去，这都是他的骨肉之亲。隐含的意义是，活着的人跟他并不亲近。下联是说世间的三纲五常已经被破坏，自己活着还有什么意思呢。

在一个雨天的下午，两个哥哥坐船出发，一个往东京，一个往南京。建人留守家乡，继续在县学读书。

那个声言要去告官的伯文叔，终于没有动静。据说是因为他有一个兄弟警告他说："这革命党的事可是难说的。万一革命成功，你要倒霉的。再说如果阿樟捉去杀头，灭起族来，说不定也有你一份。"他被这后一句话吓住了。

鲁迅在小说《药》中安排一位夏四爷，因为告发侄子、革命党人夏瑜，立了大功，得到25两白银的奖赏。

翻译

许寿裳担任《浙江潮》杂志编辑，便邀请鲁迅撰稿。鲁迅在这个杂志上发表的第一篇文字是法国作家雨果的小说《哀尘》的中译。

当时，雨果在日本名气很大。据说，日本明治维新时期一位政治家访问欧洲，遇到这位大文豪，交谈中，政治家问雨果怎样才能增进国民的知识，提高他们的思想道德水平，雨果答道：用小说来宣传政治主张，是一个好办法。法国文艺界向来有这样的传统，18世纪，启蒙思想家们就曾用小说宣传他们的学说，如伏尔泰的《老实人》、狄德罗的《拉摩的侄儿》等。

政治说教，老百姓听得多了就会感到厌烦，用生动的故事来叙述和渲染，能使读者在潜移默化中接受。

日本文坛曾经有一个翻译和写作政治小说的热潮，这种风气也影响了在日本工作和学习的中国人。因变法失败而逃亡日本的梁启超，最热衷于提倡政治小说。他指出，中国的识字者，有不读经书的，但没有不读小说的。他不无夸张地说，西方列强的政治之所以不断进步，小说与有力焉。所以他称颂小说是"国民之魂"。他编辑的《清议报》就刊登过多种小说。后来他干脆办了一个名叫《新小说》的杂志，创刊号上有他写的《论小说与群治之关系》一文，列举小说的四种力量"熏、浸、刺、提"，最后得出结论："故今日欲改良群治，必自小说界革命始；欲新民，必自新小说始。"

梁启超的主张和小说杂志的出版，吸引了许多人来从事翻译和创作。梁启超本人翻译了法国著名科幻小说家焦士威奴（通译儒勒·凡尔纳）的《海底旅行》和《十五小豪杰》。一时间译小说、写小说蔚然成风。

鲁迅到日本后，受梁启超宣传的鼓动，对小说的作用深信不疑。《新小说》他每期必看，而且还寄给在南京的二弟。他在杂志上看到法国作家雨果的照片，又通过日本报刊的介绍，了解了雨果的生平，搜集阅读并且购买了雨果的一些著作。

当许寿裳向他约稿时，他就从雨果小说的翻译入手了。

雨果的《随见录》中有一篇《芳梯的来历》，叙述一个女子被无赖少年侮辱迫害的经过，对其命运寄予深切的同情。鲁迅给译文取名《哀尘》，尘是尘世的意思。鲁迅在《译后记》中说："……而彼贱女子者，乃仅求为一弱女子而不可得，谁实为之，而令若是！"呼应着雨果作品中的感叹。

更能表现此时鲁迅的精神状态的是《斯巴达之魂》。当时，中国人民正进行轰轰烈烈的反对沙皇俄国侵略的斗争。沙俄早就想独吞中国东北，趁着八国联军侵入北京的机会，出兵东三省，肆意烧杀抢掠，并向清政府提出许多不正当的要求，激起中国人民

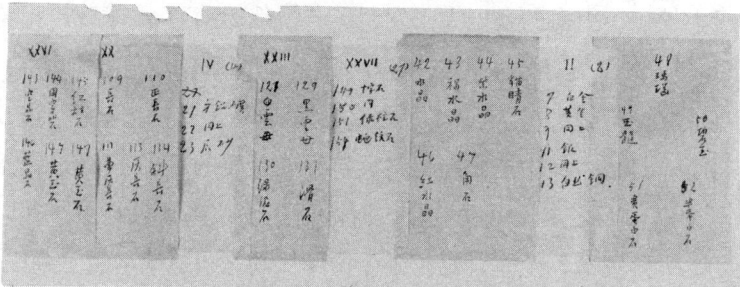

鲁迅译矿石名称手稿

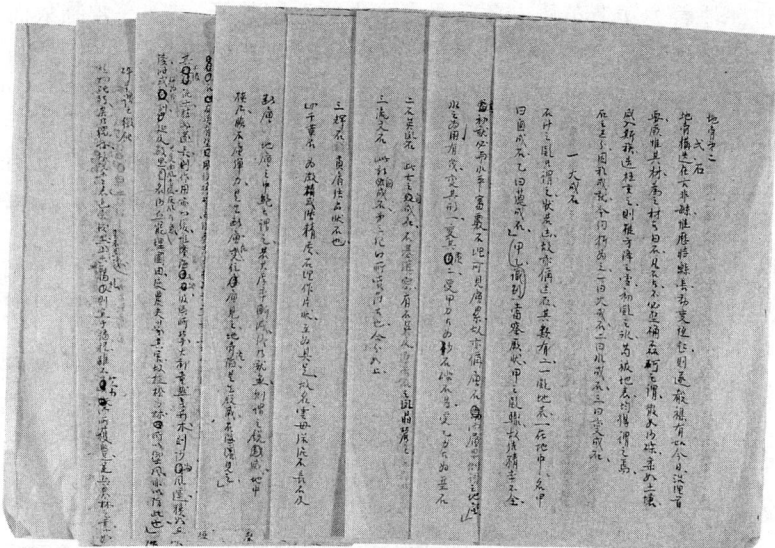

鲁迅地质学著作手稿。鲁迅在撰写《中国矿产志》和《中国地质略
论》期间，对地质学进行了广泛的研究，并有更多著述计划

的极大愤慨。上海的爱国人士发起了"拒俄运动"，要求政府拒绝沙俄的条件。留日学生也在东京神田区的锦辉馆召开誓师大会，宣布成立"拒俄义勇队"，当场报名者就有两百多人。大会给清政府写了一封信，其中提到斯巴达反抗异族侵略的事迹："昔波斯王泽耳士以十万之众，图吞希腊，而留尼达士亲率丁壮数百，扼险拒守，突阵死战，全军歼焉。至今德摩比勒之役，荣名震于列国，泰西三尺之童无不知之。夫以区区半岛之希腊，犹有义不辱国之士，何以吾数百万万里之帝国而无之乎！"

鲁迅的《斯巴达之魂》写的正是信中提到的温泉门战役的经过，他着力塑造英雄形象，激发国人的爱国热肠："彼等曾临敌而笑，结怒欲冲冠之长发，以示一瞑不视之决志。"那屹立阵前、视死如归的勇士呐喊道："飘飘大旗，荣光闪灼，於铄豪杰，鼓铸全军，诸君诸君，男儿死耳！"最感人的一节是描写一个因患眼病不能参战的士兵，回到家里与其妻子的对话。斯巴达国的女子个个都勇敢坚强，她们曾说过：唯有斯巴达的女子能生真正的男儿，也唯有斯巴达女子能支配男儿。梁启超在《新民丛报》上曾发表文章《斯巴达之国民教育》，介绍该国女子送男子参战时说的话："斯巴达妇人爱国之心最重，妻之送其夫，母之送其子以临战场也，辄祝之曰：'愿汝持盾而归来，不然则乘盾而归来。'"

在鲁迅笔下，当妻子涘娜见斯巴达全军覆没，唯自己丈夫生还时，厉声斥责丈夫道："噫嘻君乎！不胜则死，忘斯巴达之国法耶？以目疾而遂忘斯巴达之国法耶？……而目疾乃更重于斯巴达武士之荣光乎？"鲁迅写这一段，目的是激励中国"不甘自下巾帼之男子"不畏牺牲，投入反抗侵略的战斗中。

鲁迅后来回忆说："尤其是那一篇《斯巴达之魂》，现在看起来，自己也不免耳朵发热。但这是当时的风气，要激昂慷慨，顿挫抑扬，才能被称为好文章，我还记得，'被发大叫，抱书独行，无泪可挥，大风灭烛'是大家传诵的警句。"

在南京，二弟周作人也开始了翻译工作。

他因生病休学，在绍兴的东湖学堂教过一段英语。学校送给他一本装订精美的英文版《天方夜谭》，他爱不释手，一心要把里面的故事翻译出来。

水手辛巴的故事已经有人翻译了。阿拉丁的神灯呢？故事奇怪可喜，本值得一译，但里面的插图使他反感：拿着神灯、神气活现的阿拉丁，脑瓜上却拖着一条小辫子——故事里说他是支那人。周作人很反感，不愿译它了。最终，他选中了阿里巴巴和四十大盗的故事。故事的主人公是一个女奴，所以译好后命名为《侠女奴》，寄给《女子世界》杂志发表，而且还由《小说林》出版了单行本。

作人译书非常勤奋，据他的日记记载，乙巳年正月初一："元旦也，人皆相贺，予早起译书，午饮于堂中。"正月十四又记："译美国坡原著小说山羊图竟，约一万八千言。"二月十四日记："译侠女奴竟，即抄好，约二千五百字。全文统一万余言，拟即寄去，此事已了，如释重负，快甚。"不久收到杂志社回信，日记上记着："接初我廿六日函，云山羊图已付印，易名玉虫缘。又云侠女奴将印单行，有所入即以补助女子世界社。下午作函允之，并声明一切，于次日寄出。"自己的文字印成书发行，即使没有报酬，也是快意的。

《玉虫缘》本名《黄金甲虫》，是美国小说家爱伦·坡的作品，写一个人通过破译密码得到财富，有侦探小说的意味。这种暗码，趣味全在英文拼写上，非英语读者颇不易理解，因此翻译起来煞费思量。

这两部译作发表的时候，分别署了萍云女士和碧罗女士的名字。那时周作人喜欢给自己起一些别致的名号，如不柯、天希、顽石，等等。因为是投稿到《女子世界》，用女性名字也顺理成章。碧罗的名字连他自己后来也忘了是什么用意，萍云则取漂泊无定的意思。后来他将《旧约》里夏娃的故事翻译改写成一篇《女娲传》，为女性鸣不平，投给《女子世界》时，也用了这个笔名。

晚年，周作人忆起这段经历，自我解嘲说：

少年的男子常有一个时期喜欢假冒女性，向杂志通信投稿，这也未必是看轻编辑先生会得重女轻男，也无非是某种初恋的形式，是慕少艾的一种表示吧。自己有过这种经验，便不会对于后辈青年同样的行为感到诧异与非难了。

五　书生意气

鲁迅、周作人、许寿裳等租住的"伍舍"，曾是日本
作家夏目漱石的住宅

鲁迅在仙台医专的课堂笔记

弃医从文

鲁迅赞成革命，但不愿参加暴力斗争。留学生中，黄兴、陈天华等人曾回湖南、湖北策动清军起义，组织武装暴动，还有人为搞暗杀活动，学习炸弹制造等技术，都要冒生命危险。

有一次，有人拉鲁迅参加革命活动，执行一项有一定危险性的任务，鲁迅犹豫说，我死了不要紧，可是我的母亲怎么办呢？人家就说，你这样瞻前顾后，怎么能做得成事？

鲁迅后来对他的情人许广平说："凡做领导的人，一须勇猛，而我看事情太仔细，一仔细，即多疑虑，不易勇往直前；二须不惜用牺牲，而我最不愿使别人做牺牲（这其实还是革命以前的种种事情的刺激的结果），也就不能有大局面。"所以，在东京，鲁迅并没有参加革命党。

弘文学院毕业，鲁迅面临升学的选择。

有老师建议鲁迅学医，说日本医学的水平经过多年努力，已经相当高，而且医学校多，容易考取。当时留学生以学习法政和军事居多，学工的也不少，但学工的名额有限，中国学生没有竞争优势。鲁迅正是公派学工科的，原定弘文学院毕业后进入大学冶金科。

医生救死扶伤，是高尚的职业，而且，医学研究可以推动科学发展，加速中国的进步。

鲁迅一直以为，自己那三十多岁病逝的父亲，是被庸陋的中医断送了生命。中医不重人体解剖，不可能对症下药；相反，西医则实事求是，不弄玄虚。鲁迅自己受到过西医的恩惠。他从小有牙病，曾请教过中医，但效果不佳。有个中医还用阴阳循环论，严正地指出，牙齿不好，是生活不检点所致——中医认为，牙齿与肾脏相通，如果肾脏不好，牙齿就受影响。这意思是，鲁迅性生活过度损伤了肾——这使鲁迅极为反感和恼怒。到日本后，他到长崎治过一次牙病，日本医生的认真态度和高明医术，给他留下很好的印象。

于是他决定学医。接下来的问题是，入哪个学校呢？

选择医科的其他几位同学留在东京。鲁迅的选择让同学们吃了一惊：到仙台去。

仙台的医学专门学校里还没有中国留学生。出于这个原因，校方给予鲁迅特别优待，免收注册费和学费。

9月中旬的一个星期二早上，开课前，鲁迅在学校总务科职员的带领下走进教室，被介绍给同学们。据同班同学后来回忆，鲁迅个子不高，长方脸，白白净净的，眉毛较浓，额角宽阔，两眼炯炯有光，性格看起来比较沉静，眉目间略显忧郁，举止有些腼腆、矜持，看得出来是一个感觉灵敏又善于思考的人。

学校课程安排极为紧张。周一和周五早上7点上课，其他几天8点钟上课。上午学组织学、化学、物理学和德语，下午两小时解剖或其他课程。新生每周还要上三节体操，第二年上半年加一节生理课。

教学方法是死记硬背。每天从这个教室奔到那个教室，笔记抄了一本又一本。鲁迅对此很不适应，脑子整天昏沉沉的。

到仙台不久，鲁迅收到朋友从东京寄来的林译小说《黑奴吁天录》，原著是美国斯托夫人的《汤姆叔叔的小屋》，描写美国黑人遭受种族歧视的苦难生活。小说在美国南北战争时期产生过很大的影响。受着奴役的中国人看这部小说，对黑奴的悲惨遭遇感同身受。林纾在译本跋中就说："……译是书，非巧于叙悲，以博阅者无端之眼泪，特为奴之势逼及吾种，不能不为大众一号。"又说："今当变政之始，而吾书适成，人人既蠲弃故纸，勤求新学，则吾书虽俚浅，亦足为振作志气，爱国保种之一助。"

鲁迅在给朋友的信中说及阅读这本书的感受：

> 穷日读之，竟毕。拳拳盛意，感莫可言。树人到仙台后，离中国主人翁颇遥，所恨尚有怪事奇闻由新闻纸以触我目。曼思故国，来日方长，载悲黑奴前车如是，弥益感喟。……

这里说的"新闻纸"，是指当地报纸，上面常报道一些中国内乱及土地被列强分割的消息。

鲁迅原计划利用课余时间翻译些东西。德国历史学家兰克（Leopold von Ranke）的九卷本《世界历史》，取材宏富，文笔优美。鲁迅选译了其中的一些章节，但没有发表，后来在写《科学史教篇》时用作参考资料。此外，他着手翻译《物理新诠》一书，但只译了《世界进化论》和《元素周期则》两章，因为功课繁重而终止。鲁迅在给朋友的信中叹道："……不暇握管。而今而后，只能修死学问，不能旁及矣，恨事！恨事！"

在仙台医专，鲁迅遇到一位好老师——教解剖学的藤野严九郎先生。藤野先生年轻的时候接触过中国文化，认为日本从文化上深受中国的恩惠，应该报答。他见鲁迅只身来到仙台，人生地疏，就想办法给予帮助。他要走鲁迅的课堂笔记，细加批改，连语法错误也不放过。

当一些心怀恶意的同学污蔑鲁迅时，藤野先生站出来为

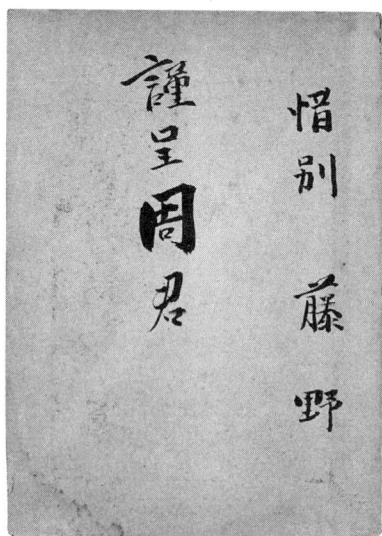

藤野先生赠给鲁迅的照片及背面题字

鲁迅申辩。

鲁迅对藤野先生心怀感激，终生难忘。有一个时期将藤野先生赠给他的照片装框挂在北京寓所的东墙上，用以激励自己勤奋工作。后来，他在《藤野先生》一文的末尾，深情地写道：

> 在我认为我师的之中，他是最使我感激，给我鼓励的一个。有时我常常想：他的对于我的热心的希望，不倦的教诲，小而言之，是为中国，就是希望中国有新的医学；大而言之，是为学术，就是希望新的医学传到中国去。他的性格，在我的眼里和心里是伟大的，虽然他的姓名并不为许多人知道。

他对《藤野先生》一文很重视。晚年，日本一家出版社要编辑出版《鲁迅选集》，译者写信给他征求意见，他回信叮嘱译者务必收录《藤野先生》一文。

鲁迅离校后不久，仙台医专并入国立大学（今东北大学），藤野先生未得续聘，离开仙台。他在东京逗留一个时期后，回到老家福井县芦原町开办了私人诊所。1935 年的一天，在福井中学上学的藤野的长子达也，被一位姓菅的汉语老师叫住。老师交给他一本书，对他说："这里写着你父亲的事，你看看。"书中有日本作家佐藤春夫翻译的《藤野先生》。达也拿回家给父亲看，藤野先生用放大镜仔细端详书前的作者照片，说："这就是周君啊！真是有出息了！"他为自己的学生中出现这样的杰出人才感到高兴。

鲁迅逝世后，藤野写了《谨忆周树人君》一文，发表在日本《文学指南》杂志上。藤野先生于 1945 年去世。

鲁迅在仙台医专的第二学年，发生了"幻灯片事件"。

细菌课上，在放映教学幻灯片的间隙，有时也放一些时事片给学生看。当时的时事片，多是关于日俄战争的。

日本同学看到"精彩"处，总为他们英勇军队的胜利欢呼，"万岁！万岁！"之声不绝于耳。

有一次，鲁迅在幻灯片上看到令人痛心的一幕。当时，日俄战争在中国的土地上进行，中国人作为"中立者"，眼睁睁地看着两个强国在争夺自己的领土，已经是很难堪的事了。而有一个片子讲一个中国人给俄国军队当侦探，被日军捕获，将要枪毙，周围看热闹的偏偏多是中国人。

最让鲁迅难受的是幻灯片上的中国人脸上的表情——或者说无表情——一个绑在中间，许多站在旁边，虽然都有强壮的体格，却显出麻木的神情。

鲁迅的思想发生了急剧的转变，他思考的结果是：

> 医学并非一件紧要的事，凡是愚弱的国民，即使体格如何健全，如何茁壮，也只能做毫无意义的示众的材料和看客，病死多少是不必以为不幸的。所以我们要的第一要著，是在改变他们的精神。

他决定回东京，从事文艺活动。

母亲的"礼物"

1906年夏天，二十五岁的鲁迅突然接到催他回乡的家信。有时一天能收到两封。原来，家里早已给他定好一门亲事，母亲要他回去完婚。

催得这样急，是因为家乡有了传言：鲁迅在日本和一个日本女人结婚了，夫妻两个还领着孩子在神田区一带散步！鲁迅的母亲听了十分着急。

　　鲁迅的未婚妻朱安，是绍兴丁家衖人，家境比较富裕。所以经济困难的周家与朱家结亲，在鲁迅的母亲看来，是件好事。旧式的婚姻，男女结婚之前不必见面，一切由富有人生经验的长辈代理，往往双方住在一起后才知道对方的相貌和性情，以后就是互相适应的过程了。能合则合，不能合则凑合。

　　鲁迅不愿接受这桩婚事，但母命难违。

　　母亲和未来的儿媳妇已很熟悉。有时周家人乘船去看戏，船上就有朱安，显然，母亲已然把她视为家庭成员了。如果鲁迅不遵母命，那让母亲的面子怎么过得去呢？

　　鲁迅回到绍兴，一切谨遵母亲吩咐，照着家乡的习俗办理。族人原以为他留洋多年，会厌烦家乡的规矩，但鲁迅心理上早有准备，一声不吭，阴沉着脸，人家让他做什么，他就做什么，呆板地将整个仪式应付了下来。

　　进了洞房，见了新娘，鲁迅的脸更加阴沉了。他几乎是一句话也没有说。当初，他听说未婚妻是小脚，曾提出要求对方放脚，但朱安害怕人们议论，没有照办。

　　鲁迅在楼上只住了一夜，第二天就独自睡到书房里去了。

　　以前回家，三兄弟总是有说有笑，谈不完的话。这次，因为心情不好，这种欢乐的场面也就没有了。作人对大嫂的印象是：身材极为矮小，颇有发育不全的样子。

　　鲁迅在婚姻生活方面所受的痛苦，旧式婚姻对鲁迅人生的损害，是怎么估计也不过分的。

　　鲁迅这次回来还有一个任务，就是带作人一起去日本。作人将要毕业的时候，终于得到一个机会：到北京练兵处参加留学考试。他的笔试通过了，但体检却遇到麻烦——他和驾驶班的一位吴姓同学因为眼睛近视，没有被录取。两人返回学校，相向叹息，等待两江总督到学校视察的机会。

终于有一天，总督召见他们，听了情况后，对部下交代说："给他们个局子办吧！"毕竟是军校毕业，人才难得，应该重用。两人赶紧向总督呈明出洋留学的愿望。总督想了一想说："那么，去学造房子也好。"

不久，江南督练公所下达了派他们去日本学习建筑的命令。

周作人总结自己在江南水师学堂的学习经历，说除学习了一些科学知识外，还有两个收获：第一，学习了一种外国语，在去日本的行李中，装着八大本英文版的《雨果小说集》；第二，弄通了国文，可以写一些东西，并且还能写旧体诗了。

旧体诗用简练的语言表达细密的情思，作诗水平是衡量中国读书人文字能力的一个重要标准。

日本的衣食住

鲁迅和周作人到达东京后，住进了本乡汤岛二丁目的伏见馆。

初来乍到，所见所闻使周作人惊奇和兴奋。

几年前，鲁迅刚到日本时也是如此，例如，看见街面招牌上的汉字，恍如置身于古代中国。

给作人留下美好印象，使他终生难以忘怀的人物中，有伏见馆主人的十五六岁的妹妹乾荣子，平时做些搬行李、端茶水的杂务，殷勤照顾房客们。周作人没有说她长得是否漂亮，只对她赤着脚在屋里走来走去那副自在怡然的样子印象极深。在中国，妇女的脚被裹得严严实实，即便是放了脚的，也决不会在客人面前光脚行走。

这景象现在看来很是平常，但对那时的青年来说却极有震撼力，竟成了周作人给日本民风所下定义的一个重要依据：爱好天然，崇尚简素。

周氏三兄弟一生关注妇女问题，对中国妇女所受之苦寄予极大同情，中日两国妇女赤足与缠足的对比应该是一个很重要的触媒。由赤足的习俗，周作人更扩大地观察和思考日本人生活中具有天然之美的一些特点，如清洁、有礼、洒脱。洒脱和有礼，乍一听似乎有点不协调，其实有密切联系。洒脱是一种不拘泥于礼数、没有宗教与道学的伪善、没有从淫佚产生出的假正经的超然性情。

后来，周作人更觉得日本人同古代希腊人有相像的地方。希腊古国恨不得见，他庆幸能亲历日本。且不说别的，单是看见路上女子没有一个裹脚的，就让他非常欣喜；而在中国，往往一出门劈头遇见走路颤颤巍巍的女同胞，心一下子就揪紧了。刚才还在书房里为千年文明骄傲呢，顷刻间垂头丧气。

周作人对日本人穿的鞋子和袜子产生了研究的兴趣。鲁迅来日本时，听从一个留日前辈的劝告，买了很多中国白袜子，准备把脚裹严实一点儿，结果全然用不上，闹了个笑话。日本的布袜子将足趾分为两枝，穿上木屐，很是方便，但这办法不适于包过脚的男子，因为他们的足趾重叠，难以分开。周作人来日本时当然就吸取了教训，不再带中国袜子。他因此把几个国家的鞋子做一比较研究：

留日时期的鲁迅和周作人

我常想，世间鞋类里边最善美的要算希腊古代的山大拉，闲适的是日本的下驮，经济的是中国南方的草鞋，而皮鞋之流不与也。凡此皆取其不隐藏，不装饰，只是任其自然，却亦不至于不适用与不美观。此亦别无深意，不过鄙意对于脚或身体的别部分以为解放总当胜于束缚与隐讳，故于希腊日本的良风美俗不得不表示赞美，以为诸夏不如也。

当然，周作人也非一味否定中国文明，他更愿意将日本的良风美俗看作中国文明所固有，只不过在漫长的历史进程中丢失或潜隐罢了。日本既是希腊的现代版，也是古代中国良风美俗的保存者。

前辈中，担任过清政府驻日公使的黄遵宪著有《日本国志》《日本杂事诗》等，所记日本生活风习甚详。例如关于房屋的描写：

室皆离地尺许，以木为板，藉以莞席，入室则脱履户外，袜而登席。无门户窗牖，以纸为屏，下承以槽，随意开阖，四面皆然，宜夏而不宜冬也。……楹柱皆以木而不雕漆，昼常掩门而夜不扃钥。寝处无定所，展屏风，张帐幔，则就寝矣。每日必洒扫拂拭，洁无纤尘。

周作人喜欢这种简单朴素的生活。只买一张小几放在窗下，再置两三张坐褥，就可以安居。客人来了随处可坐。几前看书，倦即卧倒，不必另备沙发。

日本学生搬家，车上的行李只有铺盖、衣包、小几，再加上书箱，自己手拿玻璃洋油灯跟在车后。相比之下，中国的房屋里，家具太多，令人觉得局促。

中国学生初到日本，都觉得饭菜简单，难以下咽，但鲁迅和周作人却能安之若素——除了鲁迅在仙台一家寄宿舍里喝过一段

"难以下咽的芋梗汤"。周作人觉得日本的饮食跟自己故乡的饮食颇有相似之处:"吾乡穷苦,人民努力日吃三顿饭,唯以腌菜臭豆腐螺蛳为菜,故不怕咸与臭,亦不嗜油若命,到日本去吃无论什么,都不大成问题。"日本人习惯冷食,中国人喜欢热食,很多留学生一看见冷饭就头疼,周氏兄弟却能适应。周作人说:"不过我觉得这也很好,不但是故乡有吃'冷饭头'的习惯,说得迂腐一点,也是人生的一点小训练。"

书店

鲁迅回到东京从事文艺运动,不外乎写作和翻译。这选择有相当大的风险。因为这样是不可能得到学位的。

鲁迅一退学,就面临一个问题:留学生要有学籍,才能获得官费,否则就须回国。鲁迅搞创作和翻译,自学即可,不需要进学校。于是,他将学籍列在东京德语学会办的德语学校,名义上算是在为到德国留学做准备。他在南京矿路学堂里学过德文,在仙台医专又学了将近两年,已有相当程度,是不必去上课的。

回到东京的最初几个月里,鲁迅编纂《中国矿产志》和《中国地质略论》,设法出版翻译作品《地底旅行》。这部译文出版时署名"之江索士",之江指钱塘江,代指浙江,索士意为离群索居的人,是他在南京时取的别号。

周作人来东京后,兄弟两个生活上互相照顾,学业上互相切磋。

他们的一大乐趣是逛书店。从旅馆所在的本乡区跨过御茶水桥，是中国留学生会馆，门房里有汉文书刊发卖。神田区的神保町开办的群益书社和中国书林社，他们也经常光顾。

买日文书，可到相模书屋。那里的主人名叫小泽，为人很热情。兄弟俩常去，和老板混熟了。店里的书虽然品种不多，但服务周到，顾客想要而本店没有的书，可代为从别的书店或从国外订购。

鲁迅因为修习德语，所以很想多买些德文书。专卖德文书的是本乡区的南江堂，离伏见馆不远。郁文堂和南阳堂也有德文书卖。

神保町临近大学区，有"书店街"之称。其中给兄弟俩印象最深的是丸善书店，虽然是旧式楼房，门面也不大，但摆设很方便顾客，四壁都是书架，中间放着长桌，桌上摊了新书，让读者自由翻阅选购。穷学生站在角落里，翻看良久，也没有人来吆喝驱赶。有时选好了书，叫伙计算账，要叫半天他才过来。在互信的氛围中，主客两面都感到轻松。而有些书店，里面深处总会坐着一个精明的掌柜，双目炯炯，监视着来客，叫人很不自在。留学生们曾将这种老板形容为静踞张网的大蜘蛛，恶狠狠地捕捉吞噬他们自投罗网的有限的学费。

他们购买荷兰作家望·蔼覃的《小约翰》，很费了些周折。南江堂没有，跑到丸善书店一问，也没有，只得委托向德国定购。等了三个月，书终于到手了！《国内外文学丛书》之一，弗垒斯(Anne Fles)女士德译，卷首还有赍赫博士（Dr. Paul Rache）的序言，布面精装，只花了七十五芬涅，折合下来才四角钱！

凡是特别费心费力得到的书，会备受偏爱。这册书鲁迅一直珍藏。二十年后他在北京教育部任职时，终于与人合作译出。他佩服这书想象奇异，文笔流畅。20年代末有人建议提名他为诺贝尔文学奖候选人，他致信婉谢，说自己不配，世界上有很多比自己好的作家都还没有得到，比方说《小约翰》的作者，他自谦说，这本书自己就写不出来。

他们还在江南堂买到一种叫拉克雷姆（Reclam）的德国小丛书，两三角钱一本，丛书中有平时不多见的东欧国家的作品。其中，鲁迅特别珍爱的匈牙利诗人裴多菲的小说《绞吏之绳》，价只一角。买来时，钉书的铁丝已经锈断，书页散开，鲁迅用少年时期学到的修补技术，将它重新装订了一番。

在购书方面，兄弟俩不乏豪气，曾在一家旧书店以十六元的大价钱买到德文版谢来尔著《世界文学史》，在书中得见波兰诗人密茨凯维奇和穿着匈牙利民族服装的裴多菲的照片，很感惊喜。他们每次去书店，很少空手而归，但钱袋空空，却是常有，几个好友总是相对苦笑道："又穷落了！"

这一段穷书生的日子是惬意的。

此时，东京革命潮流高涨，单是加入同盟会的留学生就有五千多人。从清廷接到的报告里可以看出其声势："……逆贼孙文演说，环听辄以数千，革命党报发行，购阅数逾数万。……刊印鼓吹革命之小册子，或用歌谣，或用白话，沿门赠送，不计其数。……其设计最害者，则专煽动军营中人，且以其党人投入军队……"

对周氏兄弟影响最大的是学者兼革命家章太炎先生。

章太炎是浙江余杭人，青年时代就萌发了革命思想，在与保皇派康有为论战时，他写了《驳康有为论革命书》，力主"排满"，痛斥光绪皇帝"载湉小丑，不辨菽麦"。他给邹容的《革命军》写序，倡言革命，导致《苏报》被查封，他和邹容被清政府及其勾结的上海租界当局判以三年监禁，是为震动全国的"《苏报》案"。

　　鲁迅早就在报刊上看到过章太炎的文章。许寿裳编辑《浙江潮》曾得到过章太炎支持，章太炎在狱中写的赠邹容诗，就刊登在《浙江潮》上，鲁迅熟读背诵：

　　　　邹容吾小弟，被发下瀛洲。

　　　　快剪刀除辫，干牛肉作糇。

　　　　英雄一入狱，天地亦悲秋。

　　　　临命须掺手，乾坤只两头。

　　章太炎学问渊博，在文字学、经学、史学和文学方面造诣甚深，其不畏牺牲的革命精神和恢弘博大的学问文章，影响了大批青年。

　　章太炎出狱后，东京的革命党组织特派人到上海迎接，并在东京神田区锦辉馆举行了盛大的欢迎会。当日下雨，会场聚集了两千多人，馆内站不下，后来的人就站在馆外雨中，想一瞻大文豪、大革命家的风采。

　　刚从狱中出来的章太炎，虽身体虚弱但斗志昂扬，他在热烈的掌声中发表了长篇演说，回顾了自己的革命道路：

　　　　兄弟少小的时候，因读蒋氏《东华录》，其中有戴名世、
　　　　曾静、查嗣庭诸人的案件，便就胸中发愤，觉得异种乱华，
　　　　是我们心里第一恨事。

　　章太炎性格倔强，易于激动，他自称是"神经病"。以后周氏兄弟与他交往多起来，对他有了更深的了解，知道他虽有时情绪激动，给人以疯癫的印象，但为人坦诚直率，胸怀是宽广的。

　　章太炎当时的革命主张有两条：第一是用宗教发起信心，增进国民的道德；第二是用国粹激动种性，增进爱国的热肠。他到东京后着手施行。宣扬宗教，响应者并不多，周氏兄弟对此兴趣

也不大。后来鲁迅回国，在北京教育部工作期间，才用力购阅佛典，稍稍显出章太炎的影响。而在发扬国粹方面，兄弟俩是紧跟太炎先生的。

复古

章太炎在神田大成中学校开班讲授古文字学。鲁迅、许寿裳和周作人等很想去听，但因为授课时间与他们的其他安排冲突，无法分身，很觉可惜。于是，他们托章太炎的女婿龚未生向先生请求另设一班，章太炎答应了，讲课时间是每周日，地点就在《民报》社太炎先生住所。

这个班的学生有龚未生、朱宗莱、朱希祖、钱玄同、鲁迅、周作人、钱家治、马幼渔、沈兼士和许寿裳等十来人。

章太炎学问渊博，精力充沛。他席地而坐，从一大早讲到中午，三四个小时不休息而毫无倦容。他精熟中国古代典籍，不烦查找，随口引证。他讲《说文解字》，用段注，参考郝氏《尔雅义疏》，逐字推究本义，并以各处方言旁证，时有新见。

章太炎学问大，脾气也大，无论什么场合、对什么人，说发火就发火，对日本警察如此，对同盟会领袖孙中山、黄兴等人也如此，唯对于学生却和蔼可亲，随便说笑。在讲课间隙，他跟学生们闲谈，总是妙语解颐，使气氛活跃。时值夏天，他光着膀子，只穿一件长背心，盘腿坐在席上，嘴上留着一点泥鳅胡须，笑嘻嘻的，周作人形容说，像庙里的一尊哈喇菩萨。学生们看到老师好脾气，也都大胆提问，热烈论争。其中最活跃、话最多的是钱玄同，他在席上一会儿爬到这边，一会儿爬到那边，与老师同学交谈辩论，忙个不亦乐乎。鲁迅就送给他一个绰号"爬来爬去"，后来他们都成了中年人，就改称"爬翁"。

鲁迅在课堂上发言不多，但勤于思考。他对章先生的讲义并不完全同意。有一次，章太炎问学生们文学怎样定义，鲁迅答道："文学和学说不同，学说所以启人思，文学所以增人感。"章太炎听后说，这样的分法虽然较胜于前人，但仍有不当。他指出，《文选》中郭璞的《江赋》、木华的《海赋》，何尝能动人哀乐呢? 鲁迅当时没有再分辩，但心里是存疑的。后来，他私下对同学说，太炎先生诠释文学，范围过于宽泛，把有句读的无句读的都归入文学。其实，文字与文学应当是有分别的，《江赋》《海赋》之类，词汇虽然奥博，却很难说有什么文学价值。

讲完《说文解字》，太炎先生又讲他极喜爱的《庄子》，参较中西哲学和佛学，发挥自己的思想。这讲义的一部分，后来整理成《齐物论释》出版。

章太炎诲人不倦，更学而不厌。有一个时期，他与同盟会领导人有了意见分歧，加上他素来对佛学很有心得，就萌生了学习梵文、到印度钻研佛经的念头。但梵文老师很难找，日本佛教徒中有通梵文者，章太炎却不喜欢他们。后来好不容易找到一位教师，却又苦于学生太少。他赶紧写一封信给周氏兄弟道：

> 数日未晤。梵师密史逻已来，择于十六日上午十时开课，此间人数无多，二君望临期来赴。

章太炎还为兄弟俩垫付了学费。开讲那天，鲁迅有别的事，周作人一个人赶到智度寺一看，学生只有太炎先生和自己。密史逻师的教法很粗拙，先在洋纸上画出字母，教他们发音，他们两个一

鲁迅、周作人、钱玄同等在民报社听章太炎讲《说文解字》，这是鲁迅的笔记面照描下来，一面跟着读。梵文的字型很难记，音也难以读准，一个上午过去，周作人还是莫名其妙。将要下课的时候，老师在一张纸上写了一行梵文字，用英语说："我替他拼名字，披遏尔羌。"两个人都听不懂。老师又指着章太炎说："他的名字，披遏尔羌。"周作人听明白了，赶紧解释道："他的名字是章炳麟，不是披遏尔羌（P．L．Chang）。"但老师坚持叫章太炎"披遏尔羌"。

周作人觉得梵文太难，担心学不好，所以去了两次，就终止了。章太炎先生强烈的求知欲给周氏兄弟留下了很深的印象。周作人后来回忆说：

> 太炎先生以朴学大师兼治佛法，……又欲翻读吠檀多奥义书，中年以后发心学习梵天语，不辞以外道梵志为师，此种博大精进的精神，实为凡人所不能及，足为后世学者之模范者也。

文中所说的"翻读吠檀多奥义书"一事，与周氏兄弟也有些关系。因为此事，鲁迅对周作人很不满意。事情的经过是这样的：

章太炎研究佛学，想参考一些外国资料。有一天他托人拿两本书到"伍舍"，一本是德国人著的《吠檀多哲学论》英译本，一本是日文的《印度教史略》，想请周作人译出来。周作人看了书，觉得德国人著的这一部很难懂，自己以往对宗教哲学没有涉猎，单能读文字，意义却不甚明了，无法译得好。于是，他跑到丸善书店，买来一些经文的英译本，看后感到有一些把握了。他设想把书拿到太炎先生那里，自己口译，由先生笔述。但这计划后来没有实现。

周作人后来回忆，说那一个时期自己心情不佳，不想做事。他和鲁迅同住一屋，房间窄小而气闷，也影响了他的情绪。鲁迅看他状态不积极，就从旁催促，他却只以沉默消极应付。时光荏苒，总不见成效。终于有一天，鲁迅愤激起来，挥动老拳，在他的头上打了几下。许寿裳闻声赶来，将两人劝开了。

这显出鲁迅性格中峻急的一面。

周作人在回忆录中说，如果是为了没有译哲学书的关系，挨打是应该的，他不该那样拖延。

章太炎先生对魏晋文学的推崇深深影响了周氏兄弟。他在"自述学术次第"中说自己的文章经过几个阶段的变化，而以对魏晋文章的倾心为归结：

> 余少已好文辞，本治小学，故慕退之造词之则，为文奥衍不驯。……三十四岁以后，欲以清和流美自化，读三国两晋文辞，以为至美，由是体裁初变。

又说：

> 夫雅而不核，近于诵数，汉人之短也。廉而不节，近于强钳，肆而不制，近于流荡，清而不根，近于草野，唐宋之过也。有其利，无其病者，莫若魏晋。

鲁迅一生在魏晋文学上用功很多，单是一部《嵇康集》，就校勘了十来遍。周作人也醉心于六朝文章，尤其推崇《颜氏家训》《洛阳伽蓝记》等著作。至于陶渊明，两兄弟更其珍爱，从书账上看，他们购买的陶集版本不下二十种。

明白了这个渊源和传承关系，就可以理解为什么鲁迅和周作人终其一生，对太炎先生都很尊重。

一直到"五四"前后，章太炎在学术界的影响仍在以各种形式存在。

周作人在回忆录里说：

> 那时（指民国初期——引者注）太炎的学生一部分到了杭州，在沈衡山领导下做两级师范的教员，随后又做教育司

（后来改称教育厅）的司员，一部分在北京当教员，后来汇合起来成为各大学的中国文字学教学的源泉，至今很有势力，此外国语注音字母的建立，也是与太炎有很大的关系的。所以我以为章太炎先生对于中国的贡献，还是以文字音韵学的成绩为最大，超过一切之上的。

如果将周作人对太炎先生的评价同鲁迅对太炎先生的评价比较，就会发现差别不小。鲁迅称赞太炎先生，说他的文字"所向披靡，令人神旺。前去听讲也在这时候，但又并非因为他是学者，却为了他是有学问的革命家，所以直到现在，先生的音容笑貌，还在目前，而所讲的《说文解字》，却一句也不记得了。"但鲁迅对太炎先生及其弟子编辑文集时刊落论辩文字表示不满，说："战斗的文章，乃是先生一生中最大，最久的业绩，假使未备，我以为是应该一一辑录，校印，使先生和后生相印，活在战斗者的心中的。"他晚年在给友人的信中谈及师道时说：

> 古之师道，实在也太尊，我对此颇有反感。我以为师如荒谬，不妨叛之，但师如非罪而遭冤，却不可乘机下石，以图快敌人之意而自救。太炎先生曾教我小学，后来因为我主张白话，不敢再去见他了，后来他主张投壶，心窃非之，但当国民党要没收他的几间破屋，我实不能向当局作媚笑。以后如相见，仍当执礼甚恭（而太炎先生对于弟子，向来也绝无傲态，和蔼若朋友然）。自以为师弟之道，如此已可矣。

鲁迅说自己一点也不记得章先生讲的《说文解字》，是为追求行文效果而突出重点，不免以偏概全。鲁迅也一直关注文字改革。章太炎提倡的注音字母，正是他在教育部工作期间，参与讨论通过的。他以数十年之功，收集了大量材料，为撰写《中国文学史》

《中国字体变迁史》做准备，虽因种种原因未能实现，但从学术取向和路径上，还是可以看出章太炎影响的痕迹的。

六 文坛初试

日本东京丸善书店

《域外小说集》序言

《域外小说集》为书，词致朴讷，不足方近世名人译本。特收录至审慎，迻译亦期弗失文情。异域文术新宗，自此始入华土。使有士卓特，不为常俗所囿，必将犁然有当于心，按邦国时期，籀读其心声，以相度神思之所在。则此虽大涛之微沤，而性解思惟，实寓于此。中国译界，亦由是无迟莫之感矣。

己酉正月十五日。

（一九〇九年作，本书卷首所载。）

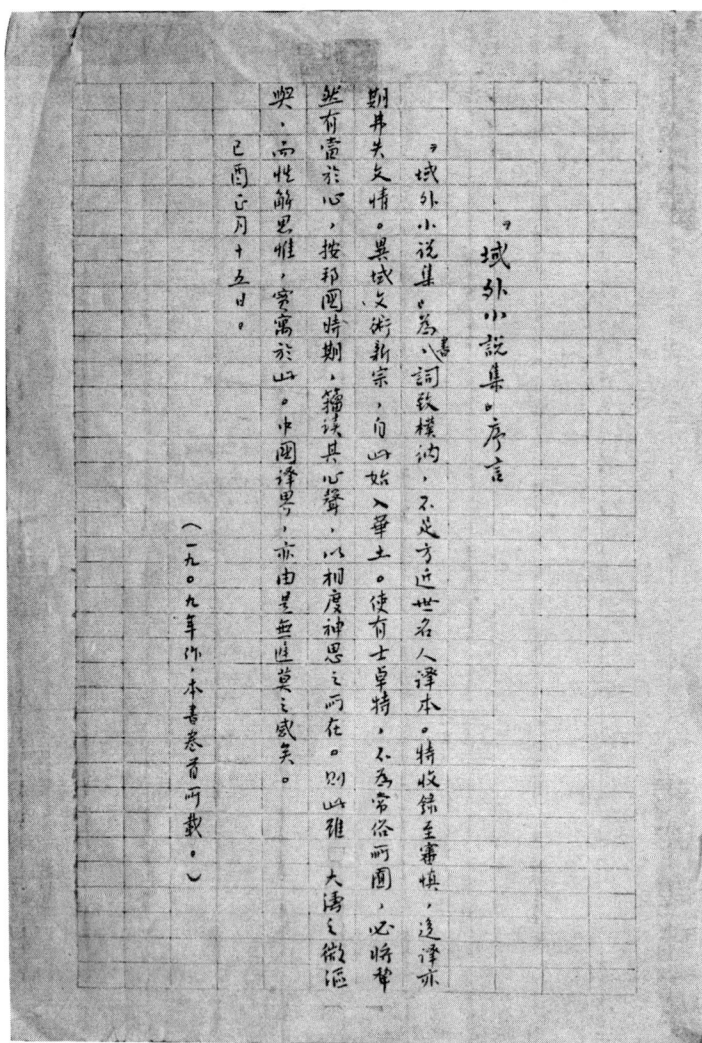

鲁迅《〈域外小说集〉序言》手稿

外国语

搞文学，特别是弄翻译，最好多学几门外语。

从东京到仙台再回到东京，鲁迅的日文水平大大提高，德文也有了长足进步。

周作人在江南水师学堂学的是英文，到日本需从头学习日语。一开始，他参加了一个由中国留学生会馆组织的讲习班，每天上午9点至12点上课。教师菊地勉，三十多岁，能写一手漂亮的板书。他上课，一面手上写，一面嘴里念，同步进行，很得要领，让周作人大为佩服。

周作人承认，他的日语基础知识来自这位老师。但他去听课的次数却不多，原因是他嫌老师讲得太慢。他学习日语不大用力，还有一个原因，是同鲁迅住在一起，很多事由鲁迅代办，自己则很少出门，即使出门，也只是往书店买书而已。

因为需要有正式学籍领取官费，周作人选择了法政大学特别预科，学制一年，学的是日文、英文、算学、历史等比较浅近的科目。周作人在南京已经学过此类课程，上这个学校有点浪费时间。缴了一年的学费，实际上课时间连十分之一也不到。期末考试，他接到通知，赶过去，却还考了第二名。学校的事务员告诉他，要不是因为迟到缺考一门，考第一是必定无疑的了。周作人觉得第二名也很好，省得担任学生代表到毕业典礼上致辞。他得的奖品是一册日译本《伊索寓言》。

兄弟俩和几位好友打算出版一本主要登载外国文学作品的

杂志。当时的革命者觉得俄国和中国的国情有些相像，俄国的情形很值得研究，普通读者也愿意了解群星灿烂的俄国文坛。兄弟俩因此买了不少俄国作家的著作，包括多卷本英文版《屠格涅夫全集》。

为了更好地学习俄国文学，他们决定学习俄语。于是邀约六个人组成一班，请俄国人玛丽亚·孔特夫人来教授，学费每人每月五元，每晚上课一小时。

孔特夫人是流亡日本的犹太人，大约三十多岁，不会讲日本话，上课全说俄语。一开始，他们请一位学俄语的日本学生来当翻译。此人木讷不善言辞。文法上的规则，他以为大家看了书已经明白，所以总是说"如诸位所已知道"，不但起不到详细解说的作用，反而更浪费时间。因此，他只来了一两次就不来了。大家只好上课之前先看字典和文法，课堂上跟着老师的发音朗读。俄文的发音较英文规则一些，读起来并不难。其难处在于有些字很长，音节不好掌握。同学中有一个叫汪公权的，发音总学不好，每念一个字总要加上一些杂音，听上去"仆仆"作响，不但老师替他着急，连旁边的周氏兄弟、许寿裳等也急得浑身发热。大家开玩笑说：上课犹可，仆仆难当。

拜托老师从海参崴买来的初级课本还没有读完，俄文班就散伙了。孔特夫人平时和一班俄国青年人来往较多，时间一长，就生出来些流言蜚语。她一时想不开，用手枪自杀，所幸没有打中要害，不久伤口愈合，仍然来上课，这事件难免影响大家的情绪。当然，最重要的原因是大家觉得每月五元的学费太贵，有点负担不起。陈子英先提出要自学，这样就减少一个了，还有几个人也陆续提出离开的理由，于是俄文班宣告解散。后来，只有坚持自学的陈子英俄文程度达到了能看书的地步，其他几位都半途而废了。

有一次，许寿裳给杂志投稿，想用一个笔名，鲁迅就建议他用"旎其"（俄语"人"的译音）——这个笔名算是他们同学俄文的唯一纪念。鲁迅、周作人、许寿裳从俄文直译文学作品的计划受挫，只好从别的语种转译。

周作人在语言学习方面似乎比大哥更有兴趣和天赋，他这时开始了古希腊文的学习。西方文明有两大源头，即所谓"两希"：一个是古希腊文化，一个是希伯来的《圣经》。在西方，修习文学、哲学、历史等学科的学生，先要掌握古希腊文或拉丁文。

但当时，日本高等学校里只有帝国大学哲学系和西方人办的学校设古希腊文课。周作人选择了美国人开设的教会学校立教大学。先用怀德的《希腊文初步》打基础，接下来读色诺芬的《进军记》。

周作人对正统的古希腊文并不热心，倒是经常去与立教大学有关系的"三一学院"听古希腊文的《福音书》讲义，那是古代希腊的白话文。周作人来听这讲义，是因为他怀着一个宏愿：把《圣经》从古希腊文直接译成汉文。

其实《圣经》在中国早就有了译本。周作人在南京读书的时候，常听一位比他高两级的同学大谈《圣经》在文学史上的重要性，说学英文的学生不可不读。最好的英文版《圣经》当然是1611 年英王詹姆斯二世钦定本。周作人当时读了白话中文译本，觉得不佳；而古文译本也远不如佛经的古朴典雅。他那时最佩服译坛两位大家：一为严复，把西方著作用周秦诸子的笔法译出；另一为林纾，将英国司各特的小说译得像司马迁的文章。周作人读过《楞严经》和《菩萨投身饲饿虎经》后，暗下决心，要把

《圣经》的"新约"部分，至少是"四福音书"译出佛经风格，与两位老前辈竞爽。

后来这个计划并没有实施。一个原因是思想改变，不再觉得文章是越古越好；另一原因是重读了《圣经》和合译本，觉得已经很不错，用不着重译了。

但周作人学古希腊文，功不唐捐。在中国，通晓这种文字的人本来极少，而既懂古希腊文又有深厚中国文学造诣的人就更少。周作人有了这个优势，遂成为中国现代翻译大家。单凭这一点，他就实现了青年时代的愿望，可以跻身于他所钦佩的严复、林纾等大翻译家之列了。

30年代，周作人译了希腊神话和拟曲。新中国成立后，因为著作不好发表，他有更多时间从事翻译，先后译了《伊索寓言》、阿里斯托芬和欧里庇得斯的戏剧等。晚年，更不顾年老体衰和生活困难，译出五十多万言的《路吉阿诺斯对话集》。

《新生》

办文学杂志需要资金，也需要稿件。

撰写稿件需要参考资料，搜集资料当然需要买书。所以，最好的办法是翻译一些销路好的科学小说之类，挣取稿酬，再来买书。

当时稿费并不高，平常西文的译稿只能卖到千字两块，而且是所谓"实数"，即标点符号和空白都要扣除。

周作人跟鲁迅刚到东京，就看见宿舍里收到丸善书店送来的一包西文书，是鲁迅回国前订购的。有英国该莱（Gayley）著的

《英文学里的古典神话》和法国泰恩（Taine，通译泰纳）所著《英国文学史》英译本四卷。鲁迅不懂英文，这些书应该是为即将到日本留学的周作人准备的。周作人以前没见过文学史这类书，现在了解到泰纳著的文学史偏重社会环境对文学的影响，并且提供很多英国历史知识，觉得很有用。至于那本神话书，虽然说的只是英国文学所受希腊神话的影响，但也可以从中了解神话的大概。这本书还简要说明古今各派神话研究者对希腊神话的解释，让周作人大开眼界。他对安特路朗的人类学派尤感兴趣。正好书店有这位神话研究者的著作出售，他陆续买到了《习俗与神话》和《神话仪式和宗教》，是为他研究神话的起始。

　　要办杂志，就得写文章，周作人虽然刚到日本，对很多情况还不熟悉，但也跃跃欲试，亟想有所贡献。他把这些书里的资料凑在一起，用《新生》杂志新印的稿纸，开写《三辰神话》一文。三辰是指日月星。有一天许寿裳来访，鲁迅拿出来给他看，自豪地说，我们的杂志已经有了稿件了。不过，这篇文章只写了个开头，因为《新生》没有成功，就没有继续写下去。

　　两兄弟合作翻译外国文学作品的成绩不菲。鲁迅多译短篇小说，作者有俄国的安特莱夫、迦尔洵等；周作人则偏重长篇和中篇小说，计有《红星佚史》《劲草》《匈奴奇士录》《炭画》和《黄蔷薇》。其中，《红星佚史》和《匈奴奇士录》当时得以出版，另外三种则屡试不售，有的后来丢失，有的许多年后才面世。

　　翻译《红星佚史》的原因之一，是兄弟俩对该书原作者哈葛德和安特路朗的情况比较熟悉。林纾译过哈葛德很多作品，如《鬼山狼侠传》，情节曲折离奇；另一位作者安特路朗是一个多才的散文家，又是神话学和古希腊研究的著名学者，而这本书讲的正是古代希腊的故事，原名叫《世界欲》（The World's Desire）。因为书中的海伦佩戴滴血星石，译本便有了《红星佚史》的书名。书中有诗歌近二十首，译起来颇费力气，周作人不长于此道，就由他口述，鲁迅笔译。他们还搜集了很多神话资料，作为附注。

书译好抄出，寄给商务印书馆。商务答应出版，给予稿费二百元。但拿到书一看，发现附注都被删去了，可能是因为书馆考虑到读者不喜欢学术式的烦琐注释。他们也无法抗议，只好下次译书的时候，不再这样白费功夫。

有了这笔钱，兄弟俩可以买更多名著。除一套《屠格涅夫选集》外，又买了丹麦勃阑兑斯的《波兰印象记》。后者介绍了几位具有反抗意识的19世纪欧洲浪漫主义诗人，后来鲁迅写《摩罗诗力说》就参考过这本书。因为书是英文版，所以，鲁迅引用时，须经周作人口译。还买到一册《匈牙利文学史论》，也是他们写文章的参考资料。

周作人翻译了俄国大托尔斯泰的历史小说——这个托尔斯泰比写《战争与和平》的那个生得早——书的原名叫《克虐支绥勒勃良尼》，意为"银公爵"，是书中主人公的名字。英文译本叫作《可怕的伊凡》。沙皇伊凡四世18世纪中叶在位，据说有精神病，为人极其残暴，经常滥杀无辜，人称"可怕的伊凡"。银公爵是一个忠臣义士。不过，书中最有趣的人物不是银公爵，而是滑稽可笑的沙皇和懂得妖法的磨工。

译这本十多万字的小说时，正值冬天，兄弟俩坐在中越馆的空洞的大架间里，周作人起草，鲁迅修改誊清，两兄弟时不时很有兴致地谈论书中的人物故事，一点也不感到困乏和寒冷。全书完成，用去蓝格直行的日本皮纸将近三百张。他们给书起名《劲草》，寄了出去，但这次却失败了。书馆复信说，这本书他们已经译出付印。

这只能怪自己信息不灵。过了一些时候，他们在市面上果然看见这书的译本，上下两册，题作《不测之威》。

他们并不气馁，再译别的作品。为了避免重译，他们尽力去找不大为别人注意的小国的作品。他们在书店里看到匈牙利作家育凯（通译约卡伊·莫尔）的一部作品。这位作家有"匈牙利的司各特"之称，擅长历史小说。这部小说书名原为《神是一个》，讲的是一神教教徒的故事，对神是三位一体的观念给予批驳，里边穿插的恋爱和政治故事颇有趣味。因为传说匈牙利是东方的匈奴迁移过去的，中译本就取了《匈奴奇士录》的名字。

这部稿子也卖出去了，但兄弟俩收到稿费时发现，书店少算了一万多字。等半年后书印出来，赶紧去买一册回来，一五一十仔细计算，去信追讨，要回了十几个大洋。

他们办杂志遇到很大困难。鲁迅后来在《域外小说集》新版的序言中说：

> 我们在日本留学的时候，有一种茫漠的希望：以为文艺是可以转移性情，改造社会的。因为这意见，便自然而然的想到介绍外国新文学这一件事。但做这事业，一要学问，二要同志，三要工夫，四要资本，五要读者。第五样逆料不得，上四样在我们却几乎全无。

所谓同志，一共是四个人。鲁迅、许寿裳、周作人和袁文薮。当周作人到日本时，袁文薮已经转往英国留学，所以不曾见到。他答应到英国后写文章回来，可是一去杳然，不但文章没有寄来，连信也没来一封。另外三人很失望，说这对《新生》是极不利的，还没有排好阵，就先折了一员大将。

《新生》杂志封面和插图都已选定。第一期用英国 19 世纪画家瓦支的油画，题作《希望》。画面上的诗人用布包着眼睛，怀里抱着竖琴，跪在地球上面。这是从他们买的《瓦支画集》中选取的。此外，鲁迅还喜欢俄国反战画家威勒须却庚的作品，这位画家有一幅英国军队把印度革命者绑在炮口上处决的画，很有震撼力，他们选出来备用。

"新生"的意思简单地说就是"新的生命"，因为是介绍外国文学的刊物，所以采用了意大利中世纪诗人但丁诗集的名称"La Vita Nouva"。

周围的中国同学看他们忙得起劲，都很好奇，待知道他们的意图后，就开玩笑说，这"新生"莫非是"新进学的生员"（即秀才）的意思吗？

也难怪，那时很少人对文学感兴趣，古代有"雕虫小技，壮夫不为"的说法，舞文弄墨远不如升官发财。所以当时留学生中学文学和美术的很少。有人就当面问他们："你们弄文学做什么？有什么用处？"

他们很清楚文学是艰苦的事业。有时候从书店回来，他们会凄然地说起，不知道最近哪位小文学家死了，因为书架上发现了些旧文学书，可能是某位文学家去世，藏书卖给了书店。

三个人满怀希望，奋力写稿，成功仿佛就在眼前，然而正在这个时候，发生了变故。事情还是出在资本上，原来答应给资助的人不见踪影了。

《新生》夭折使三人很丧气。鲁迅后来回忆说："创始时候既已背时，失败时候当然无可告语，而其后却连这三个人也都为各

鲁迅、许寿裳、周作人等共同筹办文艺刊物《新生》，因缺乏资金未成。这是当时他们为杂志选定的封面图，名为《希望》，英国画家华慈（G.F.Watts,1887–1904）作

鲁迅留日时期搜购的部分德文书

自的命运所驱策，不能在一处纵谈将来的好梦了，这就是我们的并未产生的《新生》的结局。"

但周氏兄弟的文学梦还没有做完。他们阅读外国文学作品，继续翻译。

两兄弟特别注意弱小国家和民族的文学作品，这些国家在历史上或现在受异族的入侵和欺侮，文学作品中往往表达愤怒和反抗。当时的中国也处在被列强瓜分的危险境地，反压迫、争自由是中国人民的当务之急。中国人如能读到那些国家的文学作品，会从内心产生共鸣，受到鼓舞，从而振作起来，实现民族解放、国家独立。从这个观念出发，他们很注意搜集东、北欧国家的作品。但当时，日本翻译界对此不太注重，日译本很少。好在德文译本很多，鲁迅的德文就派上了用场。他常到专卖德文书的"南江堂"找书，有时还到旧书摊上搜寻德文杂志。

他们生活简朴。许寿裳说，留学期间，鲁迅很少外出游览，他们只去看过两次上野的樱花，还是趁到南江堂买书之便。

鲁迅不讲究衣着。在弘文学院和仙台医专时代，他穿制服，到了东京就全穿和服。平常出门，都是一套服色，戴便帽即打鸟帽，和服系裳，下着很像乡下农民冬天所穿的拢裤，脚穿皮靴。和服都是布做的，衬衫之外，有单的、夹的、棉的三套，棉的极薄；还有一件外衣，也是夹的，冬天穿。在东京期间，没有添置新衣。周作人也注意到，大哥的棉被还是家里拿来的一垫一盖，盖被厚而且重，冬天倒适合，春秋两季却也用它来对付，一直没有置买薄棉被。

为了生活，也为了挣钱买书、办杂志，鲁迅工作很勤苦。周作人来日本后，虽然兄弟俩都有官费，但经济上仍然紧张，不得不设法再多挣一些钱来补贴日用。湖北省要翻印同文会编的《支那经济全书》，由在日湖北籍学生分担译事。鲁迅托人要了一部分稿子，来做校对工作。后来由于日本当局会同清政府查封《民报》，主编章太炎被课以罚款，一时拿不出钱来，正要被拉去做苦工时，鲁迅和许寿裳等人商量，挪用《支那经济全书》译本一部分印费，交纳了罚款，解救老师于危难。

鲁迅有熬夜的习惯。在洋灯下看书往往到深夜，别人多不知道他是什么时候就寝的。第二天早晨，房东进屋拿煤油灯和整理炭盆，总看见盆里插满了香烟头，像是一个大马蜂窝。

与鲁迅相反，周作人早睡早起，生活很有规律，终生坚持。显然，他的作息时间更符合养生之道，这可以算作他比鲁迅长寿的一个原因吧。

异域文术

他们为《新生》杂志准备的文章并没有浪费。不久，他们接到《河南》杂志约稿。鲁迅在第一期上发表了《人之历史》，后来陆续发表了《科学史教篇》《文化偏至论》《摩罗诗力说》等，一篇比一篇长。长的原因，并不一定是因为内容丰富，一个重要的原因是刊物的编辑喜欢长文章。从作者这方面说，因为稿费是按字数算的，写得愈长稿费就愈多。

周作人在《河南》上发表了《论文章之意义暨其使命因及中国近时论文之失》和《哀弦篇》，还有俄国契诃夫的短篇小说《庄中》和美国爱伦·坡的短篇小说《寂寞》的译文。这两篇小说后分别改题为《戚施》和《默》，收入《域外小说集》。

鲁迅的文章比较重要的是后两篇。《文化偏至论》分析了西方历史文化发展进程，指出其存在的偏颇。中国的改良主义者即所谓洋务运动者，看到西方有坚船利炮，竭力效仿，目的是"师夷长技以制夷"，但根本上还要保存旧的思想和政治制度。有的造船开矿，获利多多，往往却中饱私囊。鲁迅主张改造人们的思想，先要"立人"，站住了，站正了，才能做出有利于社会人生的事业："首在立人，人立而后凡事举。"

怎样才能立人呢？鲁迅提出的办法是"尊个性而张精神"。这是受了当时流行的个人主义思潮的影响，其主要来源是德国的尼采和施蒂纳等人。因为当时西方的资产阶级民主制度施行所谓多数统治，使少数人在社会上难得发言权。作为改革先驱的少数知识分子，主张不被理解，理想得不到实现的机会。多数并不总是正确的，所以鲁迅提出了"任个人而排众数"。任个人，就是寄希望于英杰"超人"，做群众的启蒙工作，推动社会进步，只有人人觉醒奋起，中国的事才能做好，"国人之自觉至，个性张，沙聚之邦，由是转为人国"。

而进行思想启蒙，鲁迅那时觉得最好的手段是文艺，"盖人文之留遗后世者，最有力莫如心声"。但中国的文艺，一贯遵循儒家思想，温柔敦厚，不撄人心，结果造成人民懦弱卑怯，全国喑哑无声。鲁迅认为应该"别求新声于异邦"，到外国寻找能激励人心的文学作品。在欧洲文学史上，符合这个要求的是"力足以振人""不为顺世和悦之音"的"摩罗诗派"。

《摩罗诗力说》介绍了英国诗人拜伦和雪莱，俄国诗人普希金和莱蒙托夫，波兰诗人密兹凯维奇和匈牙利诗人裴多菲等的生平、作品，揭示出他们"立意在反抗，指归在动作"的精神，赞扬他们"不克厥敌，战则不止"的顽强意志。摩罗派宗主拜伦最有代表性，其作品和行动均反抗世俗和强权。他为了援助希腊独立，到希腊参加抵抗入侵者的战斗，最终战死在沙场。

对波兰和匈牙利诗人，鲁迅在赞扬他们的战斗精神时，也寄予深切的同情。他们的国家都曾受外敌的野蛮入侵和残酷统治，他们的作品表现的反抗意志，是鲁迅一代中国人所能理解并能引起共鸣的。

鲁迅描述出裴多菲与拜伦、雪莱之间的文学谱系："裴象飞幼时，尝治裴伦暨修黎之诗，所作率纵言自由，诞放激烈，性情亦仿佛如二人。"他还引用了裴多菲1848年4月19日日记中的话："吾琴一音，吾笔一下，不为利役也。居吾心者，爱有天神，使吾歌且吟。天神非他，即自由耳。"裴多菲有一首精警的短诗《自由与爱情》，现在通行的中译本"生命诚可贵，爱情价更高。若为自由故，二者皆可抛！"出自鲁迅弟子殷夫的手笔。其实，该诗最早的中译者是周作人，他用四言六行的文言体译为《爱情自由》："欢乐自由，为百物先；吾以爱故，不惜舍身；并乐蠲爱，为自由也。"署名"独应"，发表于1907年出版的《天义报》第八、九、十册合刊上。

周作人的《论文章之意义暨其使命因及中国近时论文之失》一文前半部分讲文艺理论，后半部分评论当时出版的一本《中国文学史》。

周作人提出文章（文学）应该有"四义"："其一，文章云者，必形之楮墨者也"；"其二，文章者必非学术者也，盖文章非为专业而设，其所言在表扬真美，以普及凡众之人心，而非仅为一方说法"；"其三，文章者，人生思想之形现也"；"其四，文章中有不可缺者三状，具神思，能感兴，有美致也"。

关于文学的使命，周作人认为有四项：一、裁铸高义鸿思，汇合阐发之；二、阐释时代精神，的然无误；三、阐释人情以示世；四、发扬神思，趣人生以进于高尚。

周作人给文学相当高的地位："夫文章者，国民精神之所寄也。精神而盛，文章固即以发皇，精神而衰，文章亦足以补救。故文章虽非实用，而有远功者也。"中国古代有曹丕在《论文》中说，文章是经国之大业，不朽之盛事。周作人也像鲁迅一样，寄希望于以文学改造社会和人生："文章或革，思想得舒，国民精神进于美大，此未来之冀也。"

周作人也批评了儒家的诗教，主张"摈儒者于门外"。他认为儒家学说"夭阏国民思想之春华，阴以为帝王之右助，推其后祸，犹秦火也"。他指出儒教的危害至今仍然十分严重："第吾国数千年来一统于儒，思想拘囚，文章委顿，趋势所兆，临于衰亡，而实利所归，一人而已。及于今日，虽有新流继起，似易步趋而宿障牵连，终归恶化，则无冀也。"其观点之激进，比鲁迅有过之而无不及，说是新文化运动的先声也不为过。

周作人还把翻译小说投给《民报》，经章太炎先生润饰后发表。译作积起来，他们想编集刊印，但最大的困难是缺乏资金。可巧，这时，他们的住处来了两个客人，是一对夫妇，男的叫蒋抑卮，是个秀才，好读书，思想比较开通。他到东京是为了治耳病。他家境富裕，本可以在东京租房，但初来乍到，一时还找不到，再加上不懂日语，需要人照顾，只好借住在鲁迅这里。鲁迅、周作人和许寿裳三人合租的房屋，靠东一间是十席，周作人和许寿裳同住；西边一间六席，鲁迅独住。还有一间三席的当作食堂，门厅两席，下房三席，较为宽敞舒适。鲁迅把自己的房间让出来，搬到周作人和许寿裳的房间里，这样凑合了两三个星期。

蒋抑卮的父亲少年时代贫穷，背着布匹包裹，串门做生意发了家，开了绸缎庄，到蒋抑卮这一代，兼做金融，成为浙江兴业银行的股东。蒋抑卮平常有一句口头禅，遇到疑难问题，就说，只要"拨伊铜钿"就行了吧！意思就是"给他钱"。爱给人起绰号的鲁迅就称呼他"拨伊铜钿"。他听说周氏兄弟想印刷翻译小说集，大为赞成，愿意垫出一百五十元的资本。兄弟俩怎么也想不到，一直很发愁的事，几天之内就解决了。

蒋抑卮到医院耳鼻喉科做手术，一切都由鲁迅帮他接洽，并充当翻译。不幸的是，主刀者虽是大名鼎鼎的医师，却因疏忽引起了丹毒。蒋抑卮发高烧说胡话，情状相当危险。病情好转后，他郑重地对鲁迅说，日本人嫉妒中国有像他这样的人，蓄意叫医生谋害他，并嘱咐鲁迅牢记此事——由此可知他平时自视甚高。他高烧呓语里还提到周作人，说启明这人很高傲，像一只鹤似的。

周作人后来说，蒋抑卮这个印象虽然并不十分准确，但自己那时确实不善应酬，沉默寡言，看起来就显得高傲。鲁迅就借用鹤的日语读音，给二弟起了个"都路"的绰号。周作人在有些文字中自称"都六"，还曾用"鹤生"的笔名发表过文章。

《域外小说集》由于得到资助，印得比较考究，封面用蓝色罗纱纸，上印德国图案画，书名由鲁迅好友陈师曾篆书，署名为"会稽周氏兄弟纂译"。正文也用上好洋纸，装订后切下边，旁边不切，就是所谓的毛边书。定价小银圆二角。版权页上写着：东京神田印刷所印刷，东京群益书店和上海广兴隆绸缎庄发售。

第一集共收短篇小说七篇，其中鲁迅译两篇，周作人译五篇，

鲁迅和周作人发表过多篇文章的《河南》杂志

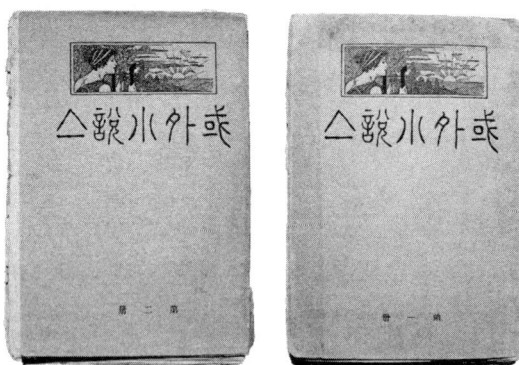

鲁迅、周作人合译的《域外小说集》

序言由鲁迅执笔：

> 《域外小说集》为书，词致朴讷，不足方近世名人译本。特收录至审慎，迻译亦期弗失文情。异域文术新宗，自此始入华土。使有士卓特，不为常俗所囿，必将犁然有当于心，按邦国初期，籀读其心声，以相度神思之所在。则此虽大海之微沤欤，而性解思惟，实寓于此。中国译界，亦由是无迟暮之感矣。

周作人后来称这篇序言为"极其谦虚也实在高傲的文字"。文中所谓"近世名人"显然是指林纾和严复等翻译家。兄弟俩将这两位名扬天下的前辈树为学习的榜样和超越的目标。"弗失文情"的译法正是对几位先贤"达旨"译笔的反拨。最让他们自豪的是，他们介绍的文学作品多来自所谓"弱小民族"，与近世名人们的选择很不同。因此标榜为"文术新宗"。

他们在书上标了"第一册"和"第二册"，计划先出两册，等卖回本钱，再印第三、第四……第X册，系统介绍各国作家的作品。

但销售情况很不理想。第一册印了一千本，第二册不敢多印，减为五百本。半年后，东京寄售处结账，第一册卖去二十一本，第二册卖去二十本。为什么第一册多卖出一本呢？因为许寿裳怕寄售处不遵定价，就亲自去购买一本，果然划一不二，于是放了心，第二册不再核查了。

至于上海寄售处，听说也卖去二十来本。过了若干年，寄售处失火，大部分存书化为灰烬。

鲁迅后来在新版序言里总结译本失败的原因：一是句子生硬，诘屈聱牙，显然受了章太炎先生国粹说的影响，追求文字的古奥，使普通读者望而却步；二是当时中国的读者还不大习惯短篇小说这种形式，如鲁迅所说：

> 《域外小说集》初出的时候，见过的人，往往摇头说：
> "以为他才开头，却已完了！"那时短篇小说还很少，读书人
> 看惯了一二百回的章回体，所以短篇便等于无物。

他们的艰辛劳动虽以失败告终，但其影响不容忽视。两册书共收十六篇作品（英、法、美各一篇，俄国七篇，波兰三篇，波思尼亚两篇，芬兰一篇），表现出一种明显的趋向，就是偏重对东欧弱小民族文学的介绍。俄国虽不能算弱小，但它的人民也受着专制政治的压迫，一样苦大仇深。

所谓弱小民族，其实应该说是抵抗压迫、求自由解放的民族，只不过当时他们这么称呼，就沿用下来。到"五四"以后的文学研究会时代，仍有人循着周氏兄弟这个思路介绍外国文学，例如《小说月报》就推出过"弱小民族文学专号"。就是在新文化运动期间，因为陈独秀等人的帮助，《域外小说集》得以重新出版，鲁迅用周作人的名义为新版写了序言。

《域外小说集》也并非毫无声息。1909 年 5 月 1 日出版的《日本及日本人》杂志第 508 期上刊登了一则消息说："在日本等地，欧洲小说是大量被人们购买的。中国人好像并不受此影响，但在青年中还是常常有人在读着。住在本乡的周某，年仅二十五六岁的中国人兄弟俩，大量地阅读英、德两国语言的欧洲作品。而且他们计划在东京完成一本名叫《域外小说集》，约卖三十钱的书，寄回本国出售。现已出版了第一册。当然，译文是汉语。一般留学生爱读的是俄国的革命虚无主义的作品，其次是德国、波兰那里的作品，单纯的法国作品之类好像不太受欢迎。"

这是最早把周氏兄弟并称的文字——不过，还不是"三兄弟"。

七 『海归』

浙江两级师范学堂

鲁迅，摄于1909年

周建人，摄于1920年代

谋生无奈

鲁迅原打算留在日本继续从事文艺运动或者去德国深造，但现实已不允许。其时，周作人与一个日本女子结婚，生活费陡然增加；母亲也来信说，绍兴家里经济拮据，希望他能工作挣钱，补贴家用。

此前，许寿裳已经回国，在浙江省两级师范学堂担任监学（教务长），鲁迅去信托他介绍工作。许寿裳把他推荐给学堂监督（校长）沈钧儒，沈钧儒表示欢迎。

浙江省两级师范学堂坐落在杭州的下城，原是浙江贡院，科举制度废除后，改成师范学校，分为"优级"和"初级"两部分，优级培养中学教师，初级培养小学教师。

学校给鲁迅安排的课，是初级班的化学和高级班的生理，同时担任日本植物学教师铃木的翻译。

学校的教师中有多位日本人，中国教员也有不少是留日回国，因之新学气氛较浓。鲁迅担任生理课时，学生们要求加讲有关生殖系统的内容，这在当时的社会环境中是很不平常的。鲁迅答应了。他自编了讲义。开讲那天，他先对学生提一个要求，就是在他讲课的时候，不许笑。因为这是严肃的事，如果有人发笑，引得大家都笑起来，气氛就被破坏了。

这次课效果非常好，学生们听得很认真，没有人嬉笑。别的班的学生，因为没有听到，觉得遗憾，纷纷来索要鲁迅的讲义。

鲁迅从小就对植物学感兴趣，不但爱看花木类的书，自己也动手培养，在日本时因鼓励三弟建人自学植物学，常给三弟邮寄

鲁迅编《生理讲义》油印本

鲁迅指导学生采集的植物标本

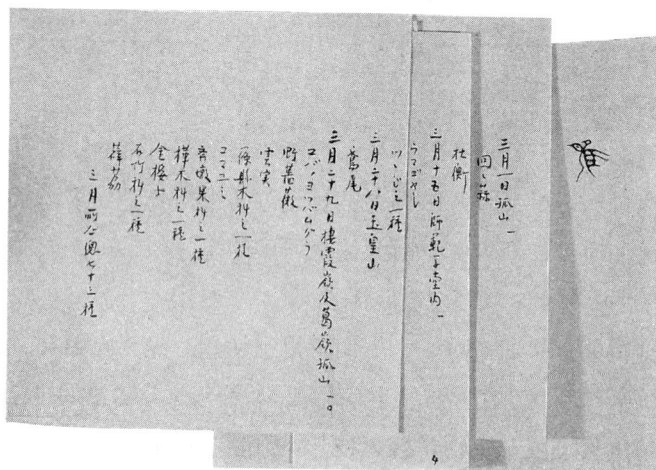

鲁迅1910年3月植物标本记录册显示，当月采集标本七十三种

或带回书籍和工具。他在植物课堂上担任日本老师的翻译，并不是机械地传译。有时候，铃木老师讲错了，鲁迅在翻译时给予更正。学生们提问，有些问题提得不恰当，翻译出来会使老师难堪的，鲁迅会做妥善处理。翻译往往会成为一项两面不讨好的工作，但鲁迅因为精通日文，又熟悉植物学，所以很受好评。

学植物学，必须到自然界里，接触实物，采集标本。鲁迅从日本带回来的标本，制作精良，正可作为教学参考。他还和日本老师带学生到西湖边的葛岭、孤山一带采集标本，总是满载而归。他整理标本，井井有条，非常认真。他指导学生做的一些标本至今保存完好。

鲁迅独自一人在学校生活。他平时不爱说话，喜欢凝神独坐。同事们觉得他有些高冷。

他每天睡得很迟，熬夜饿了就吃点儿条头糕充饥，吸的是廉价的强盗牌香烟。他平日不爱游玩，在杭州教学一年，西湖只去了一次，还是好友许寿裳请客让他去作陪的。他对美人般的保俶塔和醉汉似的雷峰塔都不感兴趣，对"平湖秋月""三潭印月"等西湖十景，也只说"平平而已"。

他每月的收入，一部分补贴家用，一部分寄到日本，接济周作人及其岳家。每月大约寄六十元，有时还要多一些。

做了日本女婿的周作人，开始认真学习日本语了。他要学的日语，不是停留在书本上的文字，而是要用耳朵来听、用嘴来说的生动活泼的日常语言。这就要求他与普通人民接触，向民间文学学习。

周作人选为学习材料的是"狂言""滑稽本"和一种叫作"川柳"的短诗。狂言是一种民间喜剧，盛行于室町时代（相当于中国明代），受中国元曲的影响不小，和"能乐"关联紧密。能乐是悲剧，狂言和滑稽本在悲剧演出的间隙上演，即兴成分很大，多牵连时事，有批判精神，与绍兴的目连戏相像，虽然内容比较粗俗，但趣味纯朴，思想健壮。后来周作人到北京教书，译了几十篇狂言，集为一本《日本狂言选》出版，还翻译了式亭三马著的滑稽本《浮世澡堂》和《浮世理发馆》。川柳的内容主要是讽刺时事，如周作人在《日本的讽刺诗》一文中所说"注重诙谐味和文字的戏弄"，"好的川柳，其妙处全在确实地抓住情景的要点，毫不客气而又很有含蓄的投掷出去，使读者感到一种小的针刺，又正如吃到一点芥末，辣得眼泪出来，却刹时过去了，并不像青椒那样的黏缠。川柳揭穿人情之机微，根本上并没有什么恶意，我们看了那里所写的世相，不禁点头微笑，但一面因了这些人情弱点，或者反觉得人间之更为可爱"。

还有类似中国的单口相声的"落语"，也很吸引人。周作人住的本乡西片町街尽头的铃木亭是一个杂耍场，日本称作"寄席"，就是演出落语的地方。落语原来只是一个人说笑话，供一座的人娱乐，后来有人在路旁设肆卖艺，再后来成为定期的登台演出，说者由一人扩充为数人，故事也逐渐冗长。黄遵宪在《日本国志·礼俗志》中描述道："手必弄扇子，忽笑忽泣，或歌或醉，张手流目，跨藤扭腰，为女子样，学伧荒语，假声写形，虚怪作势，于人情世态靡不曲尽，其歇语必使人捧腹绝倒，故曰落语。"

周作人对"俳谐文"和"俳句"也很感兴趣。俳谐文的特色是用日常语写俗事，在杂糅中见调和。俳句是其中精彩部分。周作人称赞这种文体："有始祖松尾芭蕉的正风，幽玄闲寂的禅趣味，与谢芜村的优美艳丽的画意；晚近更有正冈子规的提倡写生，这是受了写真主义文学的影响了。但是尽管如此，它却始终没有脱掉'俳谐'的圈子，仍旧是用'平淡俗语'来表达思想，这是我所以觉得很有意思的地方。"

周作人幼年曾跟鲁迅一起看图画书，养成对绘画艺术的爱好。到日本，他们对"浮世绘"表现出浓厚的兴趣。浮世绘有线条画，有木刻，也有着色画，人物以女子为多，在简单的线条和奇异的色调中，蕴含着画家对人生世态的情绪和看法，"哀感顽艳"这个词差可形容它的意境。画中风景和人物情态使周氏兄弟联想到中国人的生活状态和情感表达方式。

鲁迅赞扬关注民生、触及现实的"浮世绘精神"，曾说："日本的浮世绘，何尝有什么大题目，但它的艺术价值却在的。"日本有六大浮世绘师：一立斋广重、铃木春信、葛饰北斋、东洲斋写乐、喜多川歌麿和鸟居清长。鲁迅自述，他年轻时喜欢北斋，晚年喜欢广重，其次喜欢歌麿。他认为北斋更适合一般中国人的审美眼光。

周作人通过一本叫《此花》的杂志了解这种奇妙的艺术。后来，他在日本作家永井荷风的《江户艺术论》专论浮世绘的一章中找到一段话，翻译出来，反复吟味：

我反省自己是什么呢？我非威耳哈伦（Verhaeren）似的比利时人，而是日本人也。生来就和他们的运命及境遇迥异的东洋人也，……使威耳哈伦感奋的那滴着鲜血的肥羊肉与芳醇的蒲桃酒与强壮的妇女之绘画，都于我有什么用呢？呜呼，我爱浮世绘，苦海十年为亲卖身的游女的绘姿使我泣。凭倚竹窗茫茫然看着流水的艺妓的姿态使我喜。卖宵夜面的纸灯寂寞地停留着的河边的夜景使我醉。雨夜啼月的杜鹃，阵雨中散落的秋天树叶，落花飘风的钟声，途中日暮的山路的雪，凡是无常无望无告的，使人无端嗟叹此世只是一梦的，这样的一切东西于我都是可亲，于我都是可怀。

这给周作人一种东方文明本是一家的印象。

这段文字，用来描绘中国现代文人对人生的感触也是贴切的。很多有伤感情绪的中国人读了这段话，看了浮世绘作品，引发愁绪，类似于听了二胡曲《二泉映月》的效果。

文学方面，周作人与鲁迅曾经希望通过西文阅读和翻译东欧、俄国文学作品。现在作人认真学习日本语，有了更多直接阅读日本文学作品的机会。鲁迅在日本时，对颇有滑稽趣味和讽刺精神的夏目漱石和森鸥外的作品感兴趣。周作人也爱读夏目的作品，有时候偷懒不去上课，就躲在赤羽桥边的小楼上，读《我是猫》和《哥儿》。他认为这些作品最能体现现代日语之美，后来多次推荐给学习日语的青年人。

作人后来搬到留学生极少的地区居住，对日语的进步大有裨益。如果仍然是同中国人生活在一起，总受母语的影响，就很难得到外国语言文化的真髓。

周作人把日本看作自己的第二故乡。他晚年写回忆录，对留学生活怀着深切的思念，并且对日本学习西方文化而丢失固有优点的做法表示不满。

作人夫妇的安逸生活并没有持续多久。鲁迅和三弟的收入并不多，家里的田产差不多也已卖光，实在无法负担他们在日本的开销。不得已，鲁迅写信催作人回国。作人回信说，自己还想到法国留学，实际上是不想回来。鲁迅不得不亲自赶到日本催促，夫妻俩这才不情愿地回到了绍兴。

把二弟强拉回来，鲁迅内心是很痛苦的。他在给好友许寿裳的信中说："卖田之举去年已实行，资也早罄，迻方析分公

"全家福"（缺鲁迅夫妇），1912年摄于绍兴。前排左起：羽太芳子、鲁瑞、羽太
信子母子；后排左起：建人、方凤岐、作人

田，……起孟来书，谓尚欲略习法文，仆拟即速之返，缘法文不能变米肉也。使二年前而作此语，当自击，然今兹思想转变实已如是，颇自悯叹也……"

谋生无奈。

鲁迅在日本待了半个月，因为经济不宽裕，只能减少活动："不访一友，亦不一游览，仅一看丸善所陈书，咸非旧有，所欲得者极多，遂索性不购一书。"

周作人回到家乡，整日提不起精神来。一日翻书，发现在日本时写的记述秋日钓鱼的小文，愈发怀念在日本的生活，便提笔在文后写道：

> 居东京六年，今夏返越，虽归故土，弥益寂寥；追念昔游，时有怅触。宗邦为疏，而异地为亲，岂人情乎？心有不能自假，欲记其残缺以自慰焉，而文情不副，感兴已隔。用知怀旧之美，如虹霓色，不可以名……

他还写了一首诗："远游不思归，久客恋异乡。寂寂三田道，衰柳徒苍黄。旧梦不可道，但令心暗伤。"闲适中有忧愁，颇有陶诗风味。

他的妻子羽太信子不会说中国话，到绍兴后生活不方便是可以想见的。

第一笔薪金

鲁迅回乡不久，山会师范学堂闹起学潮，监督离任。继任监督聘请鲁迅担任博物学课，后来又请他担任监学（教务长）。

这所学校原名绍郡中西学堂，后又改为绍兴府中学堂。

绍兴因为曾经发生过起义，统治者对其控制比其他地方要严。鲁迅是回国留学生，思想进步，但他并不积极搞革命宣传，因为他知道这样做，有时不但没有用，反而会给自己和学生们带来麻烦和危险。

鲁迅回到绍兴工作，大大地减轻了三弟建人的负担。

建人1905年从会稽县学堂毕业后，没有考上绍兴府学堂，在家闲居了一段时间。

那个时候教育普及程度低，县学毕业已经称得上是有学问的人了。所以第二年建人就找到了工作：绍兴僧教育会办一所小学，计划教新课程，老秀才教不了，一时找不到合适的人。于是，十七岁的建人当上这个只有两个教员的小学校的校长。

因经费短缺，学校的教学设备很简陋，黑板是用一块旧门板上了漆做成。学生大多是穷苦人家的子女，所以学费低廉，是本地第一所为普通民众子弟开办的学校。

建人既要教课，又要管教务和总务，白天上课，晚上回家改完作业，还要结算账目，有时还要进行家访。虽然很忙，但他仍然坚持学习，节假日一有空闲，就捧起书本自修植物学和英文。他常常用陶侃的话自勉："大禹圣者，乃惜寸阴；至于众人，当惜分阴。"

建人第一次领到八元薪水，跑回家，全部放在母亲面前，兴奋地说，自己能挣钱了，今后可以不愁吃的了！八元钱不算少，那时的行市是三元钱能买一石米。

母亲很受感动。她对小儿子说：家里节省一点，饭还是有得吃的；你从小没有读过多少书，就出去做事，赚这些钱很不容易。

她让建人用这些钱买些书，继续自修。

母子俩推来让去。最后母亲出了个主意，让建人给祖母送去一些，报答她从小照看的恩情。当建人把两元钱送给祖母时，老太太高兴得流了眼泪。她后来总是念叨，自己做梦也没想到，三个孙子，倒是最小的阿松最早把钱挣回家来。

两位哥哥回到绍兴，全家团圆。兄弟们教学之余讨论学问，交流思想，一起游览名胜古迹，到野外采集标本。

据曾陪同鲁迅和建人一起上山采标本的周家佣人王鹤照回忆：

> 我记得一次是去会稽山下的大禹陵，鲁迅先生、建人先生和我三个人同去的。我们出稽山门，沿筑在水中央的石塘板路走去，我背了二只油漆过的马口铁筒，建人先生拿了把铜锤。我们到了大禹陵，游览了禹庙、窆石亭，就去会稽山上采标本。在山上看到一种叶子尖细，结红子四五寸长的常绿树，我就对鲁迅先生说："这种就是'千年老勿大'。"鲁迅先生说："'千年老勿大'呀，拔得去，拔得去！"我们在禹陵还掘了几株映山红花和牛郎花回来。

1912年出版的《越社丛刊》第一辑上有两篇游记，一篇是《会稽山采植物记》，另一篇是《镇塘殿前观潮记》。因为记的是1911年的事，故总题为《辛亥游录》，署名是"会稽周建人乔峰"，实际上是鲁迅所写。

周建人后来能在生物学研究和科普著作写作方面取得一些成就，鲁迅的帮助和鼓励起到了关键的作用。鲁迅在仙台学医时，曾把自己用过的解剖刀和显微镜等工具带回来给建人，还给他买了法国司脱拉司蒲克的《植物学》英文本和英国杰克逊编纂的《植物学词典》等。后来又陆续寄回英文《植物学教科书》和

《植物生物故事》等读物。在大哥的鼓励下，建人克服英文基础差等困难，一点点地把这些书啃完。后来周建人回忆自己走过的自学成才的道路，感慨地说："如果不是我大哥经常写信来，把外界所发生的一切告诉我，不断地鼓励我学习，我也许会被这些家族、亲友间发生的种种悲惨事件所积累起来的悲哀所压倒，会消极悲观，但我大哥让我看到一个广阔的天地，使我明白人不是无所作为的，相信这世界的改造要靠每个人的努力。"

革命

1911 年春天，鲁迅在一个熟人家里见到范爱农。当年在东京，得知徐锡麟被杀的消息，两人为向不向政府发抗议电报发生过争执。一见面，两人都笑起来，却是含着苦涩和悲哀的笑。几年不见，范爱农的头上有了白发，穿戴也显得很寒伧。他的经历很不顺，到处受排挤，只好到乡下靠教几个小学生过活。为了排遣心中的苦闷，范爱农日常沉溺于杯中物。

两人立刻成了谈伴和酒友。范爱农每次进城，一定到鲁迅这里，一边喝酒，一边大骂种种世相，说一些在外人听来是离经叛道的疯话。

这个时期，鲁迅也非常苦闷。他已辞去了学校的职务，赋闲在家。他写信给上海一家书店，申请去做编译员。但因为缺少有力的推荐，成功的希望很渺茫。一位在北方工作的同学准备出版一种外国书，邀他翻译一部分。空闲时间，他继续抄录乡贤著作和旧小说资料。

10月10日，湖北爆发了武装起义，打响了共和第一枪，随后各省纷纷独立。11月初，浙江省响应起义，率军攻进杭州城的就是鲁迅熟悉的革命党人王金发，绍兴人，曾在秋瑾主校的大通师范学堂担任体育教员。那次起义失败后，他一度逃到日本，后来潜回国内，继续革命斗争。

鲁迅后来说，辛亥革命期间，他本人"没有做过什么工作，只是高兴得很"。因为他不是革命党人，没有组织起义、攻城略地的使命；但他一向同情革命，又痛恨清政府，所以欢迎革命的到来，积极参加迎接革命军的活动。越社召集群众大会，邀请鲁迅参加。鲁迅在会上提议成立一个武装演说队，在城内巡回宣传，安抚百姓。

因为街面上谣言很多，武装演说队油印了传单，到大街上张贴。队员们指明形势，破除谣言，起到了稳定人心的作用。否则，革命军还没有到来，人们无所适从，很容易出现混乱局面。

不过，旧官僚们摇身一变，"咸与革命"了。他们自称是"草字头（革）的"，与革命党目标一致，于是动手组织新政府：铁路股东当上了行政司长，钱店掌柜当上了军械司长……

不久，听说王金发的军队就要开进城来，大家又高兴起来，这是真正的革命军啊。

迎接队伍一共去了两次。第一次直到深夜，也没有等到；第二次，到东边偏门迎接。天黑下来时，忽然听见远处响起枪声。不多时，有几只白篷船开过来，上面坐满了士兵。王金发的军队上了岸，向城内行进。士兵们穿蓝色的军服，草鞋，打裹腿，扛着淡黄色的枪。人们举着灯和火把高呼"革命胜利"和"中国万岁"等口号，情绪高昂。

"木瓜之役"照。两级师范学堂校长夏某整天把"忠君爱国"挂在嘴边,但引起反感。鲁迅参加了驱逐校长的运动(即木瓜之役)。这是胜利后的合影,前排右三为鲁迅

王金发进城后，组织了新政府，自任都督，采取一系列措施，稳定秩序，安抚百姓。他任命鲁迅为师范学堂监督，范爱农为监学。

大家都沉浸在胜利的喜悦中。

一天，鲁迅和范爱农一起去看望王金发，见王金发正在把头剃得光光的，范爱农上去摸着他的脑袋，开玩笑说："金发大哥，你做都督哉！"周围的人哄笑起来。王金发也不以为意。

可是过不多久，新政府官员被乡绅土豪拉拢，并架起官僚的排场来。王金发对以前屠杀过革命党的凶手加以宽容，对参与杀害秋瑾的人，没有严加追究。各种势力很快形成一个包围圈，又是送衣料，又是送翅席。王都督迎娶一个乡绅的女儿，当了乘龙快婿，坐着轿子到处炫耀，而且开始动手刮地皮了。

青年们对此很不满，决定办一份报纸监督批评新政府。他们找到鲁迅，请求支持。鲁迅对那位新掌权的革命党朋友也有些看不惯，同意了学生们的要求，给报纸起一个名字叫《越铎》，并化名黄棘写了《〈越铎〉出世辞》，说明报纸的宗旨是"纾自由之言议，尽个人之天权，促共和之进行，尺政治之得失"。刺人的"棘"，惊人的"铎"，办报者对现实的不满昭然若揭。

报纸刊载的批评文章数量多而且犀利，连王金发和他的亲戚、姨太太也在被骂之列。王金发觉得不对劲，连忙派人送来五百元钱。报社开了一个会，讨论是否收这笔款子，最后决定收，因为报社缺钱。但紧接着又有一个问题了，收了钱后还骂不骂？最后的决议是：照样骂。

鲁迅知道这事后，连忙到报馆询问情况，主张不收王金发的钱。他认为这不是股本，而是封口费，但报社的人不听他劝说，收了钱，仍然发表批评的文章。

当报纸上发表文章，指责王金发收受贿赂，释放了杀害秋瑾的主谋时，王金发大怒，扬言要派人枪毙了办报纸的人。

大家都很害怕，有人要鲁迅赶紧逃命，母亲也十分着急，要大儿子待在家里别出门。但鲁迅一点也不畏惧，他照常在外面走动，晚上仍然打着写有"周"字的灯笼到学校住宿。他安慰母亲和同学们说，会捉老鼠的猫不叫，如果要杀，早就动手了，何必扬言呢。王金发虽然是强盗出身，但对过去的朋友不会真的动手。

鲁迅在山会师范学堂监督的职位上，很想有所作为；但王金发第一次拨给学校的经费只有二百元，远远不够。后来因为一班青年学生办的报纸经常攻击政府，王金发对学校更没好气，对鲁迅的态度愈发冷淡。鲁迅写信向他要经费，他愤愤地说："怎么又来拿钱？人家都把钱送到我这里来，你们反而要拿走。"不过，看在老朋友的面上再给二百元，但声明："再来要，没有了！"

没有经费，学校就办不下去，鲁迅的处境很艰难，离开是唯一的出路。幸好不久便有了一个机会。其时在南京政府教育部工作的许寿裳向教育总长蔡元培推荐了鲁迅，鲁迅接到邀请便去南京任职了。

王金发放走的曾经破坏革命运动的人，几年以后借袁世凯的手将他害死了。鲁迅在《论"费厄泼赖"应该缓行》一文中以此为例，说明在中国痛打落水狗的必要性。

办教育的艰难，三兄弟都深有体会。鲁迅离职时结账，学校的经费就只剩下几角钱了。

绍兴僧教育会解散以后，僧立小学无法维持，建人应聘到水神庙小学任校长。当时因为缺乏师资，许多地方学校都办不下去。浙江省教育行政部门决定举办"小学教师养成所"，周建人被聘为

162

1911年11月，鲁迅、周建人联名致信绍兴县议会议长，底稿由周作人代拟，上有鲁迅修改笔迹。1961年周作人捐献时写了说明博物学教员。

作人回到绍兴后也从事教育工作。针对师资缺乏的问题，三兄弟在本城做了调查，发现许多适龄儿童不能入学，于是写了《维持小学之意见》一文，在创刊不久的《越铎日报》上发表。这篇文章的起草人是作人，但发表时却署名周树人、周建人。文章用的是书信体，收信人是绍兴县议会议长张琴荪。信中说：

> 今之所急，惟在能造成人民，为国柱石，即小学及通俗之教育是也。今绍城学校略具，问学之士，不患无所适从。独小学寥落无几，此甚所惑也。……顾教育一端，甚关国民前途。故区区之事，亦未可缓。

> 城区小学，合官私所立，虽有十数。而会稽二区独阙。二区之地，广袤数里，儿童待学者，为数不少。昔日小学，仅有僧立第一及第二两校，容纳之数，不过百人，久不足于用。今复以经费支拙，后先停闭。从此区中仅存家塾，更无小学，非特学年儿童，无地入学，即旧日生徒亦将星散，任其荒嬉；有愿续学者，惟有复入私塾，或不辞远道，寄学他处而已。

这封信引起了关注。刚上任的王金发都督赞成周氏兄弟兴办小学的主张，立即把信批转他所管辖的八县照办。但新政府刚刚成立，百废待兴，还顾不上属于长远之计的教育。再说穷苦老百姓连饭都吃不饱，去哪里弄钱交学费呢？

刚回家乡闲居无事的周作人对家乡的情况和新政府的所作所为也很不满。他在一篇文章中指出，虽然革命成功，人民脱离了专制统治，但很多旧的习性还根深蒂固，因此，前途不容乐观。

在他看来，单改变政治制度，而不启迪人的思想，社会仍然在老路上蹒跚，说得悲观一点就是"种业因陈"、恶性循环。革命固难，教育更难。

鲁迅在绍兴创作了他的第一篇小说《怀旧》，署的是周作人的笔名"周逴"。小时候，祖父给作人起的名字是櫆寿，号则是同北斗星有关系的"星杓"，周作人都不满意。后来因为应考，他请祖父改为同音的"奎绶"。但这"奎"字训作"两髀之间"，听起来不雅。到南京水师学堂后，他的名字随着树人而改为作人，号曰"朴士"，但"朴士"听起来不响亮，放弃了；又因为鲁迅小名"张"，别号"弧孟"，他就随之自号曰"起孟"。在东京，章太炎先生在一封信中称呼他为"启明"，于是就改为启明，后来发表文章，有时也用岂明、开明或者难明、不明等，都是从"启明"引申出来的。

周作人还用过"独应"这个笔名，典故出自《庄子》。还有一个"仲密"，是听章太炎先生讲课后定的。据《说文解字》，周，从用，从口，训作"密"，作人排行第二，前面便加了一个"仲"字。

在日本，他们为挣钱翻译的小说，发表时觉得用笔名和真名都不合适，就造出半真半假的名号，周逴就是一个，《红星佚史》和《匈奴奇士录》便都用了这个名字。当时他以为逴读如"卓"，不知这字读如"绰"。

鲁迅到南京教育部任职，把小说稿留在家里。几年后才由作人寄到杂志社发表。周作人的日记上还记着收到五元钱稿费的事。他特地购买两册杂志，留给鲁迅。鲁迅1934年5月6日给正为他编《集外集》的朋友写信说起过这篇作品："其实我的最初排了活字的东西，是一篇文言的短篇小说……。"1936年鲁迅逝世后，周作人写《关于鲁迅》，提到这件事，说自己冒名顶替了很多年，此时应该连同《会稽郡故书杂集》（也署名周作人）一并归还原主：

會稽郡故書雜集者最史傳地記之逸文編而成集
以在舊書大略也會稽古稱沃衍珍寶所聚海嶽精
液羣生俊異而遠於京夏厥美弗彰芺謝承姁傳先
賢朱育又作土地記戴筆之士相繼有述於是人物
山川咸有記錄其見於隋書經籍志者雜傳篇有四
部三十八卷地理篇二部二卷五代厥擾典籍湮滅
舊聞故事殆盡于遺後之作者遂不能更理其緒作
人幼時嘗見武威張澍所輯書於涼土文獻攟集甚
衆篤恭卿里慨此之謂而會稽故籍零落至今未聞

166

他写小说，其实并不始于《狂人日记》，辛亥年冬天在家的时候，曾经用古文写过一篇，以东邻的富翁为模型，写革命前夜的情形，性质不明的革命军将要进城，富翁与清客闲汉商议迎降，颇富于讽刺色彩。这篇文章未有题名，过了两三年，由我加了一个题名与署名，寄给《小说月报》，那时还是小册，系恽铁樵编辑，承其复信大加称赏，登在卷首。

小说描绘了塾师秃先生在革命即将到来时的种种表现。实际上这是一场风传的暴动，就像小说《风波》中描写的那场"复辟"虚惊一样。秃先生的形象是集中了作者幼时见过的几个塾师特别是王广思塾师的特点塑造的。先生读书的陶醉状态，则取材于寿镜吾先生。

鲁迅把自己小时候听说的有关太平天国军队杀人的传说写进小说，逃难的场景写得很生动：

予窥道上，人多于蚁阵，而人人悉函惧意，惘然而行。手多有挟持，或徒其手，王翁语予，盖图逃难者耳。中多何墟人，来奔芜市；而芜市居民，则争走何墟。王翁自云前经患难，止吾家勿仓皇。李媪亦至金氏问讯，云仆犹弗归，独见众如夫人，方检脂粉芎泽纨扇罗衣之属，纳行箧中。此富家姨太太，似视逃难亦如春游，不可废口红眉黛者。

小说在《小说月报》第四卷第一号上发表，编辑大为欣赏，在"焦木附志"中批道："实处可致力，空处不能致力。然初步不误，灵机人所固有，非难事也。曾见青年才解握管，便讲词章，卒致满纸饾饤，无有是处。亟宜以此等文字药之。"文中还有十多处评点。

鲁迅创作伊始，就显露出卓越的才能。

八

寂寞岁月

鲁迅工作过的中华民国教育部旧址

逃异地

鲁迅十八岁第一次离家，自称看厌了家乡人的嘴脸，逃往异地寻求别样的人们。留学回来工作一段时间，他发现社会还是老样子。

他对家乡的"仇恨"一生没有消减。1927年在广州时，他得知几个朋友打算到浙江工作，写信力劝他们不要去那个险恶之地。因为明朝以来，中国士大夫好行小巧，江浙尤甚，堪称小巧渊薮。郁达夫回杭州居住，他写诗劝阻："钱王登假仍如在，伍相随波不可寻。"晚年在上海，浙江省党部竟然发通缉令，要逮捕"堕落文人"鲁迅。鲁迅的笔名"隋洛文"或"洛文"就是从这个通缉令里引申出来的。这些都加深了鲁迅对家乡的坏印象。

鲁迅的有些话可能有使气的成分。历史上不乏以地域论人品的说法，如《汉书·地理志》说地形决定人的性格；鲁迅和周作人在日本时读的泰纳的《英国文学史》，也申述环境对文风的影响。虽有道理，但也不能绝对化。

鲁迅离开家乡，与他这两年多在教育界的经历有关。办学本是惠民的好事，却举步维艰。其他事情可以类推。中国改革之难，他是真切领教过了。

周作人从日本回到绍兴，也有一个不适应期。译书写文章没有适当的材料，也缺少发表的园地。于是只好帮鲁迅搜集乡邦文献，抄写古代小说史料。

比鲁迅好一点的是，他已经结婚，并且将要有孩子了。

鲁迅觉得，革命给他带来的唯一好处，是头上可以没有辫子，短发走在街上，不再被人嘲骂。但总体上说，是招牌虽换，货色依旧。

十年以后，鲁迅将他对革命的思考用小说的形式表现出来。《阿Q正传》用"革命""不准革命""大团圆"等几个章节来描写革命前后中国农村的种种情态。这场没有完全成功的革命，成为鲁迅文学创作的丰富储备。

当鲁迅到南京中华民国临时政府教育部时，南北双方正为定都北京还是南京而谈判：袁世凯坚持定都北京，南方政府则愿意留在南京，请袁大总统南来就任，以便监督。

结果是南方让步。

革命刚刚胜利，革命党内部就因为争夺胜利果实发生冲突，原光复会的领袖陶成章——鲁迅等同乡同学称作"焕皇帝"——在上海被同盟会首领陈其美等派人暗杀。这两派的矛盾早在东京就十分尖锐。有人怀疑是南京临时政府所指使。这是革命给鲁迅的又一个不良印象。

后来袁世凯当政，国民党领导人宋教仁在上海车站被暗杀，舆论认为很可能是袁世凯派特务所为，目的是阻止国民党在民主政治的议会选举中占优势。

革命胜利，实行共和，但动乱的局面不但没有结束，反而愈演愈烈。

鲁迅在南京临时政府教育部的时间很短，因等待迁往北方，机关里人心惶惶，诸事也无从做起，好在，有许寿裳做伴。他们白天一起办公，晚上联床夜话。

南京对鲁迅来说是旧地，他在这里度过四年学生时光。他不喜欢游山玩水，一有空就到清凉山下龙蟠里的江南图书馆查资料，抄旧籍。他借出《沈下贤集》《秦梦记》《异梦录》等，校对、辑录，继续他的小说笔记研究。

在此期间，鲁迅差一点被解除职务。原来，总长蔡元培作为南北谈判代表和迎袁专使，去北京公干期间，部务由次长代理。这位次长好拉帮结派，排除异己。他不切实际，好大喜功，经常生出莫明其妙的念头，如忽然开会说要办一份报纸，结果往往没有下文。鲁迅平时很少理睬他，他对鲁迅自然也没好气，趁蔡元培不在部里，开出一个呈请大总统府任命的名单，竟把周树人的名字删除。幸好蔡元培回来得及时，把名单撤销，鲁迅才得留任。

孙中山的临时大总统只当了三个月，就让位给袁世凯。蔡元培到北京继续担任教育总长，许寿裳和鲁迅都随部到了北京。

家书

周家来了个日本媳妇，母亲鲁瑞有些不习惯。大儿子的婚姻并不和美，夫妻表面上不吵不闹，其实没有感情。鲁迅常常住在学校里。到外地工作后，他也并不热心把妻子接到任所。吸取这个教训，母亲对二儿子娶东洋女子为妻就不加干涉了。

周作人在家里过了一段闲散的时光。民国政府成立后，急需各方面人才。鲁迅到了中央政府的教育部。沈钧儒被任命为浙江教育司司长，原来杭州两级师范学堂的教员好多都跟随他做了职员。人手还是不够，沈钧儒又招了一批留日学生，多为在东京听章太炎讲课的弟子，如朱希祖、钱玄同等。经朱希祖介绍，周作人被任命为教育司科长，不久又被任命为浙江省视学。

但头几个月，他并没有去上班，因为妻子要分娩了。

鲁迅其时刚到北京，家里添丁，自然高兴。他的日记里有详细记录，字里行间透出喜悦："5月23日：……下午得二弟信，十四日发，云望日往申迎羽太兄弟。又得三弟信，云二弟妇于十六日下午七时二十分娩一男子，大小均极安好，可喜。其信十七日发。"

周作人信中说的"望日往申"，指因为羽太信子分娩在即，母亲考虑到自己与儿媳语言不通，怕照料不周，就把羽太信子的妹妹芳子从日本接来。芳子时年十五岁，由其哥哥羽太重久陪伴，经上海到了绍兴。

芳子来到中国，不承想就永远留下来了。她与建人产生了感情，两年后结婚。兄弟俩娶了姊妹俩，"亲上亲"。两姊妹在一起，也同时减轻了两个人的思乡之苦。

周建人和芳子结婚后，把结婚照寄给北京的大哥，鲁迅看了很高兴，特地在日记上记下来。

婚后一年，夫妇得了一个男孩，但不幸的是，孩子不到一岁就夭折了。年纪尚小的芳子精神大受刺激，脾气变得阴郁和乖戾起来。家人为她求医问药，总是不大见效。后来还把她送回日本娘家医治。

两个弟弟的孩子由鲁迅命名。周作人的大儿子名"丰丸"，大女儿名"静子"，二女儿叫"若子"，都是中国姓、日本名。后来也许觉得"丸"字过于日化，鲁迅主张改为"丰一"，作人欣然接受，还特意记在日记中。建人的儿子出生后，命名为"周冲"，就是夭折的那个。后来建人又得两个男孩，由周作人按自己儿子的名字顺序定为"丰二"和"丰三"。

鲁迅到北京后，与家中通信频繁，尤以寄周作人的信为最多。到北京一年后，他回绍兴探亲，兄弟们一起畅叙别情。在鲁迅探亲期满将要返回北京的时候，大侄子生病发热，鲁迅极为关心，惦念了一路，每到一处，都给作人寄信或明信片，询问孩子的病况。而二弟也理解大哥的心情，在鲁迅还没有到北京之前，就寄去了一封信，报告说孩子的病情已经减轻，请他放心。

兄弟二人的通信，鲁迅日记上都有编号，每年从头编起，来信用阿拉伯字，去信用汉字。从鲁迅 1912 年 5 月 5 日从南京到北京开始记日记，到周作人从绍兴出发到北京大学教书的 1917 年 3 月 27 日，不到五年时间，鲁迅寄给周作人的信四百四十五封，收到周作人的信四百四十三封。可惜，除鲁迅给周作人的十八封信外，其他来往信件都散失了。

鲁迅与三弟建人也有很多通信，遗憾的是一封也没有留下。

三兄弟小的时候，都有别号，还刻有印章，表现情趣和志向。鲁迅到北京后，请教育部同事、老朋友陈师曾给自己刻了"周树"两字章。他没有忘了家乡的两个弟弟，请陈师曾把"周作"和"周建"各刻一枚，连同为二弟刻的一枚仿砖文印一并寄回绍兴。作人收到后非常高兴，在日记中评论说："颇佳"。

寄杂志和书刊当然更是常事。鲁迅不断把新刊物寄给作人。周作人日记 1917 年 1 月 24 日记有："上午得北京十九日寄书一包，内《教育公报》二本，《青年杂志》十本。……晚阅《青年杂志》，多可读，子谷有《断簪记》，颇佳。"《青年杂志》是陈独秀在上海办的杂志，后改名《新青年》，迁到北京。当时，兄弟俩还想不到，这个杂志后来成为他们扬名现代文坛的重要阵地。子谷是革命和尚苏曼殊，文章做得很好，兄弟俩在日本留学时认识的。《教育公报》对周作人也有参考价值，因为他这时担任了绍兴的教育会长。

鲁迅在北京为周作人译作出版奔走联络。作人在日本时翻译了波兰显克微支的中篇小说《炭画》，经鲁迅修改誊清，投稿多处，均不成功，一直藏在箱底。此时，周作人找出来，先寄给小说月报社，被退回，说他的译法确系对译，不失真相，因为其中"西人面目俱在"，但毛病是行文生涩，"读之如对古书"，不通俗，比不上林纾译本的腴润轻圆。接着又寄给中华书局，照样碰了钉子。

周作人把《炭画》和另一种译作《黄蔷薇》寄给鲁迅。鲁迅多方推介，终于促成。签合同、设计封面、选纸印刷都是鲁迅安排的。封面为钱稻孙设计，四角各一把斧头，可指书中男主人公杀死妻子所用的凶器，中间是受风弯曲的杨柳，象征柔弱的受难农妇，封面题字出自陈师曾手笔。

书出版后，鲁迅把样本十册寄给周作人，附信中歉意地说，印刷纸张等不大让人满意。但尘封多年的译稿能面世，作人还是很高兴的。

周作人与大哥通信，互寄书刊，交流信息，虽在绍兴却并不蔽塞。他一面上课，一面翻译外国文学作品，做些研究工作，还帮助鲁迅收集金石小品和刻印书籍。

"卧治"

周作人在浙江教育司工作时间不长。

本来视学的职责是往下边跑，就是所谓视察，但周作人平时却没有业务，司里连他的办公室也没有，所以他只好每天坐在楼上看书。看倦了，就倒卧在床上休息一会儿。因为经常这样，钱玄同就给他加一个考语，说他是在"卧治"。

"卧治"之余，跑到楼下客厅里看报纸。不过那里光线欠佳，而且蚊子成群，不一会儿就被叮了好几下。可能正是因为蚊子叮咬，周作人染上了疟疾。本来这病吃金鸡纳霜疗效很好，但夏天到处是蚊子，一面吃药，一面又被叮，所以总是反复。不得已，他请假回家，结束了"卧治"。他领到薪水大洋九十元，买了一部《陶渊明集》作为纪念。

其时绍兴的中学和师范都已归省里直接管理，师范学校改为省立第五中学。学校负责人知道周作人英文好，聘请他去任课，月薪五十元，后来又涨到六十八元，这在当时算是一笔相当可观的收入了。

绍兴县教育会选周作人做了会长，建人也担任了委员。教育会里也有薪水，每月五十元，但要办的事并不多，日常事务是调查小学、展览成绩等。

1913年春天，绍兴成立一个学术研究团体叕社，社员大多是五中师生，作人和建人两兄弟应邀做了名誉会员。这一年秋天，周作人任主编的《绍兴县教育会月刊》（后改名为《绍兴教育杂志》）第一号出版。作人和建人经常在这个杂志及叕社的刊物上发表文字。建人发表了《物种论导言》《论生物外缘之影响》《植物之采集及检查法》及《博物小识》等文章。周作人除整理旧时译作，寄往书局或寄给鲁迅设法出版外，更翻译新作。如登在绍兴公报上的介绍英国古代长篇诗歌《贝奥武夫》的《英国最古之诗歌》、安徒生（周作人译作安兑尔然）的童话《皇帝之新衣》和《安兑尔然传》等。译出而没有发表的波兰显克微支的《酋长》、蔼夫达利阿谛斯的《老泰诺思》《秘密之爱》和《同命》，须华勃的《拟曲》等五篇，后来拿到北京，重编《域外小说集》时，一古脑儿收进去了。

周作人还写了一些介绍外国文学的文章，如《希腊之小说》（两篇），一篇介绍公元前3世纪朗戈斯（通译朗吉弩斯）的牧歌小说，一篇介绍公元2世纪叙利亚作家路吉阿诺斯的讽刺小说。后者虽然原题为《信史》，但内容全是神异不经的故事，意在讽刺历史家说诳话的风气。此外，周作人写了介绍公元前6世纪希腊女诗人萨福的生平事迹和作品的《希腊女诗人》，以及介绍牧歌诗人谛阿克利多斯的《希腊之牧歌》。周作人将这几篇讲希腊文学的文章，加上总名《异域文谈》，寄给《小说月报》，不料竟和鲁迅的《怀旧》受到的待遇一样，大受编辑的赏识，被赞为"不可无一，不能有二"，很快刊登出来，并由墨润堂书房转送来稿酬十七元，比鲁迅那篇小说的稿费高得多。

在那时候的中国，介绍古希腊文学的文字，实属凤毛麟角。

周作人在日本时期，曾接触过神话类的书籍，对英国安特路朗的人类学派的神话研究尤其感兴趣。他早就认识到，神话、童话、儿歌之类极有研究价值。回到绍兴后，他参考相关书籍，写了多篇文章，如《儿歌之研究》《童话略论》《童话之研究》，试着用学来的神话学理论解释中国古代的故事，如就《酉阳杂俎》中的作品，写了《古童话释义》。当时虽然已经有人在模仿日本文坛写作童话，但却不大有人注意儿童问题、儿童文学的研究，因此他的文章也很难找地方发表。

他曾把《童话略论》寄给中华书局，附信声明不是想卖钱，如果采用，寄给他一年的杂志（好比说《中华小说界》）就行。遗憾的是，这类文章便是不要钱白给，出版社也没有兴趣。编辑回信，先客气说"深为钦佩"，但接着申明"不甚合用"。周作人没有办法，又把它寄往北京，让鲁迅设法发表。恰好教育部编纂会办一种月刊，就在那上面刊登了。这篇理论文章，连同他后来写的有关儿童文学的文字，以《儿童文学小论》之名，1932 年由上海儿童书局出版。

可以说，周作人是中国儿童文学研究领域的先驱。

周作人还着手搜集绍兴儿歌，篇幅已经相当可观，但一直没有整理发表。30 年代在北京，他本想在语言和名物方面做一些疏证，加上一篇《绍兴儿歌述略序》，刊登在北京大学的《歌谣周刊》上，但因为种种原因，没有完成。1958 年，他又加以整理，并做简单注释，定名为《绍兴儿歌集》，却又因为当时正开展"新民歌运动"，不需要旧儿歌，也未能出版。

从周作人这些文学活动中，可以看到一个优秀的文学家和勤奋的学者是怎样慢慢积累材料，从扎实处用功，最后达到一个常人难以企及的高度的。

周作人亲自监督制版，印行了《会稽郡故书杂集》。其间与鲁迅频繁通信商量。这部书出版时，署了周作人的名字。鲁迅逝世后，周作人写文章说明情况，把署名权还给鲁迅，并称赞鲁迅"不为名利"，是做学问的最高境界。

俟堂

鲁迅住的绍兴会馆在宣武门外菜市口南半截胡同，原名山会邑馆，是供山阴、会稽两县来京赶考的举人和候补的官员居住的地方。

清末府制废除后，山阴、会稽合并成绍兴县，邑馆也改成绍兴县馆。

会馆里各色人等进进出出，颇不安静。鲁迅在这里住了近八年，其间搬动三次，一开始在藤花馆西屋，后来迁入院中南向小舍，最后住西院的补树书屋。补树书屋里据传曾吊死过一个女人，不大有人敢住，倒显得安静。

民国政府北迁不久，机关日常事少。职员们常常从早上枯坐到下午，百无聊赖。

教育部里略分两派：一派是以总长蔡元培为首的革新势力，一派是以次长为代表的守旧势力，斗争十分尖锐。北京是旧势力的巢穴，次长在斗争中总是占上风。

鲁迅的职务是社会教育司第二科科长，后被任为佥事，不久又被调整为第一科科长，主管图书馆、博物馆、文艺和美术教育等方面的工作。他拥护蔡总长美育主张，实施美术教育，协助举办夏期美术讲习会并亲自讲课。在两派的斗争中，美术教育也成了受害者。蔡元培辞职后，次长下令停办美术讲习会。次长更关心袁世凯总统重视的"以孔子之言为旨归"的道德教育。

鲁迅在日记中愤然写到"此种豚犬，可怜可怜"。

到北京不久，鲁迅接到作人来信，得知好友范爱农溺水身亡。他很怀疑这消息的真实性，因为他知道范爱农水性很好。鲁迅离开学校后，从范爱农来信中得知他在师范学校很受排斥。他请求鲁迅为他介绍工作，想尽快离开绍兴。他也许是走投无路自杀的。

鲁迅一连多天心情不好，他怀念这位性格真率的老朋友，痛恨地方教育官僚。他写了三首诗：

风雨飘摇日，余怀范爱农。华颠萎寥落，白眼看鸡虫。世味秋荼苦，人间直道穷。奈何三月别，竟尔失畸躬！

> 海草国门碧，多年老异乡。狐狸方去穴，桃偶已登场。故里
> 寒云恶，炎天凛夜长。独沉清泠水，能否涤愁肠？
>
> 把酒论当世，先生小酒人。大圜犹茗艼，微醉自沉沦。此别
> 成终古，从兹绝绪言。故人云散尽，我亦等轻尘！

他将诗寄给二弟并在信中说："我于爱农之死，为之不怡累日，至今未能释然。昨忽成诗三章，随手写之，而忽将鸡虫做入，真是奇绝妙绝，霹雳一声，群小之大狼狈。今录上，希大鉴定家鉴定，如不恶，乃可登诸民兴也。天下虽未必仰望已久，然我亦岂能已于言乎。""鸡虫"二字，的确用得很妙，既有取自杜诗的典故，又有现实所指——那个迫害范爱农的人叫"何几仲"。

周作人将诗拿到《民兴日报》上发表了，自己也写了一首诗《哀爱农先生》：

> 天下无独行，举世成萎靡。皓皓范夫子，生此寂寞时。傲骨
> 遭俗忌，屡见蝼蚁欺。坎壈终一世，毕生清水湄。会闻此人死，令
> 我心伤悲。峨峨使君辈，长生亦若为。

鲁迅诗中的"狐狸方去穴，桃偶已登场"，非常形象地描绘了当时北京的形势，特别是他所任职的教育部官场腐败的情景。由于无休止的派系斗争，教育部总长和次长频繁更迭。鲁迅指出，有人误以为"教育当局"会谈教育，是因为将这四个字的着力点看错了：以为他是来办"教育"的。其实不然，他们大抵是来做"当局"的。因为重在"当局"，所以，学校的会计员可以做教育总长；教育总长可以忽而化为内务总长；司法、海军总长可以兼任教育总长……

有一个姓汪的总长，说话阴阳怪气，平时手里总是捧一副水烟袋，咕噜咕噜吸个不停，鲁迅对他十分反感。还有一位总长，摆出一副勤勉的样子，鼓励部员多上"条陈"，谈规划，提意见。部

员们深受鼓舞，条陈上得很起劲；而且有时也能看到总长在办公室"危坐看条陈"，故尔热切期盼结果。但所提问题，往往如石沉大海，杳无消息。后来鲁迅终于悟到其中的秘密，原来看条陈就是"做当局"，做个样子罢了，"做"字真是用得贴切极了。

由于政府决定"尊孔"，教育部每年要承办春秋两次祭孔活动，派部员担任陪祭官。祭祀时间为三天，第一天是"演礼"；第二天陪祭官要住在国子监孔庙的西屋，并且不准在床上睡觉，只能睡在桌子上；第三天正式祭祀，天不亮就起床，做好"丁祭"准备，戴上冕帽，穿上祭服，肃立主祭官两旁，依次跪拜。这样呆板的仪式要持续四个多小时。许多部员觉得仪式无聊、荒谬，因此漫不经心，敷衍了事。鲁迅1913年9月28日孔诞日日记记述道：

> 又云是孔子生日也。昨汪总长令部员往国子监，且须跪拜，众已哗然。晨七时往视之，则至者仅三四十人，或跪或立，或旁立而笑，钱念敏又从旁大声而骂，顷刻间便草率了事，真一笑话。

有些地方教育部门为了响应政府尊孔读经的号召，纷纷呈文，表示坚决追随，并且拟出一系列尊孔措施。鲁迅所在的科里就经常收到这样的文件。他巧妙地加以处置，或者按下不表，或者予以驳回。继蔡元培后任总长的范源濂，竭力提倡读经，鲁迅、许寿裳等六位浙江籍部员联名写信，提出异议。信一式两份，一份送给范源濂本人，一份放在办公桌上，故意让大家传看。范总长暗中报复，将许寿裳和杨莘耜分别调往江西和吉林。

袁世凯为了复辟帝制，加强对舆论的控制，派了大量特务暗中监视，不给人民言论和结社的自由。特务部门和军警执法处可以随便抓人，有些人不明不白地失踪了。官员更受到严密监视，不许有不满的言论和行动。当时北京的茶馆酒肆等公共场所，到处张贴着"莫谈国是"的标语，老百姓敢怒不敢言。

于是，大家找各种办法来消磨时光、躲避矛盾，而且要做给人看，留下不思进取、玩物丧志的印象。有钱有地位的人，可以花天酒地，嫖娼蓄妾，蔡锷即以此法，骗过了袁世凯的耳目，趁监视松弛逃出北京；还有的玩玩古董书画，也可使人放心；级别低、积蓄薄的小官吏，上面两样玩不起，只好喝茶聊天，下棋打牌，或者唱京戏当票友，打坐念经，拜佛学道……鲁迅则抄抄碑铭，读读佛经，贵重的金石品买不起，他就收集拓本。

抄碑很需要工夫。因为汉碑拓片体大字多，又多断缺，字迹漫漶，很难辨认。鲁迅的抄碑时间大约持续了四五年，一开始固然是上面所说的目的，渐渐成个人兴趣，甚至成了工作内容。因为他所在的社会教育司的一项工作就是搜集和整理古物。久而久之，抄碑就成了校勘和整理的学术活动了。

周作人在绍兴为鲁迅买过一些金石小品，他们的日记上不断记载着邮寄此类物品的情况。

周作人曾详细记述鲁迅抄碑的方法：

> 他抄了碑文，拿来和王昶（兰泉）的《金石萃编》对比，看出书上错误的很多，于是他立意要来精密的写成一个可信的定本。他的方法是先用尺量定了碑文的高广，共几行，每行几字，随后按字抄录下去，到了行末便画上一条横线，至于残缺的字，昔存今残，昔缺而今微存形影的，也都一一分别注明。从前吴山夫的《金石存》，魏稼孙的《绩语堂碑录》，大抵也用此法，鲁迅采用这些而更是精密，所以他所预定的自汉至唐的碑录如写成功，的确是一部标准的著作，就是现

存已写的一部分我想也还极有价值。

当时，鲁迅的心情是极其苦闷的，他称自己的这些活动是麻醉灵魂的方法，是忘掉现实，沉入古代。

解脱思想苦闷的另一法，是读佛经。有一个时期，鲁迅大量购读佛经，并且跟许寿裳商定，一个人买过的，另一个不要再买，这样可以互相借阅。他想从佛教教义中找到解脱人生苦闷的方法。结果当然是很难找到。他的日记虽然简略，但只言片语中也能看到他的生活状态，如1913年10月1日的日记：上午寄二弟信并九月分家用百元（十五）。午后往图书馆寻王佐昌还《易林》，借《嵇康集》一册，是明吴匏庵丛书堂写本。下午得二弟信，二十四日发。夜抄《石屏集》卷第三毕，计二十叶。写书时头眩手战，似神经又病矣，无日不处忧患中，可哀也。夜风。

忧患郁闷起到了使他思想更加深刻的作用。抄碑、读佛经等，看似消磨了很多时间，做了无用功，但实际上形成深厚的积淀，一旦爆发，就会释放出惊人的力量。

教育部颇多饱学之士，好多人都有堂号。有一天，老友陈师曾请鲁迅也起一个。鲁迅说，你叫"槐堂"，我就叫"俟堂"吧。这个"俟"可能原来是"柿子"的"柿"，北京民宅多有此种果树，鲁迅居住的绍兴会馆里自也不会缺乏。柿树与槐树相对，符合两人谈话的语境。但或许因为用柿树做斋号听起来不够雅致吧，就写成了"俟"，意思是"等着"。鲁迅在《新青年》上发表作品，有时署名"唐俟"，就是这个堂号的倒置，不过把"堂"换为同音的姓氏"唐"。唐俟，字面上有"空等"的意思。

尽管政治混乱，个人生活不安定，心情不好，但鲁迅在教育部的工作不是没有一点成效。他办事勤恳，很想有所作为，怎奈

鲁迅摹写的《三体石经尚书残字》

鲁迅手绘土偶图

鲁迅编写的《汉画像目录》《六朝墓志目录》《六朝造象目》手稿

环境不允许。他曾参与拼音字母方案的讨论；参加通俗教育研究会工作，担任小说股主任；他参加历史博物馆的筹建工作，到端门城楼上实地考察；另外京师图书馆（现为国家图书馆）的改建、迁徙、设立分馆等业务，他也出了不少力；其他事项如到天津考察新剧，到先农坛考察筹划公园建设等，他也黾勉从事。

袁世凯的帝制活动倒行逆施，违背民意，登基只八十三天，就在一片愤怒抗议声中忧惧而死。

黎元洪当了大总统后，请蔡元培到北京大学当校长。蔡元培决心对北大进行彻底的改造。他延揽各方人才，增加课程设置。新开课程如古希腊文学史和古英文课，颇感师资缺乏。鲁迅想到周作人对此有所涉猎，就和以前东京章太炎先生说文课上的同学许寿裳、朱希祖等商量，向蔡元培推荐了周作人。经朱希祖联系后，鲁迅直接写信给蔡元培。

蔡元培自然要了解一下周作人的学识水平，并根据北大的需求做出安排。最初他有请周作人教授语言学或美学的想法，鲁迅经与作人商量，致信蔡先生道："前被书，属告起孟，并携言语学美学书籍，便即转致。顷有书来，言此二学均非所能，略无心得，实不足以教人，若勉强敷说，反有辱殷殷之意。虑到后面陈，多稽时日，故急函谢，切望转达，以便别行物色诸语，今如说奉闻，希鉴察。"

蔡元培听说周作人通古英文，就起意请他到北大教授古希腊文和古英语文学。原来作人以前看了司各特的《劫后英雄略》后，大感兴趣，进而研究了英国古代史诗《贝奥武夫》。他虽然只具备初步知识，但在那时的中国，已是十分难得了。

1917年2月20日，作人接到大哥的信，要他到北京工作。

III

1912—

九 首善之区

北京宣武门外绍兴县馆

浙江绍兴中学旅京同学会合影，摄于1918年1月13日。第三排左起第二人为鲁迅，第四人为周作人

最高学府

1917 年 3 月 27 日，周作人启程北上。三弟送行。他们先到宁波，看望了在军舰上服役的叔父凤升，随后作人告别了叔父和三弟，乘船到上海。

在上海停留，他抽时间逛书店，购买了不少书籍。

4 月 1 日，作人一到北京，就雇了洋车径奔绍兴会馆。鲁迅这天的日记上记着，兄弟俩"翻书谈说至夜分方睡"，作人的日记记得更细致："至四时睡"，可见兴奋之情。第二天中午，兄弟俩到西单教育部近旁的益锠大菜馆吃了西餐，算是哥哥为弟弟接风。

补树书屋的房子共三间，中间是风门，对面靠墙是一顶画桌，外边一顶八仙桌，可当饭桌。原来鲁迅住在南偏一室，作人来后，鲁迅搬到北头住，把南房让出来。房屋的窗户都是花格糊纸，没有安装玻璃，到了夏季就糊一块绿布，做成卷窗。作人找了一方小玻璃，贴在窗格里面，这样可以望见从圆洞门进来的客人。

作人了解到很多新鲜事。他发现，在京的绍兴人不大喜欢用"绍兴"这个名称。为什么呢？一是不够古雅，这个名称南宋才有，而且是失了半壁河山的皇帝所赐，有什么光荣可言呢；第二，绍兴人口碑不好，民间有"麻雀豆腐绍兴人"的贬称。

作人发现，有人问鲁迅籍贯时，鲁迅总是答浙江后，不再往下说了。

兄弟俩很少参加会馆的活动。会馆内有"仰蕺堂"，供奉明代大儒、抗清英雄刘宗周的牌位。每逢春秋公祭，兄弟俩总是早早起来，10 点钟之前逃往琉璃厂，到几家熟识的碑帖店，同老板谈天，有中意的就买几件；再往东经过一尺大街，到杨梅竹斜街，在青云阁叫一两品茶点当午饭。等到午后公祭的人们散去，恢复平静，他们才回到会馆。

周作人以前见过同乡前辈蔡元培。

蔡元培是前清翰林，又是光复会首领，中华民国政府第一任教育总长。他旧学根底深厚，但为了钻研新学，中年毅然赴欧洲求学。周作人小时候在家翻阅过一本蔡元培的科考朱卷，虽然看不太懂，但留下很"奇特"的印象。他在南京上学的时候，蔡元培正在家乡筹划办学务公所，托人请他帮忙，周作人因为不想休学而婉拒了。1916 年蔡元培再回绍兴时，周作人正担任教育会长。蔡元培去新台门访他，没有遇见，第二天他去蔡府回访，不巧又没有见到。周作人不甘心，又去访问一次，日记上还是记着"不值"。其实，他听过蔡元培两次演说，早已领受过蔡先生的风仪。

作人一到北京，就去北大拜访蔡元培，不巧蔡元培不在学校；又赶往蔡先生住所，不幸车夫听错了地名，拉着他走了许多冤枉路，仍然没找到。回到会馆，却见到蔡元培的一封信，约第二天上午来访。

第二天见了面，周作人才知道，原来预定让他上的课，因为这时已是学期的中间，不能添加了。蔡元培提议他担任预科国文作文课，周作人听了很失望，并不是因为觉得教预科大材小用，而是感到国文是所有课程中最难教的。外国文学，学生们几乎一点也不懂，容易对付。有些学生国文水平相当高，弄不好要给老师难堪的。

周作人本来想辞谢，但看蔡元培态度很诚恳，就含糊地答应考虑考虑。心里却已打定主意：再玩几天，打道回府。

鲁迅致蔡元培信

鹤顷先生左右：前被书儓告趋益并携言语学
美学书籍便即转致，顷有书来言此二学均尚未
略尽心游实，以此敬人弇勉劳数说反有厚溅々之
意虑到公函陈多稚时日故怎已志谢切切转达以
便别行物色诸语今以说奉

闻希

鉴察专此敬请

道安

　　　　晚　周树人谨上

三月八日

几天后，周作人往北大拜访蔡元培，辞谢了教国文的差事，并告诉他自己不久就回绍兴。可是，这天他遇见来校不久的陈独秀和沈尹默。因为学校急需教员，两位就帮蔡校长挽留周作人。同时，蔡元培也答应另想办法。

第二天，周作人接到蔡校长的信，请他担任北大附设的国史编纂处编纂一职，月薪一百二十元。这薪水看起来不少，实际上还是微薄。因为当时北京的中交票跌价，一元钱只作五六角使用。

周作人接受了下来。

蔡元培一片苦心，把周作人留在北京，为即将到来的新文化运动储备了一员大将。

政府为节省经费，把国史馆交北大管理，改成编纂处。编纂处除聘请几位历史学家外，另设编纂员，管理外文资料。编纂员只有两个，一个是周作人，收集英文资料；一个是沈兼士，负责日文。他们每天工作四小时，午前和午后各两个小时，午饭就在学校吃。图书馆里外文资料并不多，所以他们的任务并不繁重。

虽然公事沉闷无聊，但周作人只要有书读，就不觉得难受。他可以随便翻阅屋里堆积的英文杂志，从中找到《陀思妥也夫斯奇之小说》和《俄国革命之哲学的基础》等文章，译成中文，发表在《新青年》杂志上。

从绍兴会馆到北大，周作人常走的路线有两条：其一是由菜市口往东，走骡马市到虎坊桥北折，进五道庙，经由观音寺街，出至前门，再经南池子、北池子，走到北头，便是景山东街北京大学；另一条与鲁迅上班同路，北进宣武门，由教育部街东折，经六部口西长安街，过南长街、北长街，经故宫神武门到沙滩。清宣统帝逊位后还保留着帝号，宫里的小朝廷每天上朝，红顶花翎的官员，坐着马车或徒步进宫，从神武门出入。驴子拉的盖着黄布的水车运载的是从玉泉山取来的"御用"水。

北方干燥多风，城内又多土路，日常灰尘弥漫。大街上的泼水夫给周作人留下很深的印象。他们穿着背画圆图的号衣，脚穿马靴，头戴红缨帽，两人一组，一个手握木勺，另一个侧着水桶，一勺一勺往地面上泼洒。

南方人少有习惯北京饮食的。就说喝茶，北京就不大讲究，连茶壶都不用，在一只上大下小的茶盅里放一些茶叶，泡上开水，常常连个盖子也没有。自己喝如此，招待客人也是如此。吃饭呢，会馆里没有家眷的人只能凑合。长班的儿子有时给他们烧饭，味道很差。有客人来时，只好到不远处的"广和居"叫些菜来。这些菜端进来，要不说明是广和居出品，人们会怀疑是从什么蹩脚的小饭馆里叫来的，因为盘碗不但粗糙，而且几乎都坏到不能再用。

水土不服，是南方人到京常有的经验。刚到北京一个多月，周作人就生了病，是麻疹。三十多岁出麻疹，是很危险的。最初发高烧，怀疑是猩红热。鲁迅很紧张，请了德国医生狄博尔来看。这位洋医诊费相当高，要十二元一次。鲁迅虽然学过德文，又习过医，但不敢大意，特地请了在德国留过学的同事齐寿山当翻译。

经诊断，不是猩红热，大家虚惊一场。

风波

1917 年 7 月，北京上演了张勋复辟的丑剧。张勋忠君爱清，进入民国后，心系前朝，不肯剪去辫子。他的部下即所谓"辫子兵"驻扎在津浦路上徐州一带。鲁迅1913年回绍兴探亲，路上就曾遭到辫子兵的骚扰。他在日记上写道："夜抵兖州，有垂辫之兵时来窥窗，又有四五人登车，或四顾，或无端促卧人起，有一人则提予网篮而衡之，旋去。"

那是一个星期天的早晨，两兄弟正预备往琉璃厂去，听差进来报告说：外面挂龙旗了。张勋的队伍开进北京城，溥仪皇帝复辟了。城内很多人在张罗出走，有的想往天津，有的想南下，局面混乱，人心惶惶。鲁迅到教育部，辞去公职，表示抗议。周作人急忙赶往北大，问蔡元培怎么办。蔡元培说，只要不复辟，他是不会离开北京的。蔡校长镇定自若的神情给周作人留下很深的印象。

蔡元培是老革命家，经历过多少次革命风暴和政治危机，有这种态度乃是自然。周作人还没有见过这么复杂的场面。在绍兴曾遇到辛亥革命、二次革命，但因为地处偏僻，加上他对政治事件不很关心，所以没有受到多大影响。如今，他处在政治斗争的旋涡中。

因为绍兴会馆在城外西南方，兄弟俩怕军队将这里作为战场，所以进城躲避。周作人的日记里记下了避难生活：

七日晴，上午有飞机掷弹于宫城。十一时同大哥移居东城船板胡同新华饭店。

九日阴，……夜店中人警备，云闻枪声。

十二日晴，晨四时半闻枪炮声，下午二时顷止，闻天坛诸处皆下，复辟之事凡十一日半而了矣。……晚同大哥至义兴局吃饭，以店中居奇也。

十三日晴，上午同大哥往访铭伯、季茀二君。饭后至馆一转，……三时后回店，途中见中华门匾复挂上，五色旗东城已有，城外未见。晚饮酒，夜甚热。

十四日晴，上午十时先返寓，大哥随亦来。令徐坤往取铺盖来，途中五色旗已遍矣。……

其中，12日去吃饭的义兴局，是鲁迅的同事齐寿山家开设的商号。当天鲁迅日记也有详细记载："十二日晴。晨四时半闻战声甚烈，午后二时许止。事平，但多谣言耳。觅食甚难。晚同王华祝、张仲苏及二弟往义兴局觅齐寿山，得一餐。"

周作人就复辟事件写了两首诗，其一："天坛未洒孤臣血，地窖难招帝子魂。一觉苍黄中夜梦，又闻蛙蛤吠前门。"其二："落花时节无多日，遥望南天有泪痕。槐茧未成秋叶老，闲翻土偶坐黄昏。"

张勋的部队驻扎在天坛，复辟失败后张勋只身逃到东交民巷。前门是商会所在地，可能当时兄弟俩和朋友们谈论时局，对这些商人很不满，故诗中有"蛙蛤吠"的蔑视语。"翻土偶"，不是看真的土偶，而是指刚通过日本丸善书店买来的英国劳弗尔所著《支那土偶考》一书。"南天"当是指家乡，是在感念自己远离家眷，在北国受颠沛流离之苦。至于"槐茧"，应该指会馆补树书屋旁边那棵槐树，每到夏天，槐蚕满地，穴土作茧。鲁迅在《呐喊·自序》里描绘过：

S会馆里有三间屋，相传是往昔曾在院子里的槐树上缢死过一个女人的，现在槐树已经高不可攀了，而这屋还没有人住；许多年，我便寓在这屋里钞古碑。客中少有人来，古碑中也遇不到什么问题和主义，而我的生命却居然暗暗的消去了，这也就是我惟一的愿望。夏夜，蚊子多了，便摇着蒲扇坐在槐树下，从密叶缝里看那一点一点的青天，晚出的槐蚕又每每冰冷的落在头颈上。

复辟事件使鲁迅更明确地看到了中国革命成功的艰难。君君臣臣的观念仍然深深地扎根在百姓的心中，不进行思想革命，中国就只能在老路上蹒跚。他后来根据这次事件写了小说《风波》，把背景安置在故乡，从农民对复辟事件的反应表现中国的政治状态。老百姓的麻木、土豪劣绅的跋扈被刻画得淋漓尽致。对于中国的普通农民而言，挂龙旗或挂五色旗，剪辫子或留辫子，都无所谓，上边让怎样就怎样，只要不杀头、有饭吃就好。

绍兴的风波，是茶杯里的风浪；而在北京，对周氏兄弟而言，却是切身的“历险记”了。

鲁迅后来总结这个时期的思想时说：

> 见过辛亥革命，见过二次革命，见过袁世凯称帝，张勋复辟，看来看去，就看得怀疑起来，于是失望，颓唐得很了。

《一件小事》开头那段话很能表现这个时期鲁迅内心的郁愤：

> 我从乡下跑到京城里，一转眼已经六年了。其间耳闻目睹的所谓国家大事，算起来也很不少；但在我心里，都不留什么痕迹，倘要我寻出这些事的影响来说，便只是增长了我的坏脾气，——老实说，便是教我一天比一天的看不起人。

1913 年 2 月 8 日他在日记上写道：“上午赴部，车夫误蹍地上所置橡皮水管，有似巡警者及常服者三数人突来乱击之，季世人性都如野狗，可叹！”

新学期周作人被聘为北京大学文科教授，兼国史编纂处纂辑员，月薪是教授初级二百四十元，以后逐级增加直到二百八十元为止。

周作人行走在北京的大街上，感受与鲁迅不同。他的诗《两个扫雪的人》描绘路上所见情形：

阴沉沉的天气，

香粉一般的白雪，下的漫天遍地。

天安门外，白茫茫的马路上，

全没有车马踪迹，

只有两个人在那里扫雪。

　　一面尽扫，一面尽下，

扫净了东边，又下满了西边，

扫开了高地，又填平了坳地。

精麻布的外套上已经积了一层雪，

他们两人还只是扫个不歇。

　　雪愈下愈大了，

上下左右都是滚滚的香粉一般白雪。

在这中间，好像白浪中浮着两个蚂蚁，

他们两还只是扫个不歇。

　　祝福你扫雪的人！

我从清早起，在雪地里行走，不得不谢谢你。

既表达了对他人的感激，又透露出自己的愉快心情。

教科书

　　周作人担任国立高校的教授，既要调用自己的知识储备，更要补充新知。

　　他开设的课程是欧洲文学史三节，希腊罗马文学三节。大学和中学的区别之一，是中学上课用国家统编教科书，大学则要求教授自己编讲义。

因为课程是初创，编讲义的任务就很繁重，一星期的讲义大约要写满稿纸二十张。这不是可以一挥而就的，需要看很多参考书。

由于时间紧迫，周作人只得请鲁迅帮忙。他白天写好草稿，交给鲁迅，鲁迅晚上修改润饰。因为作人第二天还要上课，稿子就常常由鲁迅抄写。为二弟改稿是鲁迅一直以来的习惯，誊抄则是这个非常时期外加的劳动。这样，一周的稿子得以顺利产出，拿去学校油印分发。一年后，集成《希腊文学要略》一卷，《罗马文学》一卷，《欧洲中古至十八世纪文学》一卷，合称《欧洲文学史》。

这册书是中国第一部初具规模的西方文学史，虽然还不够完整和系统——周作人自谦是用英文版的各国文学史杂凑起来的。应该说，这本讲义的底子是兄弟俩在日本时期打成的——那时购买的一些书，这时派上了用场。这本书有一个特色，是书中的人名地名都不加音译，而是用罗马字拼写，书名也照录原文，只在讲解时加以说明。书是竖排，这样一来就夹杂许多横排的洋文。后来商务印书馆要出版一套大学教科书，想收录这本文学史，但经审查，发现其中书名地名人名很不合规范，只好摈弃不用。周作人写文章为自己的书鸣不平，说外国人编古代文学史，古代作品名称都照录原文，以保存原貌。

不管怎么说，周作人的开创之功不能抹杀。

北京大学除了系科，还设了一个文科的研究所，分哲学、中文和英文三门，由教员拟定题目，分教员共同研究和学生研究两种。周作人参加了"改良文字问题"和"小说研究"两个小组。

前者成员有钱玄同、马裕藻等人，但一直没有什么活动；后者则有胡适和刘半农。三个人商定每月于第二和第四两周的周五开会，请三人中的一人演讲。胡适的讲题是《论短篇小说》，刘半农的讲题是《下等小说》，周作人讲了《日本近三十年小说之发达》。周作人这篇演讲大意是说，日本文学善于模仿西洋，在彻底模仿之后，就蜕化出自己的东西来了。他还讲到当时的中国文学，对文坛上一些不良现象提出批评。

关于翻译文学，他不赞成林纾那种译法，认为应该直译，竭力学习外国文学的描写手法乃至遣词造句。当时文坛上盛行旧派的小说，新文学作品简直一本也没有。周作人认为当务之急是大量翻译外国文学作品，来改造中国旧文学，因为中国旧文学是他所说的传奇主义和自然主义，是落后的、反动的文学，不是人性的文学，不适合中国的现实，必须彻底加以改造。

这一点与他们在东京时的复古的想法很不同。那时，因为要进行民族革命，要唤起民众对本民族的自信心，需要发扬民族固有的文化。而现在帝制已经被推翻，实现了共和，如果再提倡复古，就要回到专制时代。张勋复辟促使人们深刻反省，明白显示复古的道路走不通。一条光明的道路已经摆在中国人面前，那就是学习外国的先进文明。这次演讲的文稿至今留存，上面还有鲁迅修改的笔迹。

鲁迅有一个时期被任命为通俗教育研究会小说股主任。作人来北京不久，有一天，鲁迅拿回来中华书局出版的周瘦鹃译《欧美名家短篇小说丛刊》三卷，说通俗教育会准备发给这套书二等奖章。这三卷中有一卷专收英、美、法以外国家的作品，与他们在日本翻译小说时取向略同。

鲁迅称赞这部书是"空谷足音"。他与作人合拟了一条评语，表扬道："其中意、西、瑞典、荷兰、塞尔维亚，在中国皆属创见，所选亦多佳作。又每一篇署著者名氏，并附小像略传，用心颇为恳挚，不仅志在娱悦俗人之耳目，足为近来译事之光。"还说："当此淫佚文字充塞坊肆时，得此一书，俾读者知所谓哀情惨情之外，尚有更纯洁之作，则固亦昏夜之微光，鸡群之鸣鹤矣。"

卯字号

周作人没有博士学位，学问也不专一门，在最高学府当教授，本来是勉强的，但因为讲义编得好，又不断发表文章，在北大终于站住脚了。这很不容易。刘半农因为学历不硬且没有留洋经历，就被人瞧不起，后来千里迢迢跑到巴黎，挣回一个法国国家博士的头衔回来，才取得了心理平衡。

校长蔡元培秉持的办学方针是思想自由、兼容并包。他用"古今中外"的方针改革北大文科，既聘请章太炎的弟子黄侃、曾拥护洪宪帝制的刘师培、忠于清廷的辜鸿铭，也网罗包括周氏兄弟在内的《新青年》同仁。学校既研读经书，也教授戏曲小说。教员学问无论新旧，政治主张不论如何，只要有真才实学并受学生欢迎，都可以礼聘。这在有些人看来是过于大胆了。其实，蔡元培是端谨之人。他在学校发起成立进德会，主张不嫖、不赌、不娶妾，更高的要求是不做官吏、不吸烟、不喝酒，最高的要求是不做议员、不吃肉。他主张男女平等，一生不蓄财，无艳闻，堪称道德模范。

陈独秀致鲁迅、
周作人信

豫才
启明
二先生：

两先生的文章今天都登出了。风波在这号登上

即出，启明先生译的丹麦剧本，打算印在二号报上；一号

因为侧重小说，二号因为前有一点，忘记另外要启明

先生的文章。

倘两位先生高兴要再做一篇小说

或杂感上登表，不用说，实是欢极了。剑生近来信

来，他自以为今年要莫了，莫是他们不来谈两的

态度，我今年替他们批折，想来先很莫莫。

独秀
一月十三日

陈独秀思想激进，性格豪放。他原在上海办《新青年》杂志，本不愿来北大。蔡元培求贤若渴，三顾茅庐，延揽他为北大文科学长，并答应他把杂志带到北京来办。这个决定一经公开，就引起了轰动，有人责难北大办学太过自由和开放。陈独秀私生活不甚检点，喜欢涉足花街柳巷。有一次京城的报纸上出现了陈老二抓伤妓女的消息，使蔡元培等北大同仁很伤脑筋。

陈独秀与周氏兄弟的交往较多在文字上，他时常写信催他们写文章，特别邀请鲁迅写小说，《呐喊》和《域外小说集》都是在他的关心和帮助下出版的。

北大文科教员的办公室有"卯字号"之称，因为在那一排平房里，有五位教员属兔——两个老兔子和三个小兔子。老兔子是文科学长陈独秀和讲中国文学史的朱希祖，己卯年生，近四十岁；小兔子是胡适、刘半农和刘文典，生于辛卯年，不到三十岁。

朱希祖是周氏兄弟在东京听章太炎讲《说文解字》时的同学。他浙江口音很重，大多数学生听不懂。例如，他将孔子的"现世思想"说成"厌世思想"，意思全拧，一堂课下来，学生们竟不明白他在讲什么。他留着一部大胡子，因此得绰号"朱胡子"。一般人叫他"朱胡子"，他会不高兴，但老同学们从古文字学的角度称他为"而翁"——"而"，《说文解字》训作"颊毛"——他就乐得答应。他还有一个绰号"吾要"，与他收藏旧书的爱好有关。他精通版本学，听见人说哪里有珍本旧抄，便揎袖攘臂，连说"吾要，吾要"，旧书业的行家们都让他三分。

胡适比周作人晚来北京大学。在美国留学时，他就在《新青年》上发表了《文学改良刍议》，名气很大。他后来与周氏兄弟一直保持着较好的关系，虽然有时也有争论，但基本上是互相理解、互相尊重的。

刘文典性滑稽，善谈笑，好吸纸烟，就是说话的时候，也有一支烟粘在唇边。因为是安徽合肥人，所以经常提起同乡段祺瑞，称为"我们的老中堂"，但接着就是骂人的话，往往牵连到段的父母。后来他担任安徽大学校长，因为说话得罪了蒋介石，被囚禁了好几天。他是刘师培的弟子，著有《淮南子集解》传世。

刘半农是一个有趣人物。他经常和周氏兄弟开一些雅致的玩笑，玩玩游戏文字。有一次，周作人向刘半农商借俄国小说集和瑞典剧本，刘半农把回信写成一篇戏文，封面题签"昭代名伶院本残卷"："［生］咳，方六爷（周作人）呀，方六爷呀，［唱西皮慢板］你所要，借的书，我今奉上。这其间，一本是俄国文章。那一本，瑞典国，小曲摊黄。只恨我，有了它，一年以上，都未曾，打开来，看个端详。［白］如今你提到了它，［唱］不由得，小半农，眼泪汪汪。［白］咳，半农呀，半农呀你真不用功也。［唱］但愿你，将它去，莫辜负它。拜一拜，手儿呵，你就借去了罢。"

图书馆主任李大钊是一位可亲近的人物。鲁迅对他的印象是诚实、谦和、儒雅、朴直。周作人同他很谈得来：

> 那时我们在红楼上课，下课后有暇即去访他，为什么呢？《新青年》同人相当不少，除二三人时常见面之外，别的都不容易找。校长蔡孑民很忙，文科学长陈独秀也有他的公事，不好去麻烦他们，而且校长学长室都在第二院，要隔一条街，也不便特别跑去。在第一院即红楼的，只有图书主任，而且他又勤快，在办公时间必定在那里，所以找他最是适宜，还有一层，他顶没有架子，觉得很可亲近，所谈的也只是些平常的闲话。

北大同事中也有一些守旧的人物，头上留辫子、忠于清廷的辜鸿铭很引人瞩目。章门弟子黄侃也颇为奇特。黄侃不赞成白话文，攻击胡适不遗余力。有一天，他见到胡适，讽刺说，你的名字就是古文，如果译成白话，就只能叫"往哪里去？"胡适有一首白话诗《蝴蝶》，内有"两个黄蝴蝶，双双飞上天"的句子，黄侃顶看不上，轻蔑地给胡适一个绰号"黄蝴蝶"。黄侃常常在课堂上骂新文化运动，申说复古主张，讲些"八部书外皆狗屁"之类的怪话。

蔡元培"兼容并包"的办学方针，为现代中国思想的发展提供了一个优良环境。各派思想在学校里可以自由发挥。20世纪初的中国，正值东西文化交汇，古今文化蜕变，没有碰撞，没有争论，没有广收博采，就不可能产生巨人，就不可能有文化的进步。

周氏兄弟青少年时代得益于"杂览"，后来又浸润西方文化。这时遇到较为自由的环境，其在文化上颇有建树，绝非偶然。

十　文坛双星

绍兴县馆内的补树书屋

周作人

鲁迅

会馆来客

　　鲁迅进入文坛前夕，到绍兴会馆拜访周氏兄弟次数较多的是钱玄同。鲁迅日记1918年2月9日、15日、23日、28日，3月2日、18日、28日，4月5日、21日、26日均记有"钱玄同来"，大多是晚上，且多为一个人来，偶尔同刘半农一起来访。周作人日记记得更具体，如1918年2月9日下午"玄同来谈，十二时去"，以后多次记录，一般都是深夜离开。

　　周作人在《鲁迅的故家》中回忆："有一位疑古先生，即是《呐喊》序中的金心异，常来谈天，总在傍晚主人下班时走来，靠在唯一的藤躺椅上，古今中外的谈起来，照例去从有名的广和居叫蹩脚的菜来，炸丸子，木犀肉，酸辣汤之类，用猫饭碗似的器具盛了来，吃过了直谈至十一点钟，回到后孙公园的师大教员宿舍去。"

　　他们谈论的题目，即便今天看来，也令人震惊。中国已经病入膏肓，怎么治疗呢？他们倾向于用猛药："铲除东方文明""用夷变夏"——也就是后来说的"全盘西化"。其实行步骤，先"烧毁中国书"和"废除汉字"。鲁迅后来也偏激到主张"不读或少读中国书"，对于繁难的汉字，加以简化，甚至完全抛弃，而改用一种外国文字如德文或法文，也可以考虑用日本的保留一部分汉字但多搀入外国文字、借鉴外国文法的办法。

　　他们还曾讨论用基督教代替孔教。1919年1月7日钱玄同日记写道："和半农同访周氏兄弟。豫才说：如其大东海国大皇帝竟下了吃孔教的上谕，我们唯有逃入耶稣教之一法。豫才说用耶教来抵御中国旧教。我本来是不赞成的，但彼等如竟要叫大家吃孔教、来研究那狗屁三纲五常，则我们为自卫计惟有此法而已。"这至少说明他们对当时盛行的尊孔复古的抵触情绪。

钱玄同后来在《新青年》上发表了《中国今后之文字问题》一文，说"欲使中国不亡，欲使中国民族为二十世纪文明之民族，必以废孔学、灭道教为根本之解决，而废除记载孔门学说及道教妖言之汉文，尤为根本解决之根本解决"，可能与会馆讨论有关。他申明，这不单是自己的主张，也有代朋友立言的成分。他们的主张看似偏颇激烈，但实际上是一种斗争策略。好比对病得十分沉重的人，不用猛药便不能挽回他的生命，如古人所言"药弗玄瞑，厥疾弗瘳"。但他们的内心是清醒的。1923年，钱玄同致函周作人说："我以为纵然发现了外国人的铁床上有了臭虫而不扑灭，但我们绝不应该效尤，说我们木床上发见的臭虫也应该培养，甚至说应将铁床上的臭虫捉来放在木床上也。"1925年，他又在致周作人信中说："我常说'欧化'似乎颇有'媚外'之嫌，其实我但指'少数合理之欧'而言之耳。'多数之欧'，不合理者甚多，此实无'化'之必要。"

这些激烈的言论倒也说明，《新青年》同仁来谈天，把处于绝望状态的鲁迅刺激并带动起来了。

另一个常来谈天的是刘半农。1918年旧历除夕，刘半农同周氏兄弟一起守岁，随后写了一首诗《除夕》，刊登在《新青年》4卷3号上，前两节是：

（一）

除夕是寻常事，做诗为甚么？

不当他除夕，当做平常日子过。

这天我在绍兴县馆里；馆里大树甚多。

风来树动，声如大海生波；

静听风声，把长夜消磨。

（二）

主人周氏兄弟，与我谈天：——

欲招缪撒，欲造"蒲鞭"，

说今年已尽，这等事，待来年。

后面附有注释："（1）缪撒，拉丁文作'musa'希腊九艺女神之一，掌文艺美术也。（2）"蒲鞭"一栏，日本杂志中有之：盖与'介绍新刊'对待，用消极法笃促编译界之进步者。余与周氏兄弟（豫才，启明）均有在《新青年》增设此栏之意；唯一时恐有窒碍，未易实行耳。"所谓的"窒碍"，就是怕伤"面子"。一般所谓批评只能是笼统的或者"善意"的，一率直，就会得罪人。

刘半农在《新青年》4卷5号上登出《补白》说："周氏兄弟，都是我的畏友。一天，我做了首斗方派的歪诗，寄去请他哥儿俩指教。"

周作人在《新青年》第4卷第2号上发表了他的第一篇白话文章，比鲁迅发表白话小说《狂人日记》早三个月。这是为他自己翻译的古希腊田园诗人谛阿克列多思的牧歌《古诗今译》写的题记：

一，谛阿克列多思（Theokritos）牧歌是希腊二千年前的古诗，今却用口语来译它，因为我觉得它好，又相信中国只有口语可以译它。

什法师说，译书如嚼饭哺人，原是不错。真要译得好，只有不译。若译它时，总有两件缺点，但我说，这却正是翻译的要素。一，不及原本，因为已经译成中国语。如果还同原文一样好，除非请谛阿克列多思学了中国文自己来做。二，不像汉文——有声调好读的文章——，因为原是外国著作。如果用汉文一般样式，那就是我随意乱改的胡涂文，算不了真翻译。

二，口语作诗不能用五七言，也不必定要押韵，只要照呼吸的长短作句便好。现在所译的歌就用此法，且试试看，这就是我所谓新体诗。

三，外国字有两不译，一人名地名，（原来著者姓名系用罗马字拼，今改用译音了。）二特别名词，以及没有确当译语，或容易误会的，都用原语，但以罗马字作标准。

四，以上都是此刻的见解，倘若日后想出更好的方法，或者有人别有高见的时候，便自然从更好的走。

据周作人回忆，这篇译诗和题记，都经过鲁迅的修改。题记第二节"如果还同原文一样好"以下，是鲁迅加添的。周作人认为这样说口气太硬，缺少委婉的风致，但最终还是按照鲁迅的意见发表了。鲁迅强调"直译"，即尽力保持原作的行文条理和韵致，宁可"中不像中，西不像西"，也不将原作改成中国腔调。鲁迅其时已经产生了对中国语言进行改造的想法——引入外国的词句和语法提高汉语的表达能力。

周氏兄弟的翻译主张，作为对以往翻译理论和实践的反拨，获得很多赞誉。钱玄同在《新青年》第六卷第六号上发表了《关于新文学的三件要事》，说："周启明君（应该包括鲁迅，因为他们的合译本只署了周作人的名字——引者注）翻译外国小说，照原文直

鲁迅的第一篇白话小说《狂人日记》发表在《新青年》第四卷第五号上

译，不敢稍以己意变更。他自己不愿用那'达旨'的办法，借外国人学中国人说话的调子；尤不屑像那'清室举人'（指林纾——引者注）的办法，叫外国人都变成蒲松龄的不通徒弟，我以为他在中国近年的翻译界中，是开新纪元的。"胡适在《五十年来中国之文学》中指出，在文学革命之初的1918年，有两件大事，一是白话诗的试验，一是欧洲新文学的介绍。后者以周氏兄弟成绩最好，因为他们用的方法是"直译"，尽量保持原文的文法和口气，成为国语欧化的一个起点。

字缝

鲁迅一开始对参加新文化运动并不热心，但他一直与后来成为新文化干将的几位同学、同乡保持亲密的关系。1917年8月7日他的日记中有"寄蔡先生信并所拟大学徽章"，指的是应蔡元培邀请，为北京大学设计校徽。校徽由篆文"北大"二字组成三个人形，"大"字可作为老师的象征，弯着两腿，吃力然而坚定地支撑着肩膀上的两个学生。这个图案，作为北大校徽的基本元素，一直沿用至今。

鲁迅最终下定决心走出沉闷的状态，与钱玄同力劝他为《新青年》写文章有关。《新青年》杂志编辑部发起了关于文学革命的讨论，却还没有引起人们的注意——不但赞成的少，就是反对的也不多。鲁迅加入，有为朋友们助威呐喊的意思。但在与钱玄同的谈话中，鲁迅用一个比喻说出自己对文学革命运动能否成功的疑虑：中国像一个没有窗户而又万难破毁的铁屋子，里面有很多熟睡的人，不久就要闷死了。如果里边有几个人，较为清醒，大声嚷起来，一些人就会苏醒，多忍受临终的苦楚。既然如此，不如让他们继续昏睡，渐入死灭。

钱玄同反驳说："然而几个人既然起来，你不能说决没有毁坏这铁屋子的希望。"

鲁迅觉得钱玄同的话也有道理——希望不能彻底抹杀，因为希望是在于将来的，谁也不能断定这"铁屋子"不能毁坏。

他终于答应给《新青年》写文章了。

钱玄同在《我对周豫才（即鲁迅）君之追忆与略评》中回忆：

> 我认为周氏兄弟的思想，是国内数一数二的，所以竭力怂恿他们给《新青年》写文章。七年一月起，就有启明的文章，那是《新青年》第四卷第一号，接着第二、三、四诸号都有启明的文章。但豫才则尚无文章送来，我常常到绍兴会馆去催促，于是他的《狂人日记》小说居然做成而登在第四卷第五号里了。自此以后，豫才便常有文章送来，有论文、随感录、诗、译稿等，直到《新青年》第九卷止（十年下半年）。

当时，《新青年》主要发表评论文字，很少发表小说之类。鲁迅的白话小说《狂人日记》让读者耳目一新。

《狂人日记》细致地描写了一个"迫害狂"症患者的心理状态。借狂人之口，表达对中国历史和社会的看法。狂人的"疯话"，虽无系统，但直指要害，仔细琢磨，大有深意。

小说中出现较多、给读者震撼最大的一个意象是"人吃人"。狂人半夜翻书，生出幻觉：

> 我翻开历史一查，这历史没有年代，歪歪斜斜的每叶上都写着"仁义道德"几个字。我横竖睡不着，仔细看了半夜，

214

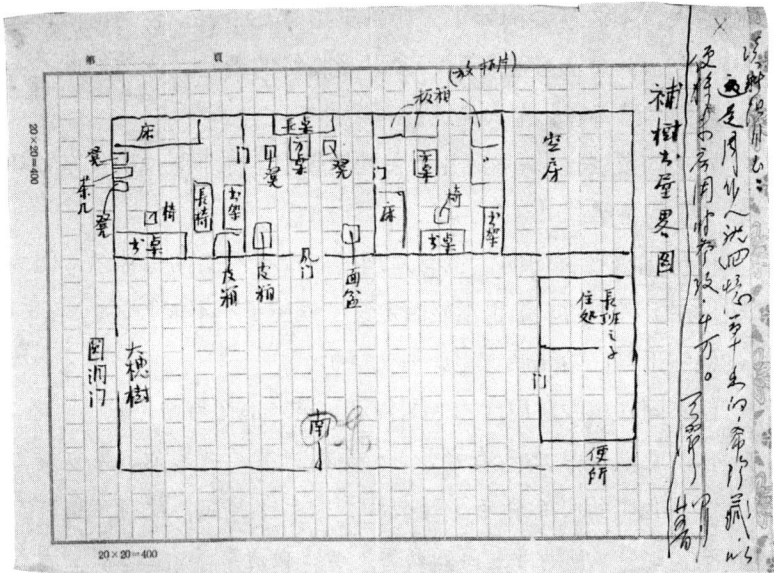

周作人手绘绍兴县馆补树书屋周边略图

　　才从字缝里看出字来，满本都写着两个字是"吃人"！

　　中国历史上，人们为吃人行为找到很多冠冕堂皇的借口，什么"易子而食""食肉寝皮""割股疗亲"等等，不但不自觉其野蛮，反而作为礼教文明和家族制度的优秀成果来夸耀。鲁迅初现文坛，就发出这样激越的声音，振聋发聩。在小说的结尾，狂人倒显出一点"理性"来，呼唤没有人吃人现象发生的新型社会。

　　希望在于下一代。因此，狂人发出了"救救孩子"的呐喊。

　　小说署名"鲁迅"。在江西工作的许寿裳看了，觉得"鲁迅"的文风很像老友周树人，其中不少内容，也是他们从前经常一起讨论的话题。他写信询问，得到确认：

　　　　《狂人日记》实为拙作，又有白话诗署"唐俟"者，亦仆所为。前曾言中国根柢全在道教，此说近颇广行。以此读史，有多种问题可以迎刃而解。后以偶阅《通鉴》，乃悟中国人尚是食人民族，因成此篇。此种发见，关系亦甚大，而知者尚寥寥也。

　　关于吃人这个意象，鲁迅早有思考。一篇作品的产生，可能由一个偶然的契机引发，但必有丰厚的生活体验为基础。熟悉鲁迅生活经历和思想脉络的周作人，在解读鲁迅小说时，能提供很有价值的背景资料。

　　周氏兄弟青年时代多读野史笔记，其中有大量杀人和酷刑的记载。吃人肉就是其中之一，而且有些"人吃人"事件假借忠君爱国的名义进行。如宋末山东"义民"制作所谓"人腊"去南方追随皇帝。

　　鲁迅虽然没有亲见吃人，但耳闻颇不少。民间有吃蘸血馒头治痨病的习俗，后来被他写进小说《药》中，作为情节发展的主线。反清革命志士徐锡麟的心肝被清兵炒吃系东京留学时得知。许寿裳猜出作者鲁迅是周树人，可能也与这个情节有关。

在日本时，鲁迅常接触俄国文学作品，其中果戈理的同名小说《狂人日记》对鲁迅很有启发。鲁迅在日本积累的一册剪报里，就有日译本《狂人日记》。果戈理笔下的狂人是一个小职员，地位低微，但却想得到上司女儿的爱情，生出无穷苦痛，终于发狂。

鲁迅学过医，对人的各类疾病本有一定认识，在实际生活中也接触过"迫害狂"患者。他的姨表兄弟阮久荪，曾在山西省繁峙县当幕友，有一年突然发病，说同事要谋害他，逃到北京来避难。鲁迅留他在会馆里住下，并带他去看医生。不料他在车上看见街上背枪站岗的巡警，吓得面无人色，眼里充满了恐怖。后经治疗，病情好转，鲁迅托人将他送回绍兴老家。《狂人日记》开头说主人公在衙门里做事，也是有现实根据的。

关于这篇作品所用的笔名，鲁迅解释道，《新青年》杂志规定，同仁不允许用别号之类的名字发表文章，一定要署真名或类似真名。他在日本时曾用过"迅行"的笔名，于是就用"鲁"为姓，"迅"为名了。用意有三：一、母亲姓鲁；二、周鲁是同姓之国；三、取愚鲁而迅速之意。

从此鲁迅走上创作道路。除小说和杂文外，他也写新诗，例如《梦》《爱之神》《桃花》《他们的花园》等。他后来说："我其实是不喜欢做新诗的——但也不喜欢做古诗——只因为那时诗坛寂寞，所以打打边鼓，凑些热闹；待到称为诗人的一出现，就洗手不作了。"当时虽然正进行"诗界革命"，但旧体诗的统治地位还很稳固，新诗处在尝试阶段，幼稚在所难免。

在新诗方面，周作人成就要高一些。他的长诗《小河》的手稿上有鲁迅修改的笔迹，周作人一直珍藏。诗的大意是，小河土堰坍塌引发堰外田里稻子的担忧：

我是一株稻，是一株可怜的小草，
我喜欢水来润泽我，
怯怕他在我身上流过。
小河的水是我的好朋友，
他曾经稳稳的流过我的面前，
我对他点头，他向我微笑。
我愿他能够放出了石堰，
仍然稳稳的流着，
向我们微笑，
曲曲折折的尽量向前流着，
经过的两面地方，都变成一片锦绣。
他本是我的好朋友，
只怕他如今不认识我了，
他在地底里呻吟，
听去虽然微细，却又如何可怕!
这不像我朋友平日的声音，
——被微风挽着走上沙滩来时快活的声音。
我只怕他这回出来的时候，
不认识从前的朋友了，——
便在我身上大踏步过去。
我所以正在这里忧虑。

周作人后来解释这首诗的用意道："鄙人是中国东南水乡的人民，对于水很有情分，可是也十分知道水的利害，《小河》的题材即由此而出。古人云，民犹水也，水能载舟，亦能覆舟。法国路易十四云，朕等之后有洪水来。其一戒惧如周公，其一放肆如隋炀，但二者的话其归趋则一，是一样的可怕。"

周作人的诗语言流畅，节奏分明，有一种内在的韵律，在淡淡的语句内，含着丰富的感情和思绪。尽管他本人谦虚地说，他的诗像是散文，或者说像法国波德莱尔的散文诗，只不过用分行形式写下来罢了。朱自清在《中国新文学大系》诗歌集的前言中称扬说，周氏兄弟真正打破了旧诗词的镣铐，是早期白话诗中"欧化"一路的杰出代表。

胡适称《小河》为"新诗的第一首杰作"。

北大学生社团新潮社在他们的杂志上转载了周作人的《背枪的人》和《京奉车中》，并在"附记"中说应该向周作人学习"制造艺术与主义一贯的诗"。

新与旧

以《新青年》同仁和北京大学文科教授为骨干的新文化运动，逐渐在社会上引起注意。陈独秀痛骂封建纲常伦理，胡适否定旧文学，钱玄同更造出"选学妖孽，桐城谬种"的咒语，一时震动视听。

师法桐城派，讲究古文义法的林纾对《新青年》的主张很不满。当时皖系军阀里有一个叫徐树铮的将领也追慕桐城派，写得几篇古文，编纂过一种古文集。这位将军创办成达中学，把林纾招揽其中。

　　林纾很想借助军政界的力量，给新文化提倡者以有力打击。他在上海《新申报》上发表了短篇小说形式的《蠡叟丛谈》，一篇叫《荆生》，一篇叫《妖梦》，表达了这种意图。

　　《荆生》写田必美、狄莫和金心异——即陈独秀、胡适和钱玄同——三人高谈阔论，诋毁前贤，一旁的荆生闻听，怒火中烧，起身将他们痛打一顿。荆生显然是指的徐树铮，林纾幻想这位文武双全的将军支持他的主张，将敌手清除。林纾笔下的荆生孔武有力，金心异则胆子很小——林纾比喻为"畏死如猬"。《新青年》同仁将林纾的文字视为笑料，讥讽"畏死如猬"用词不当——畏死并非刺猬的特性。大约林纾写作的时候气愤填膺，顾不得斟酌词句了。

　　《妖梦》中也有一班非圣无法的人，后来都被一个大怪物吃掉了。其中之一名唤元绪公，影射的是蔡元培，因为《论语》注解说"蔡，大龟也"。

　　林纾等守旧派被新文化提倡者称为"清室遗老"。鲁迅发表文章《敬告遗老》，对"清国人林纾"说："自称清室举人的林纾，近来大发议论，要维持中华民国的名教纲常。这本可由他'自语'，于我无涉。但看他气闹哄哄，很是可怜，所以有一句话奉劝：'你老既不是敌国的人，何苦来多管闲事，多淘闲气。近来公理战胜，小国都主张民族自决，就是东邻的强国，也屡次宣言不干涉中国的内政。你老人家可以省事一点，安安静静的做个寓公，不要再干涉敌国的事情罢。'"

　　当时周作人已经动身去日本接家眷，鲁迅在给他的信中报告："大学无甚事，新旧冲突事，已见于路透电，大有化为'世界的'之意。闻电文系节述世与禽男函文，断语则云：可见大学有与时

俱进之意，与从前之专任アルトス吐デント为事者不同云云。似颇'阿世'也。"

"禽男"就是林纾，"世"指蔡元培。アルトス吐デント，是德语 Alt student 的日语音译，意为"老学生"或"老学究"。守旧派把集合在蔡元培身边的一班提倡新文化的人称为曲学阿世之徒。这些人私下里开玩笑，就称蔡元培为"世"，到校长室去办事就是"阿世"。

林纾呼吁蔡元培，将新文化干将们清除出大学。他指责北京大学某些教员攻击中国传统文化，动摇文化根基；提倡白话而主张废除文言，则使中国语言低俗，学术无根。他举例说："水浒红楼作者均博极群书之人，总之非读破万卷，不能为古文，亦并不能为白话。"蔡元培答道：

> 北京大学教员中善作白话文者，为胡适之，钱玄同，周启孟诸君。公何以证知为非博极群书，非能为古文，而仅以白话文藏拙者？胡君家世从学，其旧作古文，虽不多见，然即其所作《中国哲学史大纲》言之，其了解古书之眼光，不让于清代乾嘉学者。钱君所作之文字学讲义、学术文通论，皆古雅之古文。周君所译之域外小说，则文笔之古奥，非浅学者所能解。然则公何宽于《水浒》《红楼》之作者，而苛于同时之胡钱周诸君耶？

信中提及翻译《域外小说集》，自然也就包括了鲁迅。至于林纾攻击一些教员个人行为不检点，蔡元培虽然觉得尴尬，但表现了宽容。

周氏兄弟和陈、胡、钱一样，抨击旧物不遗余力。三纲五常、中医旧戏等，都不放过。钱玄同主张把中国的戏馆全部封闭，这正合周氏兄弟的意思。周作人发表《论中国旧戏剧之应

人的文學

周作人

我們現在應該提倡的新文學，簡單的說一句，是「人的文學」。應該排斥的，便是反對的非人的文學。

新舊這名稱本來狠不妥當，其實「太陽底下，何嘗有新的東西？」思想道理，祇有是非，並無新舊要說是新也罷是新發見的新不是新發明的新新大陸是在十五世紀中，被哥侖布發見但這地面是古來早已存在電是在十八世紀中，被弗闌克林發見但這物事也是古來早已存在。無非以前的人不知道遇見哥侖布與弗闌克林把他看出罷了。真理的發見也是如此真理永遠存在並無時間的限制祇因我們自己愚昧聞道太遲離發見的時候尚近所以稱他新其實他原是極古的東西正如新大陸同電一般早在這宇宙之內倘若將他當作新鮮果子時式衣裳一樣看待那便大錯了。譬如現在說「人的文學」這一句話，豈不也像時髦卻不知世上生了人，便同時生了人道。無奈世人無知偏不肯睜開眼睛纔曉得世上有這樣好陽光其實太陽照臨早已如此，已有了無量數年了。

歐洲關於這「人」的真理的發見，第一次是在十五世紀，於是出了宗教改革與文藝復興兩個結果。第二次成了法國大革命，第三次大約便是歐戰以後將來的未知事件了。女人與小兒的發見卻遲至

人的文學

周作人《人的文学》发表在《新青年》第五卷第六号上

废》的文章，说中国旧戏有害于世道人心，是野蛮民族才有的东西。鲁迅对中国旧小说有系统的研究，论断十分精到。如指出"黑幕小说"不是小说，在新文学上"一文不值"，只可作为中国国民性社会情状变态心理的研究资料。鲁迅在教育部的工作与演剧有关，曾专程到天津考察新剧。他关心戏剧改良，主张剧场改造。在小说《社戏》里，不但对都市里的演剧活动表达了不满，就是对儿童时期观看的民间戏曲也没有多少好感。

在复古的道路上走过一段弯路的周氏兄弟，认定必须提倡新文学，提倡白话文。

周作人在文艺批评方面有突出的成就。《人的文学》一文，奠定了他在中国现代文学批评史上的地位。他写道，新文学必须是"人的文学"：

> （人的文学和非人的文学——引者注）这区别就只在著作的态度不同：一个严肃；一个游戏。一个希望人的生活，所以对于非人的生活，怀着悲哀或愤怒；一个安于非人的生活，所以对于非人的生活，感着满足，又多带着玩弄与挑拨的形迹。简明说一句，人的文学与非人的文学的区别，便在著作的态度，是以人的生活为是呢，非人的生活为是呢这一点上。材料方法，别无关系。即如提倡女人殉葬——即殉节——的文章，表面上岂不说是"维持风教"；但强迫人自杀，正是非人的道德，所以也是非人的文学。中国文学中，人的文学本来极少，从儒教道教出来的文章，几乎都不合格。

周作人这篇文章不但是文学革命而且是思想革命的宣言，在当时文坛上引起极大反响，陈独秀等同仁大加称赏，一班文学青年也为之鼓舞欢呼。北京大学学生傅斯年撰文说："近来看见《新青年》五卷六号里一篇文章，叫做《人的文学》，我真佩服到极点了。我所谓白话文学内心，就以他说的人道主义为本。"

这之后，周作人陆续发表了《思想革命》《平民的文学》《新文学的要求》《论黑幕》等论文。他认为，文学革命，语言改革是第一步，思想改革是第二步，第二步比第一步更重要。如果只变语言不变思想，好比将"三纲"说成"三条索子"一样毫无意义。

有一个时期因为《新青年》内部意见分歧，陈独秀感到孤立无援，写信向周氏兄弟约稿，如给周作人的信中说："我现在盼望你的文章甚急，务必请你早点动手。"

周氏兄弟在《新青年》上陆续发表了多篇随感录，进行文明批评和社会批评，观点鲜明，言辞犀利。陈独秀不但催促他们写小说散文，还特别欢迎他们的杂感："随感录本是一个很有生气的东西，现在为我一人独占了，不好不好，我希望你和豫才、玄同二位有工夫都写点来。"

鲁迅的"随感"，说理透彻，形象生动。针对国粹派，鲁迅在《随感录》三十五中说：

> 什么叫"国粹"？照字面看来，必是一国独有，他国所无的事物了。换一句话，便是特别的东西。但特别未必定是好，何以应该保存？

> 譬如一个人，脸上长了一个瘤，额上肿出一颗疮，的确是与众不同，显出他特别的样子，可以算他的"粹"。然而据我看来，还不如将这"粹"割去了，同别人一样的好。

关于"随感录"，还有一段公案。周作人在鲁迅去世后撰文说，他的几篇随感录署了鲁迅的名字，被鲁迅收进杂文集《热风》里去了。到底是哪几篇，他却没有明确指出，只有一次具体说出是引述法国作家勒朋一段话的那篇，即《随感录》三十八：

> 民族根性造成之后，无论好坏，改变都不容易的。法国G·Le Bon著《民族进化的心理》中，说及此事道（原文已忘，今但举其大意）——"我们一举一动，虽似自主，其实多受死鬼的牵制。将我们一代的人，和先前几百代的鬼比较起来，数目上就万不能敌了。"

周作人说，这种名字混用的情况在他们兄弟两个是正常的，外边一般的人不大能理解。这"外边一般的人"包括许广平在内，因为当他第一次谈起两兄弟名字混用的情况时，许广平大为不满，认为周作人是在同鲁迅争名誉。周作人在给香港友人的信中说，他那样说并不是要争竞什么，只不过说出实情罢了。

小说与散文

鲁迅惯于从家乡吸取灵感，创作小说。第二篇小说《孔乙己》只有两三千字，但人物形象鲜明，场景生动，发表后不久就被选入中学教科书。

主人公在科举考试的独木桥上跌落，穷困潦倒，但放不下书生架子，好吃懒做，好不容易找到替人家抄书的活计，却喝酒误事，不久就把书籍和纸笔卖掉，甚至到主人家的书房里偷书，被捉到时则声辩说读书人"窃书不为偷"。后来他因偷了丁举人家里的东西，腿被打断，只好"盘着两腿，下面垫一个蒲包，用草绳在肩上挂住"，以手撑地行走。

他至死不悟是科举制度害了他，仍然满口之乎者也，中毒之深，无可救药。

小说的背景仍在绍兴（鲁迅将它命名为"鲁镇"），主场景是咸亨酒店。据周作人介绍，咸亨酒店以新台门所在的东昌坊口一座坐南朝北的双间酒店为原型，是周家几位本家合伙开设的，雇了一个伙计和一个徒弟照管。至于孔乙己的原型，周作人记得是姓孟，人称孟夫子，自己也见过他腿被打断后用手走路的样子。

接着，鲁迅又发表了短篇小说《药》，所写的事件和场景，多是他在家乡时的见闻。夏瑜之死代指反清革命者秋瑾的死，刑场古轩亭口的"轩"字用一个方框表示，算是对绍兴的遮掩。吃人血馒头治病，正是《狂人日记》里抨击过的"吃人"的蛮风。

鲁迅写人物固然有原型，但他往往加以艺术化的处理，将多人特点，集于一身，因此人物具有典型性。陈独秀十分欣赏鲁迅的小说，常催促鲁迅多写。他在给周作人的信中说："鲁迅先生的小说，我是五体投地的佩服。"鲁迅发表几篇小说后，陈独秀建议结集出版，于是有了鲁迅第一本小说集《呐喊》。后来《新青年》杂志迁移南方，陈独秀仍急切吁请鲁迅和周作人写稿："《新青年》风波想必先生已经知道了，……北京同人料无人肯做文章了，惟有求助于你们两位，……"鲁迅就把短篇小说《故乡》寄给《新青年》发表。

陈望道也写信给周作人说："所谓'周氏兄弟'是我们上海、广东同人与一般读者所共同感谢的……鲁迅先生有文来，我很欢喜。不但欢喜有文章给读者，因此便知他底病（据说曾有病）已经愈好了。"

兄弟两个一共在《新青年》杂志上发表了一百多篇小说、论文、杂感和翻译作品。

《新青年》迁至北京后不久，同仁们就觉得月刊出版周期太长，决定办一个周刊。1918 年 11 月 27 日，陈独秀、胡适、李大钊和周作人等在蔡元培的办公室开会议定，每月每人助资三元，出版《每周评论》。今后《新青年》偏重刊登翻译和创作，《每周评论》则主要刊登理论和批评文字，着重对旧文学、旧思想加以攻击。1918 年 12 月 14 日，《每周评论》第一期出版。

周作人在《每周评论》上发表文章很多。

尽管兄弟俩收入丰厚，但因为每月都需要给绍兴寄钱，而且有时要接济日本周作人岳父家，经济上并不宽裕；加上一家分散在两地甚至三地，来往探亲，路途遥远，诸多不便。

平时就只有靠通信联系了。鲁迅不但给三弟写信，而且给二弟妇羽太信子、三弟妇羽太芳子，甚至给还在上学的羽太家的小女儿福子写信，日记上有很多此类记录。例如，1916 年 7 月 18 日："晴。上午得二弟信，十四日发。得羽太家信，十一日发。午后往京师图书馆。晚尹宗益来。作札半夜，可闵！"同月 19 日："晴。上午寄潮叔函并《司法例规续编》一册。寄羽太家信。寄二弟及弟妇函，附与三弟及东京寄来各笺。……"

他们考虑过把全家迁到北京，但困难不少：需要一大笔钱在北京买一个面积大的住宅；搬家也需要很大一笔开销；未来大家庭生活开支很大，"长安米贵，居大不易"。

就在这个时候，绍兴家里来信说，新台门的房屋已经卖得差不多，新主人要他们尽快搬家。于是，两兄弟下定决心把绍兴的家眷接到北京。鲁迅在给许寿裳的信中说："在绍之屋为族人所迫，必须卖去，便拟挈眷居于北京，不复有越人安越之想。"

从 1919 年初开始，鲁迅四处看房，先后到报子街、铁匠胡

同、鲍家街、广宁伯街、辟才胡同、蒋街口、护国寺等地察看，7
月间，终于选中了新街口公用库八道湾胡同罗姓一家的房屋。到
11月初付清全款三千五百元，中保人酬金一百七十五元。

鲁迅之所以选定这所住宅，是因为院子大、房间多，两个弟
弟都有孩子，适宜他们玩耍——鲁迅很注意于儿童天性的发挥。老
朋友许寿裳来参观后说，这里简直可以开运动会。

购房事务大多由鲁迅经办。周作人3月间便告假回乡，住了
将近一个月。他趁搬家的时机，将妻子儿女送回日本省亲，然后
直接由日本到北京。在日本，周作人广泛接触了文化界人士。作
为中国最高学府的教授，他获得了相当高的礼遇。

其间，因为发生"五四"运动，他只身回国，8月又回东京迎
接家小。8月10日到达北京。因为八道湾新居还没有建好，绍兴
会馆又不让住女眷，鲁迅为他们找了会馆附近一所宅子暂住。

1919年11月21日，鲁迅和周作人一家搬入八道湾新宅居住。

5月4日，北京发生的震惊中外的学生运动，鲁迅和周作人
都没有直接参加。一方面，鲁迅正为营造新居而奔波；另一方面，
作为教育部官员，他也不能参加此类活动。

周作人虽然没有赶上"五四"，却赶上6月3日的大游行。那
天，他虽没有参加游行，却在路上被警察的马队驱赶，很遇到些
惊险。过后，他写了《前门遇马队记》，记述自己被军警的马队冲
击的过程。全文几乎没有愤怒的语言，而以装傻的语气讽刺了残
暴的统治者。他说自己从前在外国走路，并没有遭到过军警的呵
叱驱逐，想不到在本国的首善之区，右肩旁边突然"撞到了一个
黄的马头"，真是性命交关。惊魂甫定，他这样想道：

照我今天遇到的情形，那兵警都待我很好，确是本国

228

人的样子，只有那一队马煞是可怕。那马是无知的畜生，他自然直冲过来，不知道什么是共和，什么是法律。但我仿佛记得那马上似乎也骑着人，当然是兵士或警察了。那些人虽然骑在马上，也应该有自己的思想和主意，何至任凭马匹来践踏我们自己的人呢？我当时理应不要逃走，该去和马上的"人"说话，谅他一定也很和善，懂得道理，能够保护我们。我很懊悔没有这样做，被马吓慌了，只顾逃命，把我衣袋里的十几个铜元都掉了。

……

可是我决不悔此一行，因为这一回所得的教训与觉悟比所受的侮辱更大。

表面埋怨无知的马，实际是谴责骑在马上和总部坐镇指挥的人，暗含讽刺，可以想见这篇文字很费了一番琢磨。这样的文字，有时并不被读者理解。一般人爱读率意直说、铺张扬厉的文字，例如《纪念刘和珍君》等。不过，这篇文章却从反面遇到了知音。周作人把文章交给李大钊，在《每周评论》上发表了。当时警察所很注意这份杂志，经常派人到编辑部检查。有一个检查官对李大钊说："你们的评论不知怎么总是不正派，有些文章看不出毛病来，实际上全是要不得。"李大钊对周作人说，检查官指的就是《前门遇马队记》。

十一 中兴

八道湾十一号周宅

謝鳳舉　王玄

呂傳周　吳空迢

羅東杰　周作人

潘明誠　張禅林

胡企明　Eroshenko

陳崑三　周樹人

陳声樹　Sapojuikos

馮省三　李世璋

一九二二年五月二十二日在北京世界語學會

1922年，乌克兰盲诗人爱罗先珂到北京大学讲学，借住在周宅。周氏兄弟、爱罗先珂与世界语学会同人合影，背面名单为周作人所书

"故乡"

1919 年 12 月初，鲁迅请假回乡。

鲁迅和周作人在北京购买房产的同时，家里也开始做些准备。在家陪伴母亲的建人，已把该卖掉的东西卖掉；将寄存别人家的物品分类登记，写成《绍兴存件及付款簿》。

卖掉祖产，在这个小城市的口碑上不怎么好听，是自不待言的。但母亲也有得意的地方：她的儿子们都有了出息。她特意给大儿子安排在楼上安静一点的房间，让他好好休息，并且告诉他，前几天给运水去了信，让他来帮着搬家。

建人领着大哥查看家中各类物件。在明堂看见搁花盆的架子和一个浇花用的石砌的水池子，让鲁迅想起小时候种花的情景。花是可爱的，但笨重的花盆无法搬走。鲁迅喜爱的各种月季花、石竹、映山红、平地木等等，还有父亲在世时种的万年青、刺柏等等都已送人了。在留下来的几盆里，鲁迅一眼看见水野栀子，吃惊地问：

"啊！这盆花你还留着？"

三弟答道："是的。因为这是你从日本带回来的。我想你可能还要带它到北京去呢。"

鲁迅听了沉默不语。

搬一次家等于失一次火。周家卖掉旧屋、鲁迅回来接家眷的消息很快传遍周围的街巷。有人来看热闹，也有人巴望淘些便宜货。旧货商像苍蝇一样地飞进飞出，狠狠杀价。

读书人最爱书，但家藏书籍量大且运输不便；线装书捆得不好很容易弄散。鲁迅找到附近的一位小名叫"和尚"的木工师傅，订制了一种特殊的书箱，采用装运绍兴老酒坛子的办法，用竹络先把书籍网起来，避免散乱，外面加上木箱，既轻巧又结实。这种木箱，搬运的时候是包装箱，到目的地后一个一个叠起来就成了书架。人们现在还能在北京阜成门内西三条鲁迅旧居南房的藏书室中看见这种书箱，箱子的左上角写着"中四""西二"之类的编号。

字帖、画谱之类，弃之可惜，带走累赘，只好叫来旧货商，全部挑走，两大担只卖了十块钱。家存书信、文件、账簿之类，则是不能卖的。怎么办呢？搬出一只大铁盆，放进去烧掉。

该烧的东西太多了。父亲进秀才后刻印分赠亲朋好友的诗文汇编《入学试草》，连原刻木版还在，看了让兄弟们伤心！

由于来不及分拣，兄弟俩仓促间将周作人在家时主持刻印的《会稽郡故书杂集》的木版也烧掉了，实在可惜。

一大摞祖父的日记本很惹眼。日记用红线的十行纸书写，装订整齐。建人问大哥这日记怎么办，鲁迅见日记里写有买姨太太、姨太太们吵架之类无聊琐碎的内容，主张烧掉。三弟有些舍不得，因为他对祖父印象还不错。他一直在家陪伴祖父，常受教诲，祖父去世时，他就守候在旁边。他告诉大哥，祖父临终前发着高烧，还坚持写日记，里面可能有些有价值的东西。

鲁迅想了想，决定地说："要带的东西太多，这无法带了，还是烧了吧。"

祖父的日记烟雾缭绕地足足烧了两天。

运水来了，见了鲁迅，没有亲热地打招呼，却是怯生生地叫"老爷"！他们之间因为社会地位和经济境况的不同有了隔阂，尽管鲁迅想同运水亲近，却无法突破等级界线。这使鲁迅心中难过，随后写《故乡》，对此发了一段感慨。

运水身边跟着他的大儿子，名叫启生。十一二岁年纪，长得很像少年运水，圆圆的脸，脖颈上挂着银项圈，头上戴一顶小毡帽。

有些事是鲁迅必须办的。族里还要开一个会，商量房产交割的事，他作为一门的长子，必须在卖屋契约上签字画押。

还有一件大事，就是祭扫祖坟。离开家乡，要向逝去的亲人们告别，给祖父祖母的坟培土。父亲的灵柩在殡屋厝了二十多年，需要入土。更要紧的是四弟的坟墓，临近河岸，将要浸水，再不迁移，怕要陷落水中了。

母亲思念小儿，她催促鲁迅赶紧去办迁葬的事。

鲁迅在城里买了一口小棺材，带着棉絮和被褥，雇了四个土工，赶到坟地一看，果然，河水离坟墓只有二尺了，而且坟堆也快要平下去。当时正下着雪，天很冷。土工们往下挖，一会儿就掘到了圹穴。鲁迅走过去，看见墓穴里的棺木将要烂尽，只有一堆木屑。他有些紧张地拨开这堆木屑，要看看还有什么遗留物。被褥、衣服、骨骸，什么都没有！

后来，鲁迅把这个情节写进小说《在酒楼上》。

最后，是大厅正梁上挂着的两副诰命，那是大清皇帝赐给祖父周福清和曾祖母、祖母的品级，是家族的荣耀，向来郑重地挂在不易企及的地方。兄弟两个命人搬来梯子，把尘封四十多年的诰命取下来。这是他们第一次看到这件宝贝，写着满汉两种文字的白绫装在盒子里。鲁迅主张烧掉，大家都赞同。于是，这给周家带来光荣也带来屈辱的证件，顷刻间化为灰烬。

25 日，一家人上船离绍，亲戚朋友前来送行。此后，这里真正成了"故乡"。

这次回乡，引动了鲁迅很多思考。这个他生活了二十多年的小镇的风景和人物在后来的岁月里总是生动地浮现在脑海里。此前，他已经将一些往事和熟悉的人写在小说里。他还有很多东西要写，就是这次回来的所见所闻，后来也写进了小说。

周家住进八道湾，开始了全家大团圆的生活。

这所宅院分三进，有二十多间房子。前院坐北朝南的罩房，用作门房、会客室，鲁迅曾居住在其中的两间，《阿Q正传》就在这里写成；中院有北房三间，鲁瑞同朱安分住两头，中间堂屋可作饭厅，堂屋后面接出一间，北京人称之为"老虎尾巴"，冬天为节省煤炭，鲁迅就搬到"老虎尾巴"来住。从中院东面的夹道通到后院，后院很宽敞，北房九间，每三间一套，周作人一家住西边一套，建人一家住中间一套，东边一套作为客房。

八道湾的日常生活是很热闹的，孩子多，可以在院里嬉闹玩耍；客人多，同事、朋友、学生等等经常来访。鲁迅负责外事，作人的妻子羽太信子管理日常家务。

鲁迅作为政府官员，有些活动是不能参加的。因此，周作人在文学活动方面做的事比鲁迅要多。1921年初，周作人、朱希祖、耿济之、郑振铎、瞿世英、王统照、沈雁冰、蒋百里、叶绍钧、郭绍虞、孙伏园、许地山等十二人联名为发起人的文学研究会正式成立了。

茅盾（沈雁冰）在《我和鲁迅的接触》中回忆说：

> "文学研究会"成立前，是郑振铎写信给我征求我做发起
> 人。当时我同郑振铎并不相识，北京方面有周作人等，但没
> 有鲁迅。那时鲁迅在教育部工作。据说有一个"文官法"规

鲁迅《阿Q正传》第六章手迹，载1935年上海生活书店发行的《太白》杂志第二卷第三期定：凡政府官员不能和社团发生关系。鲁迅虽不参加，但对"文学研究会"是支持的，据郑振铎讲，周作人起草《文学研究会宣言》，就经鲁迅看过。他还为改革后我负责编辑的《小说月报》撰稿。

他在《小说月报》上发表了《端午节》《社戏》《在酒楼上》等作品，他参与翻译的《爱罗先珂童话集》列入"文学研究会丛书"。

祖父周福清和父亲周伯宜生前梦想的周家的中兴时代已经到来。

知音

1921 底，鲁迅开始写作酝酿已久的《阿Q正传》。他想通过一个农村游民在日常及在革命运动中的表现，揭示中国国民性的特点。

1921 年 12 月，北京《晨报》增加"副刊"，由孙伏园担任编辑。主编为使副刊"好玩一些"，决定开设《开心话》栏目。孙伏园向鲁迅约稿。鲁迅开始了《阿Q正传》的创作。 在第一章序言中，鲁迅为给小说定名，考证了历史上传记的种种名目，还煞有介事地研究一番传主阿Q的籍贯和姓名，顺便提及《新青年》的主要编辑陈独秀和胡适，颇有些游戏笔墨，看了的确让人开心。发表时署名"巴人"，典出"下里巴人"，显然是追求通俗和有趣。可是，刊登第二期的时候，孙伏园觉得行文严肃起来，不能算是滑稽文字了。于是后八章就移到《新文艺》（后改称《文艺》）栏内，1922 年 2 月 12 日登完。

作品引起不小的反响。鲁迅在《〈阿Q正传〉的成因》中说：
"直到这一篇（指《阿Q正传》）收到《呐喊》里，也还有人问我，
你实在是在骂谁和谁呢？"这是指有些人认为某某段落是在骂自
己，疑神疑鬼。因为作品署名"巴人"，还有人疑心是"四川籍的
蒲伯英"所作，蒲伯英周围的人一时警觉起来。

鲁迅后来为小说俄文译本写序说："我虽然已经试做，但终于
自己还不能很有把握，我是否真能够写出一个现代的我们国人的
魂灵来。"

中国人一向夸耀自己的文明特别是"精神文明"，鲁迅笔下
的阿Q最得意的东西就是他的"精神"，他赖以生存的是他那战无
不胜的"精神胜利法"。他最爱夸耀过去——他和他的家族的历
史——总是对人说"我们先前比你阔多了"。这话往往在失败时说
出来，为自己的无能和卑贱寻找自尊和自慰。

中国留法学生敬隐渔在给鲁迅的信中说起罗曼·罗兰看了
《阿Q正传》的感受。罗曼·罗兰致信《欧罗巴》(Europa) 杂志主
编巴萨尔耶特 (Léon Bazalgette, 1873—1928)，隆重推荐敬隐渔翻
译的《阿Q正传》：

> 我手头有一个小故事（大中篇）的稿子，作者是当今
> 最优秀的中国小说家之一，由我的《约翰·克利斯朵夫》的
> 年轻的中国译者敬隐渔译成法文。故事是写一个不幸的乡下
> 佬，近乎一个流浪汉，可怜兮兮，遭人看不起，也确实够可
> 怜的；他却美滋滋，自鸣得意（既然人被扎进了生活的底层，
> 总得找点得意的事儿！）他最后在大革命中糊里糊涂地被枪
> 决了，而他唯一感到难过的是，人家要他在判决书下面画个
> 圈儿（因为他不会签字），他画的不圆。这篇小说是现实主义

的，初看似乎比较平淡；但是随后就会发现一种辛辣的幽默；读完，你就会吃惊地发现，你再也忘不掉这个可怜的怪家伙，你喜欢上他了。

中国人的品性，到底是中国人最能理解。周作人"因为约略知道一些作者的事"，理解更是到位。他在副刊上发表了《阿Q正传》一文（署名仲密），指出"阿Q这人是中国一切的'谱'——新名词称作'传统'的结晶"，"是一个民族的类型"。"他像希腊神话里'众赐'一样，承受了恶梦似的四千年来的经验所造成的一切'谱'上的规则，包括对于生命幸福名誉道德的意见，提炼精粹，凝为固体，所以实在是一副中国人坏品行的'混合照相'。其中写中国人的缺乏求生意志，不尊重生命，尤为痛切，因为我相信这是中国的最大的病根。"

周作人认为这是一篇讽刺小说，其主旨是"憎"，精神是"负"的。不过，他也为兄长开脱道："这憎并不变成厌世，负的也不尽是破坏"。周作人还说，小说作者所使用的讽刺方法在中国历代文学中很少见，用的是反语，冷的讽刺——也就是"冷嘲"。这手法，"是从外国短篇小说而来的，其中以俄国的果戈理与波兰的显克微支最为显著，日本的夏目漱石、森鸥外两人的著作也留下不少的影响"。周作人在东京和北京与鲁迅合译小说，对鲁迅的文学修养是很熟悉的。周作人在日本翻译的波兰作家显克微支的小说《炭画》，也描写农村生活，男主人公是像阿Q一样的愚蠢和麻木的人，对横行霸道的乡村官吏俯首贴耳，对自己的妻子则百般欺凌，最后竟将其杀死。周作人在译后记中说，农村改革不易，如果一村大政操在恶人手中，搞什么改良、革命都是不中用的。那个波兰小村庄的情形与鲁迅笔下的未庄相似。

读者在《阿Q正传》中找不到一个正面人物。阿Q这个人已是彻底要不得了，然而未庄里其他人更要不得，简直是"洪洞县里无好人"。所以说小说通篇情绪是极端的绝望。这一点，周作人批评得比较委婉：他翻译过托尔斯泰的一篇批评契诃夫小说《可爱的人》的文章。托尔斯泰指出，契诃夫本来是要推倒主人公的，但写到最后却将她扶起来了。同样，鲁迅原本要否定阿Q，写到最后，却觉得阿Q在未庄并非最坏，反倒还有些可爱之处。周作人觉得，这是作品的一点不能令人满意的地方。

周氏兄弟失和后，周作人又写文章，明说鲁迅的笔法过于冷，不能给人希望，因此，鲁迅是虚无主义者——这是后话。

也许是为了免得大家瞎猜吧，周作人在这篇文章中向读者透露，《阿Q正传》的作者巴人和鲁迅是一个人。

周作人的评论刊登在1923年3月19日的《晨报》上。他本应该把这篇评论《阿Q正传》的文章编入1923年下半年出版的《自己的园地》中，但因为这年7月两兄弟决裂，该文就被排除在"自己的园地"之外了。

教授

鲁迅和周作人在本职以外，还兼一些课。从1920年8月起，鲁迅先后到北京的八所学校讲课，任职时间最长的是北京大学、北京高等师范学校和北京女子高等师范学校。周作人受女子高等师范学校之聘，讲欧洲文学史，每小时三元钱，每月二十七元。

1920年11月，周作人应邀到燕京大学文学会讲演，讲题是

《圣书与中国文学》，认为中国"现代文学上的人道主义思想，差不多也都从基督教精神出来"，"现在的新诗及短篇小说都是因了外国文学的感化而发生的"。这次讲演的结果，就是燕京大学想聘他去任教。1921年2月14日胡适写信给周作人说：

> 北京的燕京大学虽是个教会的学校，但这里的办事人——如校长 Dr.Stuart[司徒博士]及教务长 Porter[博晨光]都是很开通的人，他们很想把燕京大学办成一个于中国有贡献的学校。上星期他们议决要大大的整顿他们的"中国文"一门。他们要请一位懂得外国文学的中国学者去做国文门的主任，给他全权做改革的计划与实行。
>
> 可是这个人不容易寻找！昨天他们托我的朋友朱我农来和我商量。朱君和我都以为你是最适当的人，朱君便请我转达此意，并为他们劝驾。我细想了一回，觉得此事确是很重要。这个学校的国文门若改良好了，一定可以影响全国的教会学校及非教会学校。

遗憾的是，周作人随即生了大病，没能去燕京大学开拓一片新天地。他去燕京大学上课，是以后的事了。

此前，周作人还为鲁迅介绍了一份兼职，最终促成鲁迅写出《中国小说史略》。1920年，北大国文系拟增设一门小说史课，系主任马幼渔希望周作人担任，周作人觉得自己虽然没有专门研究过小说史，但以前翻译过不少欧美作品，又做过有关日本小说的演讲，对小说理论并不生疏；至于中国小说，鲁迅辑有一部《古小说钩沉》，现成放在家里，自己也参与过这工作，可以拿来参考，就答应下来了。到家冷静一想，觉得不妥。既然大哥对这个题目素有研究，何不请他来担任呢？于是就跟鲁迅商量，请他出马。鲁迅答应了，马幼渔也很赞成。

小说史研究没有前人的著作可以参考，具有开荒性质。鲁迅青年时代搜集的笔记小说之类材料，这时派上了用场。他接受委任后，又从《太平广记》《文苑英华》《资治通鉴考异》和《说郛》等古籍中寻找许多有用的材料，整理编排，有时工作太忙，就请三弟协助抄录，终于编成《中国小说史略》。

《中国小说史略》先由北京大学印成讲义发给学生，后经增订，由新潮社分两册出版。1925 年又增写两篇，合为一册。直到1934 年，鲁迅还在修改润饰，1935 年出版第 10 版时，离他逝世只有一年了。除写成《中国小说史略》外，鲁迅还将历来搜集的材料编成《唐宋传奇集》和《小说旧闻钞》等。

胡适在《白话文学史》序言中对鲁迅所著小说史评价甚高：

> 在小说的史料方面，我自己也颇有一点点贡献。但最大的成绩自然是鲁迅先生的《中国小说史略》；这是一部开山的创作，搜集甚勤，取材甚精，断制也甚谨严，可以替我们研究文学史的人节省无数精力。

胡适也曾起意写一部《中国小说史》，但没有实现。鲁迅在写作过程中，多次与胡适交流看法。胡适写有《中国章回小说考证》和《红楼梦考证》等著作，鲁迅吸收了他的一些观点，如对金圣叹腰斩《水浒传》的原因的分析，对曹雪芹生平的考证等等。对于胡适论断错误的地方，鲁迅加以纠正，如胡适说孙悟空的传说来自印度而非国产，鲁迅运用他掌握的资料，断定孙悟空的形象是由唐朝李公佐的传奇故事《古岳渎经》中的水神无支祁演变而来。

他们互借图书，探讨问题。鲁迅 1922 年 8 月 14 日致信胡适道：

> 关于《西游记》作者事迹的材料，现在录奉五纸，可

以不必寄还。……又《曲苑》内之王国维《曲录》亦颇有与《西游记》相关之名目数种，其一云《二郎神锁齐天大圣》，恐是明初之作，在吴之前。

倘能买得《射阳存稿》，想当更有贵重之材料，但必甚难耳。

鲁迅的小说史资料翔实，论断精辟。他在谈及自己和胡适治学的区别时说："胡适之法，往往恃孤本秘笈，为惊人之具。……我法稍不同，凡所泛览，皆通行之本，易得之书。"他能从常见的材料中发现问题，说出别人没有说过的道理。

鲁迅1920年12月开始到北大讲课，担任"中国小说史"一个小时。他讲课不喜欢照本宣科，而是先把讲义发给学生，上课时抛开讲义，就某些论点加以发挥。当年的学生回忆说，鲁迅的讲课和写杂感的风格是一致的，仿佛他讲的不是古代的小说，而是当前的社会。

一开始，报名听小说史课的学生只有十多个，当知道这位周树人讲师就是小说家鲁迅后，注册者越来越多，至于教室里两人一排的座位，要挤上四五个人，讲台周围不得不加座，还有学生站在门边、走道上。

相比之下，周作人的讲课风格就平淡得多。从没有哪个学生说周作人讲课生动。梁实秋曾记述周作人在清华大学讲演的情景道：

他（周作人）坐在讲坛之上，低头伏案照着稿子宣读，而声音细小，坐第一排的人也听不清楚，事后我知道他平常上课也是如此。一个人只要有真实学问，不善言词也不妨事，依然受人敬仰……

柳存仁回忆说：

我在1935年考入了北大的国文系，上课的地点，就在沙滩的红楼和景山东街马神庙二院这两个地方。岂明先生的课，都在沙滩。一年级刚才入学的大学生，是很少有选科的，所以实际上我是到了下一年，才有机会选先生教的六朝散文。不过当时的同学们，受了五四新文化运动的感染，就是一时没有资格选课的人，也想跑到他教书的课室里去旁听，一见其人。岂明先生的面影，是在杂志上早已熟悉的了，他不是那种大声疾呼长于雄辩的人物，开口只是娓娓清谈罢，就是说话的声音也不特别响亮，所以四五排以后的听众就有点吃力。第一堂听毕，往往五六十人就一窝蜂似的散了，到了第二回上课，剩下的就是真正选习的二十余人罢了。

妇女问题

法国哲人傅立叶有名言：妇女解放是社会解放的天然尺度。中国近现代的进步程度，正可以用妇女解放来衡量。

周氏兄弟在中国现代文学史上的贡献固然很大，而在中国现代妇女问题研究方面的成果也不容忽视。

甚至可以说，周氏三兄弟形成了一个关注妇女问题的文化群体。

周作人早在日本留学时期就在《天义报》上发表了两篇讨论妇女选举权问题的文章。1918 年，周作人翻译了日本作家与谢也晶子的《贞操论》，发表在《新青年》杂志第四卷第五号上。文章对把贞操作为普通实行的道德原则提出质疑："我对于贞操，不当他是道德，只是一种趣味、一种信仰、一种洁癖……没有强迫他人的性质。"周作人在译者题识中说："我确信这篇文章中，纯是健全的思想。"胡适立即以《贞操问题》一文呼应；鲁迅则写了《我之节烈观》，揭露了作为封建道德的核心的贞操观念的残酷性和荒诞性。

鲁迅的文章论述范围更广也更切合中国实际："上回《新青年》登出的《贞操论》里，已经说过理由。不过贞是丈夫还在，节是男子已死的区别，道理却可类推。"他形象地描述了中国历史上"正人君子"们用所谓"道德"戕害妇女的过程：

> （女子）突然遇着男性的暴徒，父兄丈夫力不能救，左邻右舍也不帮忙，于是他就死了；或者竟受了辱，仍然死了；或者终于没有死。久而久之，父兄丈夫邻舍，夹着文人学士以及道德家，便渐渐聚集，既不羞自己怯弱无能，也不提暴徒如何惩办，只是七口八嘴，议论他死了没有？受污没有？死了如何好，活着如何不好。于是造出许多光荣的烈女，和许多被人口诛笔伐的不烈女。只要平心一想，便觉不像人间应有的事，何况说是道德。

鲁迅认为这种观念的形成，与中国国力衰弱有关：

> 国民将到被征服的地位，守节盛了；烈女也从此着重。因为女子既是男子所有，自己死了，不该嫁人，自己活着，自然更不许被夺。然而自己是被征服的国民，没有力量保护，没有勇气反抗了，只好别出心裁，鼓吹女人自杀。或者妻女极多的阔人，婢妾成行的富翁，乱离时候，照顾不到，一遇"逆兵"（或者"天兵"），就无法可想。只得救了自己，请别人都做烈女；变成"烈女"，"逆兵"就不要了。他便待事定以后，慢慢回来，称赞几句。好在男子再娶，又是天经地义，别讨女人，便都完事。

在中国，差不多各县的志书中都有几卷表彰这些牺牲者的

"烈女传"。但鲁迅指出，即便是一生崇拜节烈的道德大家，也不会去关心这些死去的人到底是谁，如果请他们举出前十人的名字，恐怕没人说得出来。

所以说节烈极难，极苦，妇女不愿身受，父兄也不愿亲人身受，既无益于社会国家，也对未来人生毫无意义，没有存在的价值。

据周作人回忆说，那时他们经常议论此类话题。鲁迅喜欢引用教育部社会教育司司长夏曾佑的话：在中国，唐以前，女人是奴隶；唐以后则男子成为奴隶，女子乃是物品了。

周氏兄弟关心这个问题，与他们小时候的经历有关。周作人在一篇文章中说：

> 在乱时战区内的妇女的命运大约就是两种，（逃走和躲避的自然除外，）一是怕强奸而自尽的，二是被强奸而活着的。第一种自有人来称她作烈女烈妇，加以种种哀荣，至少也有一首歌咏。第二种则将为人所看不起，如同光时代的"长毛嫂嫂"，虽然她们也是可哀而且——可敬的。

"长毛嫂嫂"，指的是太平天国军队与清军交战时期受侮辱的妇女，周氏兄弟的继祖母蒋老太太就深受这种蔑称之苦。周作人小时候由蒋老太太带领，亲耳听见过祖父骂祖母是"长毛嫂嫂"——他当时看见祖母悲伤地哭起来。这种谩骂，对周作人幼小的心灵伤害很大。他后来说，自听了祖父这样咒骂祖母，他觉得祖父没有什么威信可言了。

妇女如果没有经济权，没有政治（选举）权，解放就无从谈起。鲁迅在《娜拉走后怎样》的演讲中指出，女子欲得解放，必须自强自立，必须有独立的经济权，否则，离家出走者逃脱不了走回头路或堕落的命运。他的小说《伤逝》就写一对青年男女追求自由恋爱，勇敢地同家庭决裂。但同居的生活并不容易，生计问题很快使他们愁眉不展，平庸琐碎的生活销蚀了爱情，结果不得不离散，而女子又总是受害最重的一方：爱人既已不再爱她，家人更看不惯、看不起她，生命终于在冷眼中枯萎。

周作人对西方的妇女理论更熟悉一些，曾撰写过一篇长文，介绍欧洲古代文学作品中的妇女观。他对性观念、性解放等进行过深入的探讨。他甚至说，英国学者蔼理斯的《性心理研究》是他思想形成的一个关键因素，具有拨云见日的效果。

青年诗人汪静之的情诗被一些批评者斥为伤风败俗。鲁迅写文章反对将情诗一概说成不道德。他还在以神话为题材的短篇小说《不周山》（后改名为《补天》）中，加进一个所谓"小丈夫"，对着裸体的女娲说一些正人君子常挂在嘴边的道貌岸然的套话，显得十分可笑。

周作人为汪静之的诗集题签并撰写评论，充分肯定作者在诗坛解放上所做的尝试。

对于郁达夫的小说《沉沦》，评论界也颇多微词。周作人站出来为郁达夫辩护，指出真正不道德的文学是破坏人间和平、鼓吹罪恶的文学，如赞扬暴力、诱拐行为和性的人身买卖的文学。发乎情是合乎道德的事，即便是色情狂的——色情狂的文学只能说是病态的，并非不道德的——也有艺术的价值。《沉沦》描写一个病态的青年的心理，反映了现代人的苦闷，是态度诚实的艺术作品，其中一些猥亵的场面，并无不道德的性质。

郁达夫十分感激周作人的评论，说周作人是第一个赏识他这篇作品的人。

在两个哥哥的影响下，建人也阅读了不少这方面的新书。对于妇女问题，他本人也有很深的感触。他在绍兴住得最久，除了祖母的遭遇外，看见过更多更悲惨的妇女受苦的实例。

1920年8月初，胡愈之、周作人等发起组织"妇女问题研究会"，在《晨报副刊》上发表了《妇女问题研究宣言》，指出妇女要在政治上求得自由，就必须在经济上独立自主；妇女个人的独立自由，又应该同社会解放相一致。

周建人也参加了研究会。他撰写多篇文章，探讨妇女解放运动中的种种问题，单是在比较有影响的《妇女杂志》上就发表三十多篇，涉及女子教育、恋爱、婚姻、离异、优生优育、性教育、废除娼妓制等问题。

关于女子教育，周建人认为女子应该尽可能多地接受教育，为此应施行晚婚晚育；至于教育的内容，应力求全面。

后来建人为生活所迫，到上海工作，与日籍妻子渐渐疏离，并与另一个女子恋爱同居。因此，他对恋爱和婚姻问题有更多思考。他认为离婚是一种常见的现象，不值得大惊小怪。既有结婚就必有离婚，男女双方感情不和，在应该离婚时必须提出离婚，不必要等到同别人通奸、虐待和背弃以后再来提出。离婚后双方都可以组建新的家庭，寻求各自的幸福。

他在《广义的买卖婚姻》一文中，引用了日本作家厨川白村的观点：

> 没有恋爱的夫妇，虽然白首偕老，神的最后审判，仍逃不出一种强奸生活和卖淫生活！

建人不谙日文，这类资料要得到两个哥哥的帮助。

提倡自由恋爱和自愿离婚，理论上当然合理。但必须注意，在妇女还没有获得独立经济权的社会上受害更重的往往是女方。

关于娼妓制度，周建人在《废娼的根本问题》中指出："卖淫这件事，从伦理上说，是一种恶行；从社会上说，是不正当的性的营业；再论到种族上的影响，又是使民族衰颓的一个因素。"

1922年，周建人在为美国桑格夫人所著《家庭性教育实施法》中译本所写的序言中指出，中国性教育的缺乏，造成国民的愚昧和许多不幸。例如儿童性教育，在中国几乎是空白："可是关于生殖方面的事情，是没有教法的，如果小孩问父母有小孩怎样来的这类话，大人不是加以呵责，便是加以支吾，使小孩莫明其妙，眩惑不定。"他认为，把两性关系看作极私的事，把生育子女作为极公的事，正是新道德的中心思想。

1927年，周建人的译作《性与人生》由上海开明书店出版，所收文章介绍外国学者关于性科学的观点，普及了性科学知识，可以说是这方面的启蒙读本。

周建人还撰写了专著《性教育》，是中国第一种全面论述性教育的教科书，被商务印书馆列为《师范小丛书》之一。全书共分八章：1.性教育的重要性；2.性教育的历史；3.性教育的问题；4.性教育中应说明的几项重要事实；5.性的由来；6.性的生理；7.性的伦理；8.性教育的实施。

周建人在该领域的成果受到关注，高长虹在《关于性》一文中称赞周建人这方面的文字"可以给人一些关于性的科学的常识，这在目前是很难得的"。

可惜的是，因为周作人后来与日本占领者合作，解放后失去了公民权，又因为无休无止的政治斗争，使人们无暇顾及这些科学教育上的"小事"，周氏兄弟对妇女问题，尤其是对性科学、优生优育等方面的思考成果没有得到应有的重视。

十二 兄弟失和

北京西四砖塔胡同六十一号。鲁迅离开八道湾十一号宅院后，暂租此处

1923年4月15日，鲁迅、周作人送别爱罗先珂合影

保护伞

建人到北京，意味着失去工作，失去了养家糊口的能力。进京不久，他到北京大学旁听哲学、社会学等课程，其中有胡适之讲授的《欧洲哲学史》。

上学，不但没有收入，反而需要资助。很快地，建人觉得自己和自己的小家庭成了大家庭的累赘。他也曾努力翻译一点儿东西，但无法以此谋生。

周家的家政由羽太信子主持。全家是有饭大家吃、有钱大家花的经济共同体。家庭生活是由各种各样的琐事组成的，日常总会出现一些意想不到然而又都在情理之中的矛盾。不平均和不平衡很快就显现出来。三兄弟有的挣得多花得少，有的挣得少花得多。大体上说，鲁迅属于前者，建人属于后者，作人虽居中，挣得多，花销也大。

建人的处境显得尴尬。好在建人的妻子羽太芳子是信子的妹妹。两个哥哥体谅建人的困难，信子和芳子又有姊妹情，这样的状态也能维持下去。

芳子与建人结婚后，感情还算不错。可是，第一个孩子的夭折，给芳子精神造成很大刺激。她患上类似疯颠的病症，脾气也坏起来。在八道湾，姐姐花钱阔绰，自己手头拮据，丈夫缺少挣钱本领，她渐渐地对丈夫看得不顺眼了。冷言冷语，埋怨责怪，也就难免。

保护伞下的生活是压抑的。在八道湾十一号，建人成了大团

252

周氏三兄弟合译的《现代小说译丛》和鲁迅、周作人合译的
《现代日本小说集》

周作人为三弟工作事致钱玄同信

圆梦想和经济共同体的陪衬。

他难以忍受这种状态，就请两位哥哥帮助找工作。

鲁迅求助于老同乡、老领导蔡元培："今晨趋谒，值已赴法政学校，为怅。舍弟建人，从去年来京在大学听讲，本系研究生物学，现在哲学系。日愿留学国外，而为经济牵连，无可设法。比闻里昂华法大学成立在迩，想来当用若干办事之人，因此不揣冒昧，拟请先生量予设法，俾得借此略求学问，副其素怀，实为至幸。"由此可知，建人曾有过留学的打算，但刚刚安家北京，两个哥哥很难拿出一笔款子资助他。

蔡元培接信后，可能回信问及建人的学历，鲁迅又奉一札："舍弟建人，未入学校。初治小学，后习英文，现在可看颇深之专门书籍。其所研究者为生物学，曾在绍兴为师范学校及女子师范学校博物学教员三年。此次志愿专在赴中法大学留学，以备继续研究。第以经费为难，故私愿即在该校任一教科以外之事务，足以自给也。"

1920 年 10 月 15 日，周作人也为小弟弟的事写信给钱玄同：

> 闻口天寿考元首男儿已由ㄒㄧㄢㄤㄞ到ㄊㄞㄒㄧㄤ，由ㄊㄞㄒㄧㄤ到ㄆㄝㄍㄧㄥ，不知道你已见到他否？他的招徒弟往佛郎机去，不知何日出始？我们的兄弟（名叫建人）想去ㄌㄧㄤㄛㄥ读书，曾同伯嗟祭酒说起，他允转达口天公；现在祭酒将行，而佛郎机之事未定，不知可否请你于见到该寿考元首男儿时，代为一问消息？但虽欲往ㄌㄧㄤㄛㄥ，而无此资斧，故欲弄一点校里事务，而免费等；此事亦与伯嗟祭酒谈起，亦望再提及，不知能做到否？又有 K＝符＝伏庐之弟名福熙者，亦欲如此，曾往见伯嗟祭酒说过，你能一并

问及，则尤好矣！夫蔡既然将行，而口天公又找不到，故所以要消耗国朝的菩萨，幸赐大野光明焉。

信中的"口天寿考元首男儿""口天公"是吴稚晖，"伯啮祭酒"是蔡元培。1920 年，招收中国年轻人往法国留学之举，是他们两个主持的。

这件事最终没有办成。

建人从《妇女杂志》的主编章锡琛处得知上海商务印书馆缺人，便求二哥写信给胡适，恳请胡适向商务推荐。8 月 18 日，胡适回复作人说："你的兄弟建人的事，商务已答应请他来帮忙，但月薪只有六十元，不太少否？如他愿就此事，请他即来。"这工作就是在上海商务印书馆做校对。9 月 2 日，建人匆匆离开妻子儿女，告别大家庭，启程赴上海。

建人到上海，得到鲁迅早年在山会师范学堂学生章锡琛的帮助，有时吃住在章家。他工作很辛苦，报酬却不高。每月工资，给家中寄四五十元，其余留作自己的生活费。但他寄回的几十块钱，满足不了家庭的需求。这种情况持续了很多年。鲁迅曾在给母亲的信中为三弟鸣不平：

> 老三是好的，但他公司里的办公时间太长，所以颇吃力。所得的薪水，好像每月也被八道湾逼去一大半，而上海物价，每月只是贵起来，因此生活也颇窘的。不过这些事他决不肯对别人说，只有他自己知道。男现只每星期六请他吃饭并代付两个孩子的学费，此外什么都不帮，因为横竖他去献给八道湾，何苦来呢？八道湾是永远填不满的。

建人体质本来较弱，白天上班，晚上还得熬夜看稿，身体上吃不消，生了病也只有自己照顾。几年后，鲁迅南下路过上海，看了他的生活境况，很是心疼，写信给许广平道：

> 然而我看他所住的情形，实在太苦了，前天收到八月分的薪水，已汇给他二百元，或者可以略作补助。听说他又常喝白干，我以为很不好，此后想勒令喝蒲桃酒，每月给与酒钱十元，这样，则三天可以喝一瓶了，而且是每瓶一元的。

建人为把妻子和孩子接到上海，多次写信，甚至亲自回北京劝说芳子南下。但妻子已经习惯大家庭生活，离不开她的同胞姐姐，拒绝了丈夫的要求。母亲鲁瑞对芳子的这种做法很不满意，说："女人出了嫁，理应和丈夫一起过日子，哪有像三太太那样，不跟丈夫却跟着姐姐住在一起的道理呢？"

后来，周建人在上海同他在绍兴女子师范学校教过的学生王蕴如同居。

建人的工作慢慢有了起色。他经常写信给北京两个哥哥，谈工作，约稿。有一个时期他编辑《新女性》杂志，不但向鲁迅，还向鲁迅的学生许广平约稿。鲁迅写信给许广平说："章锡琛托建人写信给我，说想托你给《新女性》做一点文章，嘱我转达。不知可有这兴致？如有，可以先寄我，我看后转寄去。《新女性》的编辑，近来似乎是建人了，不知何故。"

作为友爱和互助的纪念，三兄弟合作翻译的《现代小说译丛》第一辑出版了，收小说三十篇，其中鲁迅译了九篇，周作人译了十八篇，建人译了三篇。鲁迅和周作人把三弟拉进他们共同的工作中，自然含有提携的意思。没有两个哥哥的帮助，建人不可能有这样的成绩。1922 年 11 月日本记者清水安三在《读卖新闻》上发表《周三人》一文，介绍八道湾十一号周宅里的三兄弟。然而，依靠两位兄长的帮助，三兄弟名字列在一起，可能给建人带来更大的压力。生活上既已依赖，事业上又需提携，保护伞的压抑越来越难以承受。

这是周氏三兄弟唯一的合作译著。出版时却只署了周作人的名字。他们本打算第一辑、第二辑以至第 × 辑地做下去，可惜因为鲁迅和周作人反目，项目刚刚开头就中断了。

参与商

1923 年 7 月 14 日，通常到后院用饭的鲁迅，在日记里写道："是夜始改在自室吃饭，自具一肴，此可记也。"这显然不是一件小事，透露出风雨欲来的消息。住在前后院的鲁迅和周作人的关系已经到了无话可说的地步。7 月 19 日早上，周作人派人把自己前一天写好的信送给鲁迅：

鲁迅先生：我昨日才知道，——但过去的事不必再说了。我不是基督徒，却幸而尚能担受得起，也不想责谁，——大家都是可怜的人间。我以前的蔷薇的梦原来都是虚幻，现在所见的或者才是真的人生。我想订正我的思想，重新入新的生活。以后请不要再到后边院子里来，没有别的话。愿你安心，自重。七月十八日，作人。

周作人已不把鲁迅看作亲爱的兄长，而客客气气地呼为"鲁迅先生"了。周作人一生所写文字，卷帙浩繁，独独缺少他写给鲁迅的信——这些信件应该由鲁迅保存——至今一封未见。鲁迅给周作人的信留下来的不足二十通，上款多为"二弟览"。那么，周作人在信中怎么称呼鲁迅呢？"大哥览"，"豫材兄"？周氏兄弟中年以后的日记，形同流水账，极少抒情，内心活动几乎无迹可寻。7月17日，周作人大约知道了鲁迅的什么"恶行"——可能是他们之间矛盾的起因——在日记上写了十几个字。他后来在生活困难不得不将日记卖给鲁迅博物馆时，将这十几个字用剪刀剪去了，使后来的人无从了解他当时的所思所想。

鲁迅看完信，派人去后院叫作人来说明原委。作人拒绝相见。

这一切进行得极为平静，甚至家里人也不知道到底发生了什么事。

周作人在日常生活中，总是给人一种冲淡平和的印象，好像整天钻在书房里，两耳不闻窗外事。其实，他和鲁迅一样，性格里有坚刚乃至顽强的成分。如他自己所说，平常多是所谓"绅士鬼"主宰着他的行动，可是如果他认为超过了一定限度，或者说破了底线，他身上的所谓"流氓鬼"就会跳将起来，做出惊人的动作。

鲁迅很了解二弟的性格，知道他们不可能在八道湾同住了，遂决定迁居。随后的一星期里，他忙着找房子。正好，一位租住在西四砖塔胡同的同乡说，他们的院子里还有几间空屋。7月26日，他到砖塔胡同定下房子，下午就开始收拾书籍入箱。到29日星期天，全部装好。30日一上班，鲁迅就把书籍、法帖等大小十二箱寄存到教育部。

8月2日，鲁迅搬出了八道湾十一号。

母亲愿意跟大儿子一起生活，但在大儿子还没有找到固定居所之前，仍在八道湾居住。鲁瑞有自己的考虑：首先，长子有敬上爱下的责任感；其次，大儿媳是自己从家乡带来的，虽然跟儿子的感情不好，但跟自己合得来。相比之下，周作人夫人是日本

一九二三年七月十八日，周作人给鲁迅的绝交信手迹

鲁迅先生：

　　我昨日得到一封信，——但此信不必再送了，——我不必多基督徒，却幸而也还有明白人的地方

　　提起过去的或者像夏说，——大家都是可怜的人间。我以前的蔷薇的梦原来都是虚

　　幻，现在所见的或者倒是真的人生。我想订正我的思想，重新入新的生活。以后请不

　　要再到后边院子里来。没有别的话。愿你安心，自重。

　　　　　　　　　　　七月十八日，作人。

人，别的不说，至少言语交流就不畅通。

鲁迅征求了朱安的意见，问她是回绍兴，每月由他寄生活费呢，还是到砖塔胡同同住。鉴于夫妻关系形同虚设，离散倒也是一个办法。朱安选择了后者。在那个时代，一般没有受过新思想教育又没有固定职业的女人，只能抱着"嫁鸡随鸡，嫁狗随狗"的态度。朱安也知道，让鲁迅爱上她可能性很小，但保持夫妻的名分可使她的生活有个着落。

八道湾十一号，这个周家"中兴"的大宅院，竟成了兄弟离散的伤心地。

鲁迅和周作人在日本留学时曾给在家留守的三弟许下诺言：有福同享，永不分离。立下这诺言时，还只是三兄弟，一切都好说。现在各自都有了妻室，有了事业，才能有大小，对生活的需求有差异。原先设想的三兄弟聚居一宅、有饭大家吃、有钱大家花的"大同"局面，已经难以维持。建人离开北京到上海谋生，早已给蔷薇梦一般的大家庭生活罩上一片阴影，也可以说，已经拉开了昆仲决裂的序幕。

"人生不相见，动如参与商"，是杜甫赠给阔别多年的卫姓朋友的诗句。"参"与"商"是二十八宿中的两个，它们不会同时出现在天空中。鲁迅小时候在寺庙挂名，拜和尚为师，得到的法名是"长根"也作"长庚"，后来他曾用作笔名；周作人有一个笔名叫"启明"。在绍兴方言里，长庚星叫"黄昏肖"，启明星叫"五更肖"，一东一西，永不相见，正是杜诗中的"参"与"商"。

8月2日，鲁迅在日记中写道："雨，午后霁。下午携妇迁居砖塔胡同六十一号。"周作人日记写的是："下午L夫妇移住砖塔胡同。"他厌恶得连"鲁迅"两个字也不愿写了！

蔷薇梦

中国古代圣贤讲究"修齐治平",要求治国平天下的统治者首先做到"齐家",但历史上有几个人能做得到呢?一向以仁爱孝悌自豪的中国人总结出来的大家庭生活原则,无他,只一个"忍"字。周作人很有体会,他曾经写道,中国圣贤都讲得大道理,日常却被妇人小儿弄得六神无主。

从周作人那封信的语气可知,他认为鲁迅的罪过非常之大,导致他此前做着的好梦破灭了,人生的思路轰毁了。他所说的蔷薇的梦,应该是他多年来形成的对生活的信念,对人生的美好向往,对人性善的肯定,与他热心提倡的"新村"运动同调。

1919 年,他去了一趟日本,思想变得开放、活跃了。受了时行的社会主义思潮的影响,他对劳动人民表示了极大的同情。他在《游日本杂感》中说,自己乘火车,虽然觉得三等车有些拥挤,但却比一等车强,因为在一般劳动者中间感觉比较舒服,不像在上等人中感到一种轻蔑和疏远。他还谈了自己在国内旅行的观感:"我在江浙走路,从车窗里望见男女耕耘的情形,时常产生一种感触,觉得中国的生机还未灭尽,就只在这一班'四等贫民'中间。"

劳动人民朴实,可亲。知识分子应该能深入到他们中间,体现和培养仁爱之心,焕发生机和力量。

《新青年》六卷三号上的《日本的新村》一文,是中国最早介绍新村的文章。周作人还热情地介绍过武者小路实笃的戏剧作品《一个青年的梦》。他写道:新村等想法虽"现在无用也可播个将来的种子,即使播在石头上，种子不出时，也可聊破当时的沉闷，使人在冰冷的孤独生活中，感到一丝温味，鼓舞鼓舞他的生意。"周作人的热情介绍，引起了鲁迅的注意。鲁迅看了剧本也很感动，决意将之译成中文。

周作人怀着朝圣一般的心情参观了日向新村。他在《访日本新村记》中写道：

> 我自从进了日向已经很兴奋，此时更觉感动欣喜，不知怎么说才好，似乎平日梦想的世界，已经到来……现在虽然仍在旧世界居住，但即此部分的奇迹，已能够使我信念更加坚固，相信将来必有全体成功的一日。我们常感着同胞之爱，却多未感到同类之爱；这同类之爱的理论，在我虽也常常想到，至于经验，却是初次。新村的空气中，便只充满这爱，所以令人融醉，几于忘返，这真可谓不奇的奇迹了。

周作人心底里正在或者说已经有了一个美丽的图景，那就是全家将要团圆，母亲和三兄弟的三个家庭将聚首北京。

当周作人兴致勃勃地到处演讲和发表文章时，鲁迅却表示出清醒冷静。钱玄同介绍周作人的文章给一些报纸杂志转载，鲁迅写信劝阻，说这"不是什么大文章，不必各处登载"，显然是不赞成将这种试验吹捧得很高。鲁迅早已过了做梦的年龄。作为长子，他感受到的生活压力最先也最大。正当周作人在日本新村里徜徉的时候，鲁迅却在北京为八道湾新居四处奔忙。

病痛

在周作人的蔷薇梦中，鲁迅无疑是经常出现的角色。他所取得的成绩，一定程度上要归功于鲁迅。

两兄弟的经历很多相似之处。鲁迅总是一个打前站的先锋，周作人紧随其后，南京求学，日本留学；鲁迅到北京工作，又想方设法让周作人离开绍兴，到北京大学来教书。

但经过了新文化运动，那种一个在前，一个在后，一个带着另一个前行的景象消失了，代之以携手前进，在文坛上形成双峰并峙的局面。虽然排行上是兄弟，但学问文章却难分伯仲。

即便是亲兄弟，因为经历的不相同，生活习惯、思维方式也会有差异。

鲁迅当然不会停止尽长兄的责任。尽管作人已是几个孩子的父亲，他的妻子对他照顾得也很周到，但鲁迅对作人总是放心不下。

周作人到北京后两次生病，都得到鲁迅的悉心照料。第一次的经历，鲁迅用作小说《弟兄》的素材。第二次得的是肋膜炎，病情严重得多。发病时期是在 1920 年底和 1921 年初。作人的久病使周宅家庭生活状态和各人的思想发生了很大变化。

鲁迅对二弟的关心和爱护，也正是在这个时期达到极致。

这一年头前两个月，因为周作人在家养病，鲁迅的日记里只出现过替二弟去邮局寄物等记载。3 月 29 日作人住进山本医院，第二天鲁迅便去探视。自此以后，有关记载逐渐加多，或者每天，或者隔一两天，鲁迅就会去医院看望，给周作人送些需用物品。

鲁迅的工作量突然大起来，寄稿收稿、收信回信、寻医问药、筹措款项等等，日记上虽然记得简略，但办起来却都耗时费力。4月11日，鲁迅日记记载"上午寄孙伏园信并稿二篇"。这两篇稿件，指的是鲁迅自己在繁忙的工作和繁杂的家事中挤时间译的《沉默之塔》和周作人在医院里写的诗《过去的生命》。

两兄弟一直有个习惯，写好了文章，如有时间就互相看一看，甚至读一读。病中的周作人因为寂寞感伤，诗兴大发。那天，他给鲁迅看了自己刚写的《过去的生命》，鲁迅低声读起来：

这过去的我的三个月的生命，那里去了？

没有了，永远的走过去了！

我亲自听见他沉沉的缓慢的一步一步的，

在我床头走过去了。

我坐起来，拿了一枝笔，在纸上乱点，

想将他按在纸上，留下一些痕迹，——

但是一行也不能写，

一行也不能写。

我仍是睡在床上，

亲自听见他沉沉的缓缓的一步一步的，

在我床头走过去了。

这忧虑和烦躁，鲁迅又何尝没有呢？以他的性格，内心苦楚不轻易告诉别人，当然更不会在因长期生病而烦恼不堪的二弟面前说起。二弟的病拖了很久，使鲁迅也陷入了深深的磨难中，更感到人的脆弱渺小，以及日常事务的琐碎和繁剧。而且，鲁迅有更大的烦恼：他必须依母命跟一个自己不爱的女子生活一辈子。这终生的枷锁，禁锢在像鲁迅这样一个有责任感、有同情心的人身上，称之为风雨如磐的重压，不为夸张。而且这苦楚，只能由他一人承担。

周作人生病期间所看的书，佛经占了相当大一部分，不算家中原有的佛经，单是住院和疗养期间新买的就有十种以上。鲁迅不但给二弟购买佛书，自己也大量购读。

对佛经，鲁迅曾下过一番功夫。近代中国士人很多对佛教产生过兴趣。像龚自珍、魏源、梁启超等人，晚年都沉浸在佛经中寻求精神慰藉。佛的教义能让人心宁静下来，除掉诸多杂念，压抑世俗欲望，从而减少人生的忧虑和烦恼。人往往在灾难临头时想到佛，风烛残年里想到佛，疾病缠身时想到佛。人生苦海，无边无际。一个人所能做的事，无非减轻一些生的苦痛，其办法无多，只是心静，只是专一，只是笃信。以自己的痛苦换来别人的幸福和安宁，一个人可以从慈悲行动中获得心灵的满足。鲁迅在家庭中的地位，正要求他有这样一种佛的慈悲、忍耐和牺牲精神。

鲁迅友爱弟弟们，时时为他们着想。尽管已经与作人失和，但内心仍然挂念着他。

有一天，一个患了精神病的学生到鲁迅寓所纠缠吵闹，并声言还要到八道湾去找他的"哥哥"周作人，鲁迅赶紧托人去八道湾报告消息，要二弟小心提防。

兄弟失和后，鲁迅在大学讲授文艺学，选用了日本批评家厨川白村所著《苦闷的象征》，以翻译和讲授这本书来抚慰自己痛苦的心灵。

周作人的"蔷薇的梦"，既有对人类相关心的期待，也有对普天下众生的同情，自然也有兄弟的友爱。但这友爱已无可挽回地崩散了。

美妙的幻想和极度的苦恼常常交织在一起。

猜测

兄弟反目来得很突然,连老母亲也不明原委。她对一位同乡说:"老大和老二突然闹起来了,也不知道是什么事情,头天还好好的,弟兄二人把书抱进抱出的商量写文章。现在老大决定找房子搬出去。"

其实,在失和前一两个月,两兄弟之间已经有了裂痕。1923年5月10日"晚与二弟小治肴酒共饮三弟,并邀伏园"。这是建人回京探亲,即将返沪,两个哥哥为其送行。随后,两人日记里记录了这样一些活动:

5月13日,同赴同光社集会;14日,同在北大二院听日本东洋音乐学校讲师田边尚雄讲《中国古乐之价值》,周作人担任翻译;26日,周作人宴客,鲁迅作陪,客人有泽村、丸山、徐耀辰、张凤举、沈士远、马幼渔等。

6月初,共同接受《北京周报》记者采访,3日的报纸上发表以谈话内容整理成的《"面子"和"门钱"》,署名"两周氏谈";26日,同在禄米仓张凤举家吃饭;29日,同往北大新潮社,与李小峰、孙伏园在北大二院食堂就餐。

7月3日,同至东安市场,又到东交民巷吉台厂书店买书,在山本照相馆购买相片。

但值得注意的是,有一个时期两兄弟同行,鲁迅日记有记载,周作人日记却不记。再往前追溯,失和以前半年周作人日记有关鲁迅的活动记录比以往减少了，或者可以说明周作人对鲁迅逐渐淡漠。特别值得注意的是，3月25日，鲁迅乘坐黄包车外出办事，回家的路上，因为车子急停，坠下车来，跌落两颗门牙。这件事一定在家中引发了惊慌，但周作人的日记里却没有记载。

羽太信子平时对鲁迅也有不友善的言语。鲁迅妻子朱安曾向人说过："她（指羽太信子）大声告诫她的孩子们，不要亲近我们，不要去找两个'孤老头'，不要吃他们的东西，让这两个'孤老头'冷清死。"说明两个小家之间已经有了矛盾。

考虑到周建人离京的原因，经济问题成为关注的焦点。

母亲鲁瑞对砖塔胡同的邻居也是同乡俞芳说："我只记得，你们大先生对二太太当家，是有意见的，因为她排场太大，用钱没有计划，常常弄得家里入不敷出，要向别人去借，是不好的。"

鲁迅和周作人共同的好友许寿裳认为鲁迅孝悌双修，周作人不知感恩，兄弟失和的责任在周作人的妻子羽太信子。羽太信子的性格是歇斯底里性的，对鲁迅外貌恭顺，内怀忮忌；作人则心地糊涂，轻信妇人之言。

家庭出现经济问题，很多人也认为责任在羽太信子。许广平的回忆录提供了鲁迅的一段话：

> 有时茶余饭后，鲁迅曾经感叹过自己的遭遇。他很凄凉地描绘了他的心情，说："我总以为不计较自己总该家庭和睦了罢，在八道湾的时候，我的薪水，全行交给二太太，连周作人的在内，每月约有六百元，薪水总是不够用，要四处向朋友借。有时借到手连忙持回家。就看见医生的汽车从家里开出来了。"

鲁迅还以特有的幽默口吻说："我用黄包车运来，怎敌得过用汽车带走的呢？"鲁迅还说："我幸亏被八道湾赶出来了，生活才能够有点预算，比较不那么发愁了。"

周作人大病时，家庭经济的确感到了极大的压力。实际上，家里不只周作人一个病号，信子和芳子也经常需要看医生。有时，也许在别人看来不算什么病的小不舒服，她们也要打电话请日本医生来。经济拮据，外出借钱自然是鲁迅的任务。他因此可能会提醒主持家务的信子注意节约。这些提醒和批评或许使羽太信子感到不快，于是不免产生厌烦和怨恨。

但认定羽太信子为了挥霍钱财而把鲁迅赶走，也不完全合乎情理。周家数周作人和羽太信子这一门开销最大，鲁迅的开销最少，而鲁迅又挣来将近一半的收入，把他赶走，不是自断财源吗？而且鲁迅一贯不吝在金钱上帮助羽太一家。兄弟失和后，鲁迅还同信子的弟弟重久保持着联系。1925 年 10 月 7 日羽太重久给鲁迅写信说："上月蒙兄长给予及时补助，非常感激。……对您长年以来的深情厚意和物质援助，真不知说什么才好。"

羽太信子究竟是个什么样的人呢？ 1908 年周氏兄弟、许寿裳和另外两位留学生合租日本作家夏目漱石居住过的本乡西片町住房时，信子作为包饭女也住在那里。她与作人相恋，两人于 1909 年结婚。

信子刚到绍兴，人生地不熟，生活不习惯，又很孤独，曾犯过歇斯底里病，给周家人带来惊慌。周作人平日埋头读书做学问，家事都由信子安排。原来，周作人出生后，得不到母乳，雇来乳母，仍不能满足，只好胡乱喂养，结果得了消化不良症，瘦弱不堪；他还出过天花，脸上留下了麻子——他总说自己小时候是个"丑小鸭"，缺少关注和爱怜。三兄弟，老大很受信任，老三最得关爱，老二夹在中间，颇受冷落。羽太信子对他的悉心照顾使他有一种安全感。有人说，周作人爱上并依靠羽太信子显出恋母情结。日久天长，周作人几乎事事听命于妻子，每逢意见不合，信子一发脾气，总是周作人让步。夫妻关系中的这种定式在绍兴已经形成，家人司空见惯。许广平在回忆鲁迅的文章中，认定周作人夫妇合谋赶走了鲁迅，信子是主犯，周作人为协从：

周作人的这样做，是经过考虑的，他曾经和信子吵过。信子一装死他就屈服了。他曾经说："要天天创造新生活，则只好权其轻重，牺牲与长兄友好，换取家庭安静。"

郁达夫回忆说：

但鲁迅有时候对我说："我对启明，总老规劝他的，教他用钱应该节省一点，我们不得不想想将来，但他对于经济，总是进一个花一个的，尤其是他那一位夫人。"从这些地方，会合起来，大约他们反目的真因，也可以猜度到一二成了。

鲁迅在阜成门内宫门口西三条置办好房屋，于1924年6月11日回八道湾取书物时，与周作人夫妇发生冲突。鲁迅日记写道："下午往八道湾宅取书及什器，比进西厢，启孟及其妻突出骂詈殴打，又以电话招重久及张凤举、徐耀辰来，其妻向之述我罪状，多秽语，凡捏造未圆处，则启孟救正之，然终取书、器而出。"争执间，周作人竟拿起一尺高的狮形铜香炉向鲁迅头上打去，幸亏别人接住，抢开，才没有打中。周作人夫妇对赶来劝解的朋友讲了鲁迅很多坏话，即鲁迅日记中所谓"罪状""秽语"及"捏造"之词。

所谓鲁迅对信子的"不敬"之处，究竟是怎么回事，许多研究者予以探讨，但因为缺乏实证，无从定论。从情理上说，如果

单单是经济上一时紧张，以周氏兄弟的能力，是不难克服的。而
且两人也可以一起商量解决办法，实在不行，可以分家，不至于
这么突然闹翻。决裂，必然为着重大的、足以激怒了周作人而使
他觉得鲁迅无可原谅的事件。这一点，可以从他致鲁迅信中的
"我昨天才知道"一句话里看出来。

6月11日周作人日记里写的是"下午，L来闹"。

两个哥哥究竟为什么反目，远在上海的三弟建人也不清楚。
建人认为兄弟分手并非因为政见不同，思想分歧，而源于家庭纠
纷。1983年4月，他在《新文学史料》上发表了《鲁迅与周作人》
一文，把家庭分裂归咎于二嫂羽太信子：

> 在绍兴，是由我母亲当家，到北京后，就由周作人之妻当
> 家。日本妇女素有温顺节俭的美称，却不料周作人碰到的却真
> 是个例外。她并非出身富家，可是气派极阔，架子很大，挥金
> 如土。家中有管家齐坤，还有王鹤招及烧饭司务、东洋车夫、
> 打杂采购的男仆数人，还有李妈、小李妈等收拾房间、洗衣、
> 看孩子等女仆二三人，即使祖父在前清做京官，也没有这样众
> 多的男女佣工。更奇怪的是，她经常心血来潮，有时候饭菜烧
> 好，忽然想起要吃饺子，就把一桌饭菜退回厨房，厨房里赶紧
> 另包饺子；被褥用了一两年，还是新的，却不要了，赏给男女
> 佣人，自己全部换过。这种种花样，层出不穷。鲁迅不仅把自
> 己每月的全部收入交出，还把多年的积蓄赔了进去，有时还到
> 处借贷，自己甚至弄得夜里写文章时没有钱买香烟和点心。鲁
> 迅曾感叹地对我说，他从外面步行回家，只见汽车从八道湾出
> 来或进去，急驰而过，溅起他一身泥浆，或扑上满面尘土，他
> 只得在内心感叹一声，因为他知道，这是孩子有病，哪怕是小

病，请的外国医生，这一下子又至少是十多块钱花掉了。

　　虽然周作人的生活是比较讲究一些，但还不至于这样。但周作人任他的妻子挥霍，不敢讲半句不是。早在辛亥革命前后，他携带家眷回国居住在绍兴时，他们夫妇间有过一次争吵，结果女方歇斯底里症大发作，周作人发愣，而他的郎舅、小姨都指着他破口大骂，从此，他不敢再有丝毫的"得罪"，相反，他却受到百般的欺凌虐待，甚至被拉着要他到日本使馆去讲话。……

周建人行文中有意回避了他本人的存在。羽太信子被写得满身毛病，作人的"小姨"就是他的前妻羽太芳子也形象不佳。不过，他在同一篇文章中说，青少年时代，二哥脾气很好，易与相处。

　　兄弟失和，至今仍是一个谜。

十三 外御其侮

北京阜成门内宫门口西三条二十一号北屋

鲁迅小说集《彷徨》，1926年8月
北新书局出版

鲁迅散文诗集《野草》，1927年7
月北新书局初版

《语丝》

鲁迅、周作人失和以后互不来往，必要时靠亲朋好友传递消息。

从两兄弟的日记看，这个时期他们的最主要通信对象是三弟建人，几乎每天，不是收到上海来信，就是寄上海信。人总是需要"兄弟"的。失去了北京的兄弟，两人不约而同地频繁与上海的小弟弟联络。

建人有一次还写信托大哥打听八道湾的事。他自己与妻子关系不睦，很少回京，甚至也很少写信了。当然，也不排除他明知两个哥哥失和，仍不得不托鲁迅打听，因为有些事直接问二哥并不方便——他的妻子和二哥的妻子是亲姊妹。

在两家之间走动最勤的是鲁迅的学生、《晨报副刊》编辑孙伏园。

当时《晨报》的副刊很风行，鲁迅和周作人因为与孙伏园的同乡和师生关系，在这里发表了包括《阿Q正传》在内的很多文章。1924年，周作人在副刊上发表了《徐文长故事》，连载两期后停止了，可能是受到了某种阻碍。周作人在最后一次刊载时附加说明道：

> 有些道学家及教育家或者要对我"蹙頞"，以为这些故事都很粗俗，而且有地方又有点不雅。这个批评未必是不中肯綮，不过我的意思是在"正经地"介绍老百姓的笑话，我不好替他们代为"斧政"。他们的粗俗不雅至少还是壮健的，与

（第一版） 二九五年一月十九日 （第十期）

語絲

第十期

每星期一出版

地址　北京大學第一院新潮社

報費　每份本埠銅元四枚外埠連郵費分半全年全一元郵票代價九五折計算

廣告費　每方寸每期五角十期以上七折二十期以上對折

鬼的吒賣

開明

中華民國十四年一月八日下午五時從泡子河歸滿洄，忽然想起洛邑謠女士的長詩鬼市（Christina Rosetti, The Goblin market）。——是七八年前看過，其實早已忘記了。——車中口占一詩，顏森森有鬼氣。從前我做過一首醉漢的歌，承半農遒語季會實讚我這首傑作否。即日七時半鐘竟記于苦雨齋。

阿嗜嗜！
壞的是誰？
我是悟典的小鬼頭兒。

阿嗜嗜！
誰來買，誰來買！
零白果好花捲，
白果白果白果眼，
雪白朶朶好花捲，
還有尖尖的尖腳粽，
佛前擺供的老鴉拌。

肥的白的雲南腿，
紅糟鼻子胡子嘴，
泡子河煎滿洄，
還有新剝的豆腐奶，
帶着大辮的夾蓓腺蒡。

阿嗜嗜！
桃着擔子支着鍋，
賣着十足的老國貨。
誰來買，誰來買！

阿嗜嗜！
硬了鍋兒惹了火，
壓破鷲鳥嚇死我，
燥折了腿不打緊，
糟了我的好百貨，
只好空手問老窩。

贅語

這首詩當作老實的話看，固然不很妥當；說是全係不老實的話，也不能算對。高一有人看了不很了解，希望我神寫個字條給我，定當專函奉答，不悮主顧。付印日附記。

藥

川島

『希望』我如溺婦，在那裡纏或我們，我們不想反抗，也許因為我們不知道這是莫大的纏縛，因而便在這纏縛中求那剎那不保夕的生活。

也許是這樣：在極渴的時侯，正以爲面前的杯清茶可以解渴，實在這足以傷生。那時印令懊悔或煩悶，也儘有懊悔與煩悶的結果。和你能有這樣的魔力來解渴的嗎？能說『生』所給與我們面前的杯清茶能樂嗎？『我想我們都不過在這裏冒險能了？

可是『希望』簡直是溺婦，朝我們微笑，招手，我們爲了這生命頃刻的安裝而欣，而顧隨從，終于便入了伊的彀。這是難怪的……

早熟或老衰的那种病的侂荡不同——他们的是所谓拉勃来派的（Rabelaisian），这是我所以觉得还有价值的地方。

同年 10 月鲁迅把自己的一首打油诗《我的失恋》寄给孙伏园。诗的内容是讽刺当时报纸杂志上卿卿我我、无病呻吟的所谓"情诗"。对孙伏园来说，鲁迅来稿当然原文照登。然而，主事者却认为这首诗写得不好，也不知道这是鲁迅的作品（署名"某生者"），就把它抽掉了。

孙伏园得知消息，连忙赶到报馆交涉，言语争执间，与主事者发生了肢体冲突。孙伏园不得不离开报馆。

孙伏园决定另办一个刊物，获得周氏兄弟支持，于是有了《语丝》周刊。

《语丝》约定了十六位长期撰稿人：周作人、钱玄同、江绍原、林玉堂、鲁迅、川岛、斐君女士、王品青、衣萍、曙天女士、孙伏园、李小峰、淦女士、顾颉刚、孙福熙、林兰女士。其中，孙伏园和李小峰因为主要负责编辑事务，写稿不多。鲁迅和周作人则是最主要作者，几乎每期都有他们的文章，大多排在显著位置，并且常常排在一起。

周作人为《语丝》撰写了发刊词，其中说：

我们几个人发起这个周刊，并没有什么野心和奢望。我们只觉得现在中国的生活太是枯燥，思想界太是沉闷，感到一种不愉快，想说几句话，所以创刊这张小报，作自由发表的地方。……

我们并没有什么主义要宣传，对于政治经济问题也没有什么兴趣，我们所想做的只是想冲破一点中国的生活和思想界的昏浊停滞的空气。我们个人的思想尽自不同，但对于一切专断和卑劣之反抗则没有差异。我们这个周刊的主张是提倡自由思想，独立判断，和美的生活。我们的力量弱小，或者不能有什么着实的表现，但我们总是向着这一方面努力。

办刊宗旨是反对专制、提倡思想自由。

在周氏兄弟失和之后一两年里，孙伏园在两兄弟之间奔走联络，常常受一方的委托去向另一方询问或交涉。如 1924 年 1 月 11 日，鲁迅为许钦文小说集出版事致信孙伏园说："钦文兄小说已看过两遍，……现在先存廿七篇，兄可先以交启孟，问其可收入《文艺丛书》否？而于阴历年底取回交我，我可于是后再加订正之。"信中所说《文艺丛书》系新潮社出版，周作人主编。鲁迅的《呐喊》1923 年 6 月付印，8 月出版，就收入这套丛书，扉页上有"周作人编"的字样。当时因为新潮社经费支绌，鲁迅出借二百元作为《呐喊》的印刷费，初版两千册，收回的书款尚不能抵偿借款和版税。同年 12 月加印两千五百册，这才偿清。由于兄弟失和，鲁迅收回版权，将《呐喊》编入"乌合丛书"，1924 年由北新书局出版，扉页上不再署"周作人编"。鲁迅翻译的爱罗先珂《桃色的云》，也属于这种情况。

按照鲁迅的意见，《语丝》第一期印数不能多，以免卖不掉。但因为印刷成本的关系，至少要印两千份。印刷费由鲁迅、周作人、川岛和孙伏园按月轮流负担。催稿、编辑、校对、跑印刷所、发行，甚至上街推销由川岛、孙伏园和李小峰负责。创刊号出来，因为担心卖不出去，他们派人拿到大街上叫卖。出乎意料的是，销路极好，几天就卖完了，而外埠的读者仍不断汇款来订阅。《语丝》第 1 期竟再版七次，共印一万五千份。

在《语丝》上发表文章是没有稿酬的。但第一期发行顺利，报社就有了赢余。原定四个人分担印刷费也可以不必了。于是社里印了一些稿纸分赠作者，余款则每月搞一次聚会，一桌或两桌不等。周作人、钱玄同、江绍原等每场必到，有时还带着夫人。有两个人自始至终没有参加过，一个是鲁迅，一个是淦女士（冯沅君）。

鲁迅在《我与〈语丝〉的始终》一文中回忆说：

> 从此市场中的茶居或饭铺的或一房门外，有时便会看见挂着一块上写"语丝社"的木牌。倘一驻足，也许就可以听见疑古玄同先生的又快又响的谈吐。但我那时是在避开宴会的，所以毫不知道内部的情形。

鲁迅之所以避开这样的聚会，一个重要的原因是二弟在座，不便同席。

《语丝》的主编是周作人，但鲁迅在这个刊物上倾注了很大的心血。创刊不到一年，他就发表了四十多篇文章。《野草》几乎全部刊登在《语丝》上。

《语丝》虽然不宣扬什么主义，但提倡自由思想，开展社会批评和文明批评，文坛上渐渐把它看成一个派别，就有人称之为"语丝派"。直到 1927 年，这个派别的名目还在。鲁迅把自己在厦门和广州教书期间同顾颉刚等人闹矛盾及学校发生派系争斗等情况写信告诉建人，建人有时再写信转告作人。

《语丝》遭到攻击，鲁迅和周作人都坚决维护刊物的声誉。针对舆论界对《语丝》的种种批评，周作人写了一篇书信体文章《答伏园论"语丝的文体"》予以回击。说到干预政治，周作人指出：

> 《语丝》向来并不是规定"不谈政治"，只是大家都不是以政治为职业，对于政治（黑狗咬黄狗的政治）也没有兴趣，所以不去谈他罢了。但有时候也要谈谈，如溥仪出官，孙中

山去世等大事件发生，我们都大谈而特谈过。……"那只大虫"在北京教育界跳踉的时候，我个人在日报上曾发表好些议论……。这都依了个人的趣味随意酌定，没有什么一定的规律。除了政党的政论以外，大家要说什么都是随意，唯一的条件是大胆与诚意。

周作人在文章中还说，《语丝》不用别人的钱，就不说别人要他说的话。

因为南方正在闹"清党"，周作人在《语丝》上发表了《吴公如何》，斥责"清党"运动的倡导者吴稚晖，杂志因而遭到查扣，周作人又以岂明的笔名发表《光荣》一文加以抨击，已经到达南方的鲁迅看到后写了《扣丝杂感》，对刊物表示同情和支持，并对南方的所谓"革命"运动提出了批评：

世事也还是像螺旋。但《语丝》今年特别碰钉子于南方，仿佛得了新境遇，这又是什么缘故呢？这一点，我自以为是容易解答的。

"革命尚未成功"，是这里常见的标语。但由我看来，这仿佛已经成了一句谦虚话，在后方的一大部分的人们的心里，是"革命已经成功"或"将近成功"了。既然已经成功或将近成功，自己又是革命家，也就是中国的主人翁，则对于一切，当然有管理的权力和义务。刊物虽小事，自然也在看管之列。有近于赤化之虑者无论矣，而要说不吉利语，即可以说是颇近于"反革命"的气息了，至少，也很令人不欢。而《语丝》，是每有不肯凑趣的坏脾气的，则其不免于有时失踪也，盖犹其小焉者耳。

《语丝》凭借周氏兄弟等作家在文化界的影响，表达对于思想革命和文明建设的意见，与《新青年》一脉相承，深得读者青睐。周氏兄弟之间不见面不说话不通信，却通过《语丝》来沟通——这份杂志在周氏兄弟思想发展道路上起到巨大作用。

"兄弟阋于墙，外御其侮。"在一些大是大非问题上，周氏兄弟大体上是一致的。

孙中山先生去世后，为回击反动文人对孙先生的污蔑，表彰孙先生的革命业绩，周作人在《语丝》第14期上发表了《孙中山先生》一文，说："只这中华民国四字便是最大的证据与纪念：只要这民国一日不倒，他的荣誉便一日存在，凡是民国的人民也就没有一人会忘记他。"文章指出虽然孙中山也有缺点，但不妨碍他的伟大，有日本武者小路实笃的诗句为证：

> 一棵大树，
>
> 要全部的去看他，
>
> 别去单找那虫蛀的叶！
>
> 呔，小子。

文章写于1925年3月13日，同月23日发表。而鲁迅也在同月21日写了《战士与苍蝇》一文，发表于24日《京报》副刊上。鲁迅写道，孙中山虽然有缺点，但是一个战士，那些讥笑先烈的人貌似"完美"，却只如专叮战士伤口的苍蝇。文章结尾的语气与周作人惊人相似：

> 然而，有缺点的战士终竟是战士，完美的苍蝇也终竟不过是苍蝇。
>
> 去吧，苍蝇们！虽然生着翅子，还能营营，总不会超过战士的。你们这些虫豸们！

女师风潮

两兄弟失和后配合最默契的事件，是女师大风潮。

北京女子师范大学校长许寿裳因为不满当时的教育总长，同其他几所大学的校长联名辞职，校长一职由该校英文系主任杨荫榆接任。杨校长虽在日本和美国学习多年，是中国较早接触西方文化和教育的女性，但性格刻板，对学生管束较严，使一些活泼好动的学生心生不满。孙中山到达北京时，部分学生组织欢迎，她出而劝阻，称孙中山联俄联共，主张共产共妻，是个坏人。这让一些学生很反感。新学期开始，有学生因为交通不便等原因未能如期到校，杨荫榆责令其退学。学生自治会要求她收回成命，她严词拒绝并斥责学生代表。积怨渐多，终致爆发冲突。部分学生发动了所谓"驱羊运动"，把要求撤换校长的呈文递到教育部。教育部总长章士钊认为学生无理取闹，发布命令，禁止学生参加集会、游行和演讲等活动。

在随后召开的国耻纪念日集会上，学生们与杨荫榆发生冲突。学生不承认她的校长资格，逼她退席，闹得她大呼"叫警察！""叫警察！"她随后召开"评议会"，决议将蒲振声、张平江、郑德音、刘和珍、许广平、姜伯谛六名学生自治会成员开除。学生针锋相对，在校门口贴上《行矣杨荫榆》的布告，要她"以人格为重，幸勿擅入校门"，并且给校长办公室门上贴了封条。同时，学生们还给教师们写信，请他们出来主持公道。

鲁迅和周作人对老朋友许寿裳在学校受到的待遇本就不满，

在许寿裳辞职后立即退还聘书，不愿再去授课，对继任的女校长当然也没好气。学生自治会成员被开除后，鲁迅发表了《忽然想到（七）》，批评说，在中国，有一种女人"一得到可以逞威的地位如校长之类"，就雇佣"打手似的男人，来威吓毫无武力的同性的学生们"，并且还"和一些狐群狗党趁势来开除她私意所不喜的学生们"。被开除的学生中，有几位听过他的课，跟他交往比较多——其中许广平后来成了他的恋人。

周作人也曾接待学生来访，表示同情，但他不希望把事情闹大。他劝告被开除的六位学生，就此停止，不必闹成群众运动。

然而，学生们不愿偃旗息鼓。

部分教员联名发表了《关于北京女子师范大学风潮的宣言》。周作人的签名排在最后，按执笔者最后签名的惯例，这篇宣言应该出自周作人手笔，但周作人在回忆录中并未提及此事。

当时鲁迅和周作人的很多文章发表在《京报》上，与其唱反调的报纸杂志主要有《甲寅》和《现代评论》。后来人们称之为"甲寅派"和"现代评论派"。前者为章士钊所办，后者的撰稿人是一批留学英美的知识分子如王世杰、胡适、陈源等。陈源是《现代评论》文艺版的负责人，同情和支持杨荫榆。他在杂志上开一个"闲话"专栏。鲁迅等人的宣言发表两天后，陈源在"闲话"上撰文说，女师大风潮"是北京教育界占最大势力的某籍某系的人在暗中鼓动"。某籍是指浙江籍，某系指北京大学国文系——宣言上署名的七人有六人浙江籍，又多在北大任职或兼职。陈源还说，女师大就"好像一个臭毛厕"，"人人都有扫除的义务"，他呼吁教育当局尽快整顿学风，不可姑息迁就。

鲁迅写了《我的籍和系》，予以反驳。周作人也写了《京兆

對於北京女子師範大學風潮宣言

溯本校不安之狀，蓋已半載有餘，時有隱顯，以至現在，其間亦未見學校當局有所反省，竭誠處理，使之消弭。近五月七日校內講演時，學生勸校長楊蔭榆先生退席後，楊先生乃於飯館召集校員若干燕飲，繼卽以評議部名義，將學生自治會職員六人（文預科四人理預科一人國文系一人）揭示開除，由是全校譁然，有眩拒楊先生長校之事變，而楊先生亦遂遍感言，又聽晉學生家屬。其文甚繁，第觀其已經公表者，則大槩譸諑以品學二字立言，使不讀此事始末者見之，一若此次風潮，為校長整飭風紀之所致。然品性學業，皆有可徵。六人學業，俱非不良，至於品性一端，平素尤絕無劣迹之可言。況六人俱為自治會職員，情非長才，衆人何由公舉，不備於校長者任以此與開除並論，而又若罹著合，誅有混淆墨白之嫌，則開除之後，全校員，則本系之一面主任何至平前非不與聞，繼迄相率引退，可知大槩。義難默爾，敢布區區，惟賴心教育者察捲飾也。同人忝為教員，因直早經顯見，曲直早經顯見，偏私謬戾之舉，究非空言曲說所能捲飾也。

蕎

國文系教員馬裕藻
國文系教員沈尹默
國文系教員周樹人
史學系主任教員李泰棻
國文系教員錢玄同
國文系教員沈兼士
國文系教員周作人

鲁迅、周作人等联名发表的《对于北京女子师范大学风潮宣言》

人》，斥责对方："但总没有凡某籍人不能说校长不对的道理，所以我犯了法也还不明白其所以然，造这种先发制人的流言者之卑劣心理实在可怜极了。"

这年的 8 月 1 日，杨荫榆在政府的支持下，带领军警，强行驱赶学生离校，切断水电供应。军警殴打学生，并将学生锁在校内。学生则砸开校门，继续抗争。

周作人对当局的做法很不满，在《续女师大改革论》一文中，指名道姓地谴责章士钊和杨荫榆，认为"秋桐总长对于这回女师大事件决不能逃责"，痛斥学校当局的行为"丧心病狂"。

事情越闹越大，北京许多高校的学生会都向政府提出抗议，要求撤换女师大校长。章士钊不但不听，反而变本加厉，呈请段祺瑞政府解散女师大，在原校址设立女子大学。学生们坚不离校，教育部派人强行接管，几天之内双方接连冲突，不少学生被殴打致伤。

部分教员应学生请求组织了"女子师范大学校务维持会"，鲁迅也在其中。教育部当局认为鲁迅做了与自己身份不符的事——作为教育部职员，本应与总长保持一致。学潮期间，教育部官员曾派人来劝说鲁迅不要参与，并暗示将来可以让他担任该校校长。鲁迅严词拒绝。教育总长章士钊不得不动用权力，将其免职：

> 兹有本部佥事周树人，兼任国立女子师范大学教员，于本部下令停办该校以后，结合党徒，附合女生，倡设校务维持会，充任委员。似此违抗法令，殊属不合，应请明令免去本职，以示惩戒（并请补交高等文官惩戒委员会核议，以完法律手续）。

鲁迅去女师大出席校方维持会会议是在 8 月 13 日，而章士钊的呈文上写的日期是 12 日。鲁迅抓住这个破绽，于 8 月 22 日向平政院提起诉讼，说："查校务维持会公举树人为委员，系在八月十三日，而该总长呈请免职，据称在十二日。岂先预知将举树人为委员而先为免职之罪名耶？"

当局执行解散女师大的命令遇到困难的时候，召集了一次学生家长会议。周作人到会。其实他自己并没有孩子在该校就读，而是以一个名叫张静淑的学生的保证人身份出席的。章士钊在会上声色俱厉地要家长服从命令，约束学生。周作人等发言抵制。章士钊见一片反对之声，悻悻而去。

章士钊这些举动，激怒了教育界。北京掀起了轰轰烈烈的"驱章"运动。北京大学宣布与教育部脱离关系，北大教员四十余人发表宣言，反对章士钊担任教育总长，鲁迅、周作人都名列其中。在教育部，为支持鲁迅与章士钊的斗争，许寿裳等人也提出辞职。

这场斗争以学生一方得胜告终。学校复课，教育部任命易培基为女师大校长。在新校长就职仪式上，鲁迅代表教师讲话。

此时，章士钊已不再担任教育总长。鲁迅的官司也打赢了。

"攻周专号"

1926 年 1 月 30 日，徐志摩主编的《晨报副刊》上发表了几位教授之间的通信，主要内容是：

　　　陈源先生的来信　　岂明
　　　关于下面一束通信告读者们　　志摩

《闲话的闲话之闲话》引出来的几封信 西滢
（一）西滢致岂明（即周作人教授）
（二）岂明致西滢
（三）岂明致西滢
（四）西滢致凤举
（五）凤举致西滢
（六）西滢致岂明
（七）凤举致西滢
（八）西滢致凤举
（九）西滢致志摩
附录（甲）西滢致半农（即刘复博士）
（乙）半农致西滢
（丙）西滢致半农

从目录上看是针对周作人的，故有"攻周专号"之称。事情的原委是：此前，章士钊在关于停办女师大的呈文中，指责该校学生"不受检制，竟体忘形，啸聚男生，蔑视长上，家族不知所出，浪士从而推波，伪托文明，肆为驰骋，谨愿者尽丧所守，狡黠者毫无忌惮，学纪大紊，礼教全荒，……"杨荫榆还致信警察厅说："诚恐某校男生来校援助恳请准予八月一日照派保安警察三四十名来校借资防护"，字里行间似有暗指，就像教育部给周树人的解职令中说的"附合女生"一样，总想在"男女"两字上做文章。

陈西滢虽然没有公开污蔑女学生，但私下谈话中可能也有过此类言论。徐志摩在《晨报副刊》上发表《闲话引出来的闲话》，吹捧陈西滢的文章和品行，说："西滢是分明私淑法郎士的，也不止写文章一件事——除了他对女性的态度，那是太忠贞了。"周作人看后极为反感，因为他听说，陈西滢在与同事们谈话中说过"现在的女学生都可以叫局"。

周作人在《闲话的闲话之闲话》一文中披露那次谈话内容道："我知道在北京有两位新文化新文学的名人名教授，因为愤女师大前途之棘，先章士钊后杨荫榆，而扬言于众曰：'现在的女学生都可以叫局。'"他怒斥道："许多所谓绅士压根儿就没有一点人气，还亏他们恬然自居于正人之列。"

陈西滢不承认说过这样的话，在给张凤举的信中辩解说，女学生可以叫局的话，他是在西山卧佛寺听 B 君说的。当时他认为"要有，也是私娼假冒女学生的名字"，还说"除非 B 君的朋友托某饭店叫一个来，让我们考她一考，证明她是女学生"。

当时，因为女学生人数很少，自然成为社会关注的重点，免不了有人故意往她们脸上抹黑，凡女学生出事如偷盗、卖淫，甚至受了侮辱，舆论总是津津乐道——直到现在，这毛病仍有遗留。

周作人感到气愤的是，一个信奉新文化的教授竟然谈论这样低级趣味的话题。

正在陈西滢百般辩解时，章廷谦出来作证。他在《反周事件答问》里说："叫局问题——我也听说是陈源教授所说。在十四年五月三十日午后六点的时节，北京什刹海会贤堂楼窗口张凤举先生和我说的，……"不过也是"听说"而已。

看来，只有张凤举知晓事件的真相，但他却一直不肯作证。

陈西滢在抨击周作人时也捎带上了鲁迅："先生兄弟两位捏造的事实，传布的'流言'，本来已经说不胜说，多一个少一个也不要紧。"

鲁迅和陈西滢自有一段恩怨。陈西滢从北京某教授那里听说，鲁迅的《中国小说史略》抄袭了日本学者盐谷温的《中国文学史》："他常常挖苦别人家抄袭。有一个学生钞了沫若的几句诗，他老先生骂得刻骨镂心的痛快，可是他自己的《中国小说史略》，却就是根据日本人盐谷温的《支那文学概论讲话》里面的'小说'一部分。其实拿人家的著述做你自己的蓝本，本可以原谅，只要你在书中有那样的声明，可是鲁迅先生就没有那样的声明。在我们看来，你自己做了不正当的事也就罢了，何苦再去挖苦一个可怜的学生，可是他还尽量的把人家刻薄。'窃钩者诛，窃国者侯'，本是自古已有的道理。"这使鲁迅极为恼怒。他在多篇文章予以说明和反击，直到晚年还耿耿于怀，痛斥道：

> 现在盐谷教授的书早有中译，我的也有了日译，两国的读者，有目共见，有谁指出我的"剽窃"来呢？呜呼，"男盗女娼"，是人间大可耻事，我负了十年"剽窃"的恶名，现在总算可以卸下，并且将"谎狗"的旗子，回敬自称"正人君子"的陈源教授，倘他无法洗刷，就只好插着生活，一直带进坟墓里去了。

周作人没有参与有关鲁迅著作的争论。他了解鲁迅在这部书上花的心血很大，他本人也曾参与其中。他为鲁迅介绍了北大讲师的席位，是鲁迅写出此书的动力之一。可能是碍于兄弟已经失和，不方便为兄长站台吧。

鲁迅针对"攻周专号"上这一束信，写了《不是信》一文，指出："《一束通信》的主要部分中，似乎也承情没有将我'流'进去，不过在后屁股的《西滢致志摩》是附带的对我的专论，……"

徐志摩"项庄舞剑意在沛公"，攻周是为了攻鲁：

> 我与他们私人的交情浅得多。鲁迅先生我是压根儿没有

瞻仰过颜色的，作人先生是相识的，但见面的机会不多。鲁迅先生的作品，说来大不敬得很，我拜读过很少，就只呐喊集里三两篇小说，以及新近因为有人尊他是中国的尼采，他的热风集里的几页。他平常零星的东西，我即使看也等于白看，没有看进去或者没有看懂。作人先生的作品我也不会全看，但比鲁迅先生的看的多。他，我也是佩服的，尤其是他的博学。

对周作人，口气上还有所保留。

陈西滢也对周氏兄弟做了分别："其实，我把他们一口气说了，真有些冤屈了我们的岂明先生。他与他的令兄比较起来，真是小巫遇见了大巫。有人说，他们兄弟俩都有他们贵乡绍兴的刑名师爷的脾气。这话，岂明自己也好像曾有部分的承认。不过，我们得分别，一位是没有做过官的刑名师爷，一位是做了十几年官的刑名师爷。"

周氏兄弟把"甲寅派"称作"老虎"，那么"现代评论派可称"走狗"了。他们在互不通音问的情况下联合开展了一场打虎和打狗的战役。

周作人的文字攻击的凶猛程度，一点儿也不比鲁迅弱。

不过学生取得胜利后，周作人觉得斗争可以结束了。有人发表文章说，如果继续攻击下了台的章士钊，就是在打"死老虎"。周作人在《语丝》第 54 期上发表《答伏园论"语丝的文体"》一文，也提出应该讲究"费厄泼赖"精神，又在第 56 期上发表《失题》一文，说"打'落水狗'（吾乡方言，即'打死老虎'之意），也是不大好的事，……一日树倒胡狲散，更从那里去找这班散了的，况且在平地上追赶胡狲，也有点无聊卑劣，虽然我不是绅士，却也有我的体统与身份。"

　　他的观点得到林语堂的赞同，后者在《语丝》第57期上发表《插论语丝的文体——稳健、骂人及费厄泼赖》，发挥周作人的观点道："此种'费厄泼赖'精神在中国最不易得，……且对于失败者不应再施攻击，因为我们所攻击的在于思想非在人，以今日之段祺瑞、章士钊为例，我们便不应再攻击其个人。"

　　鲁迅却决不宽恕。他把陈源等帮忙或帮闲的文人，视为当权者的帮凶，说他们：

　　　　用了公理正义的美名，正人君子的徽号，温良敦厚的假脸，流言公论的武器，吞吐曲折的文字，行私利己，使无刀无笔的弱者不得喘息。

　　鲁迅针对周作人和林语堂等的文章，写了《论"费厄泼赖"应该缓行》，提出"痛打落水狗"的主张。他说，老实人以为，落水狗既已落水，就会忏悔，不再咬人，是错误的。以往的经验证明，不打落水狗，就会再被狗咬，"他日复来，仍旧先咬老实人开手"。

　　果然，就在这时，章士钊的党徒们成立了"女大公理维持会"，清算那些曾反对他的教职员。事实教育了宽容论者。周作人写了《大虫不死》，批评挂"不打死老虎"招牌的所谓绅士说，章士钊决不是孤立的，他是中国恶势力的代表，他背后有成千上万的坏人，他一个人倒下去，无数的"大虫"还在后边挨挤着。

　　林语堂在现实面前也清醒了，画了《鲁迅先生打落水狗图》，还写了《讨狗檄文》《打狗释疑》等文章，发挥鲁迅的观点。

最黑暗的一天

1926 年 3 月 18 日，首都群众在天安门广场集会，反对八国最后通牒，会后举行示威游行。游行队伍经东单到铁狮子胡同执政府门前请愿。

正当学生代表同政府官员交涉时，执政府卫队开枪射击，女师大学生会主席刘和珍中弹倒地，她的同学张静淑跑过去想扶起她，身中四弹倒地，另一位同学杨德群过去扶，也遭枪击，倒在血泊中。当刘和珍挣扎着想坐起来时，一个士兵朝她的胸部和头部猛击两棍，终于死去。

这一天共有四十多人死亡，一百五十多人受伤。

鲁迅把这一天称为"民国以来最黑暗的一天"。

鲁迅本不赞成请愿。那天，女师大学生许广平来给他送《小说旧闻抄》的抄稿，放下后就要离去。鲁迅问她为何这样匆忙，许广平回答说要去请愿。鲁迅以种种借口把她留下了。鲁迅觉得，请愿既危险，也无用，中国的政治向来是不容许老百姓发表意见的。

但他万万没有想到会发生枪击事件。

他说："我向来是不惮以最坏的恶意，来推测中国人的，然而我还不料，也不信竟会下劣凶残到这地步。"

这次惨案在中国历史上具有特殊意义。如果是专制时代的话，生杀予夺一任皇帝独裁，杀掉谁，杀多少，都是"天经地义"。自中华民国成立后，中国的政治体制发生重大改变，人民有了集会、

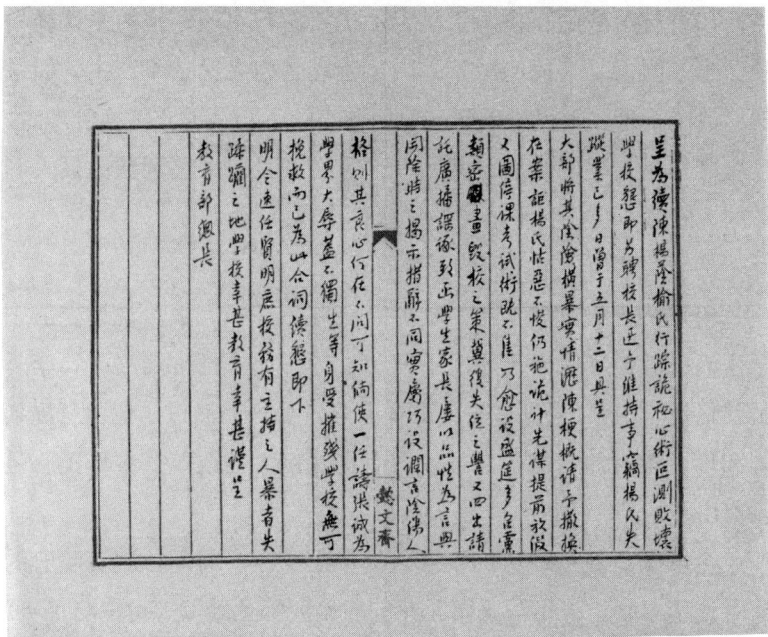

鲁迅两次帮助学生起草给教育部的驱逐校长杨荫榆的呈文，这是第二次呈文手稿

结社和游行示威的自由。学生走上街头游行示威，抱的是这样一种信念：国家是人民的国家，国家管理者由人民选举产生，如果他们治国不善，人民可以到政府门前表达不满，要求撤换管理者。政府既然是人民的政府，就是爱护人民并且以人民利益为最大利益的，断然不会把和平请愿的群众打伤或杀死。

然而，这信念被政府的子弹打得粉碎。

鲁迅陷入极度悲痛中。他好几天吃不下饭，很少说话。后来学生们去看他，他半天才说了一句："刘和珍是我的学生！"李霁野回忆说："我从未见过先生那样悲痛，那样愤激过。他再三提到刘和珍死难时的惨状，并且说非有彻底巨大的改革，中华民族是没有出路的。"

全国知识界被政府的残暴行为激怒了。一时间，谴责政府的文章连篇累牍。鲁迅写了《无花的蔷薇》《"死地"》《可惨与可笑》《空谈》《纪念刘和珍君》等，最后一篇像火山喷发，向强权政府发出抗议和诅咒。在《无花的蔷薇》里，鲁迅宣告：

> 这不是一件事的结束，是一件事的开头。
>
> 墨写的谎说，决掩不住血写的事实。
>
> 血债必须用同物偿还。拖欠得愈久，就要付更大的利息！

周作人也同样处于震惊和悲痛中。他那天到燕京大学上课，到后听说因外交请愿停课了，正想回家，见一个受伤的学生跑回来，报告大屠杀的情景。第二天下了小雪，听说铁狮子广场上还躺着好些尸体，请他做担保人的张静淑还在医院里呻吟。这以后好几天，周作人陷入哀伤，什么事也不能做。

在为刘和珍和杨德群送行的那天，他看见两具包裹好的尸体并排躺着，周围的同学失声痛哭，心情十分沉重，觉得似乎是自己的两个女儿的姐姐死去了。

3月19日，周作人写了《为三月十八日国务院残杀事件忠告国民军》，认为这次事件"是北京城中破天荒的大残杀，比五卅上海事件更为野蛮，其责任除政府当局段祺瑞、章士钊、贾德耀诸人直接负担，我们要求依法惩办外，对于国民军的首领也不能曲为谅解"。

北京各界在北大三院召开"三·一八"死难烈士追悼大会，周作人送了挽联：

> 赤化赤化，有些学界名流和新闻记者还在那里诬陷。
>
> 白死白死，所谓革命政府与帝国主义原是一样东西。

他为女师大召开的刘和珍、杨德群烈士追悼大会写的挽联是：

> 死了倒也罢了，若不想到二位有老母倚闾，亲朋盼信；
>
> 活着又怎么着，无非多经几番的枪声惊耳，弹雨淋头。

鲁迅对人说，虽然以前他总说刘和珍是他的学生，但这以后不能这么说了，因为他怀疑苟活在人世的自己有没有资格做这些青年学生的老师。

周作人也表达了相同的意思。

《现代评论》也发表文章，同情学生，谴责政府。例如陈西滢的《悼三月十八日的牺牲者》、陈翰笙的《三月十八日惨案目击记》、王世杰的《论三月十八日惨剧》等等。不过，陈西滢在几篇《闲话》中，指责有的学生领袖受了共产党的影响，想利用群众运动达到不可告人的目的。他劝告学生们以后少参加此类活动，因为运动的领导人对年轻人"灌输种种武断的政治的或宗教的信条"，教他们去"冒枪林弹雨的险，受践踏死伤的苦"。

周作人立即写了《恕府卫》一文，说那些开枪和打人的军警倒可以宽恕，因为他们没有受过教育，而北京的智识阶级——名人学者和新闻记者——却在变坏。他举的例子正是"现代评论派"的陈源等人，斥责他们"使用了明枪暗箭，替段政府出力，顺了通缉令的意旨，归罪于所谓群众领袖，转移大家的目光，减少攻击政府的力量，这种丑态是五四时代所没有的"。

兄弟失和两年后，还如此配合默契，是很难得的。

IV

1926—

十四　南北

北京阜成门内宫门口西三条二十一号南屋会客室

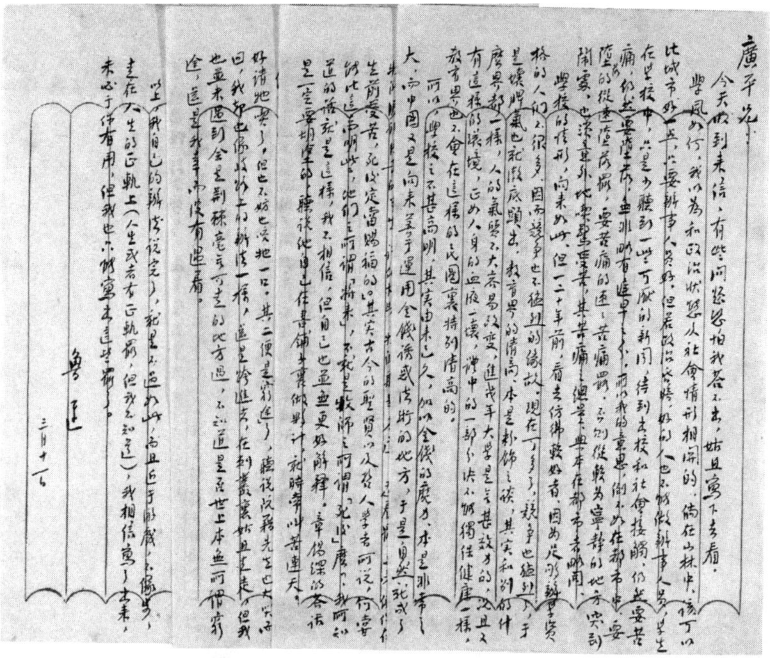

1925年3月11日，鲁迅收到许广平来信，当即复信

迟到的爱情

兄弟失和、两次大病、一场官司，严重地折磨着鲁迅的身心。

就像小说《孤独者》中的魏连殳那样，鲁迅一度变得颓唐，烟抽得更凶，酒也喝得更多。他写了多篇散文诗，或明或暗地把内心深处的思想透露出来，后来编集为《野草》。其中一篇《影的告别》中影对形说：

> 我不过一个影，要别你而沉没在黑暗里了。然而黑暗又会吞并我，然而光明又会使我消失。
>
> 然而我不愿彷徨于明暗之间，我不如在黑暗里沉没。
>
> 然而我终于彷徨于明暗之间，我不知道是黄昏还是黎明。我姑且举灰黑的手装作喝干一杯酒，我将在不知道时候的时候独自远行。

朋友们和学生们爱护他，劝他戒酒戒烟，保重身体，振作起来。他开始并不听从，依然故我。最后，几位平时来往较多的学生——其中有许广平——苦苦相劝，才有些效果。所以《野草》中那篇《腊叶》"是为爱我者的想要保存我而作的"：随着季候的变化，院子里的小枫叶变红了，主人看见一片叶子上有一点蛀孔——是病叶——颇为同情怜惜，就将它摘下来，夹在一本书里。一年后的一天，叶子从书中飘落下来，黄蜡似的躺在主人的眼前。主人感叹，并且想，假使再过几年，旧时的颜色在记忆中消去，恐怕连自己也不知道为什么把叶子夹在书里面了。这意思分明在说，感谢想要保存自己的朋友，特别是那位异性小友的好意。但自己真的值得保存吗？

1924 年，鲁迅的身体和心情有所好转。因为孙伏园的关系，他得到去陕西省教育厅暑期讲习班讲学的机会，加上来回行路，将近一个月时间。这次讲学有一个小插曲。他早想写一部以唐玄宗和杨贵妃的爱情为题材的小说，赴陕正好可以实地看看，做些准备。他对这场皇室恋情的看法，与一般人不同。他认为，"七月七日长生殿，夜半无人私语时"的发誓，恰恰说明李杨爱情已经衰歇。爱情浓烈的时候，谁会想到来世呢？也没必要发誓。所以，鲁迅认为，被历代文人写得缠绵悱恻的长生殿一场戏，实在是救济爱情逐渐稀薄而不得不有的一个场面。曾听鲁迅讲过创作构想的郁达夫回忆说鲁迅的意思是：

> 以玄宗之明，哪里看不破安禄山和她的关系？所以七月七日长生殿上，玄宗只以来生为约，实在是心里已经有点厌了，仿佛是在说"我和你今生的爱情是已经完了！"到了马嵬坡下，军士们虽说要杀她，玄宗若对她还有爱情，哪里会不能保全她的生命呢？所以这时候，也许是玄宗授意军士们的。后来到了玄宗老日，重想起当时行乐的情形，心里才后悔起来了，所以梧桐秋雨，就生出一场大大的神经病来。一位道士就用催眠术来替他医病，终于使他和贵妃相见，便是小说的收场。

爱，初始热烈，但难以持久。人生的欢娱、友情，不止留下美好回忆，还会留下悔恨。鲁迅看问题，与众不同。他时时看到负面，并且不惮于说出。这与他见闻阴暗面太多、失望太深有关。

在西安，爬城墙，听秦腔，观古物，行程丰富多彩，但结果仍是个失望。他感到这个城市阴沉、破败，连天空都不像唐朝的天空——他的创作计划成了泡影。

　　一个人，无论思想多么深刻，知人论世多么精准，现世的、温暖心怀的东西却是必不可少的——鲁迅需要爱情。

　　1925 年 3 月 11 日，北京女子师范大学学生许广平给鲁迅写信，诉说自己人生道路上的困惑和苦闷，恳请鲁迅给予指导。信中说：

> 　　苦闷之不能免掉，或者就如疾病的不能免掉一样，但疾病是不会时时刻刻在身边的——除非毕生抱病。——而苦闷则总比爱人还来得亲密，总是时刻地不招即来，挥之不去。先生，可有甚么法子能在苦药中加点糖分，令人不觉得苦辛的苦辛？

鲁迅当天即复，说自己也处在困惑中，实在不愿也不可能给人当"导师"：

> 　　我其实那里会"立地成佛"，许多烟卷，不过麻醉药，烟雾中也没有见过极乐世界。假使我真有指导青年的本领——无论指导得错不错——我决不藏匿起来。但可惜我连自己也没有指南针，到现在还是乱闯。倘若闯入深坑，自己有自己负责，领着别人又怎么好呢？我之怕上讲台讲空话者就为此。
> 　　……
> 　　我想，苦痛是总与人生联带的，但也有离开的时候，就是当熟睡之际。醒的时候要免去若干苦痛，中国的老法子是"骄傲"与"玩世不恭"，我觉得我自己就有这毛病，不大好。苦茶加糖，其苦之量如故，只是聊胜于无糖，但这糖就不容易找到，我不知道在那里，这一节只好交白卷了。
> 　　……
> 　　总结起来，我自己对于苦闷的办法，是专与袭来的苦痛

捣乱，将无赖手段当作胜利，硬唱凯歌，算是乐趣，这或者就是糖罢。……

此后，两人的通信渐趋频密。1925年3月15日，许广平在信中说："十三日早晨得到先生的一封信，我不解何以同在京城中，而寄递要至三天之久？"

4月12日，许广平和一位同学一起到鲁迅寓所拜访——这是第一次。她回校后在信中描述对鲁迅寓所的印象和想象道："熄灭了通红的灯光，坐在那间一面镶满了玻璃的室中时，是时而听雨声的淅沥，时而窥月光的清幽，当枣树发叶结实的时候，则领略它威风振枝，熟果坠地，还有鸡声喔喔，四时不绝。晨夕之间，时或负手在这小天地中徘徊俯仰，盖必大有一种趣味……"青年学生对文坛巨子生活的想象，饶有诗意。

鲁迅的生活状态究竟怎样呢？常态当然是平淡。但因为许广平的出现，平淡中也稍见波澜。这几天的日记是：

> 十一日　晴。上午得赵其文信，午复。寄三弟信。钦文来。午后俞芬、吴曙天、章衣萍来，下午同母亲游阜成门外钓鱼台。夜买酒并邀长虹、培良、有麟共饮，大醉。得许广平信。得三弟信，八日发。

> 十二日　晴，大风。星期休息。下午小峰、衣萍来。许广平、林卓凤来。晚寄李遇安信并还诗稿一篇。

> 十三日　晴。午后往女子师校讲。下午寄三弟信。晚钦文来。夜培良来。长虹来。

> 十四日　晴。上午得李遇安信。晚培良以赴汴来别，赠以《山野掇拾》一本及一枝铅笔。夜刘弄潮寄来文一篇。收《东方杂志》、《小说月报》各一本。

　　十五日　晴。上午寄许广平信。寄李小峰信并稿。午后得臧亦蘧信，诗稿一本附。有麟来。钦文来。夜人灿来并交旭社信。

　　十六日　昙。午后衣萍来。晚游小市，买《乌青镇志》、《广陵诗事》各一部，共泉一元二角。风。夜胡崇轩、项亦愚来，不见。校《苏俄之文艺论战》讫。

　　十七日　晴。上午往师大讲。午后往北大讲并收薪水十三元，去年六月分讫。下午得许广平信。夜长虹同常燕生来。风。得孙斐君信。得李庸倩信。

与文坛小友们聚饮大醉颇见豪气，与许广平书信来往已然不可或缺。

四十五岁的鲁迅渴望爱情，却又对爱情心怀忧惧。

牺牲品

　　鲁迅的原配夫人朱安思想上甚至比她的婆婆鲁瑞还要保守。到北京多年，她还是梳着老式的发髻，社会上早已流行剪发，她却不为所动。一直到老太太自己把头发剪短，现身说法地宣讲剪发的好处，劝之再三，她才照办。

　　鲁迅自日本回国，在绍兴教书时，夫妻两个虽然生活在一起，但彼此很少交流。按母亲的说法，两个人既不吵嘴也不打架，平时各做各的事，不像一对夫妻。

　　到了北京，在大家庭聚居生活中，情况也还是这样。鲁迅下决心供养她一辈子，但也决心不与她做真正的夫妻。看到老二和老三的孩子满院奔跑，母亲很着急。有一次，她问朱安为什么不要孩子，朱安凄然地说，大先生根本不到我的房里来，怎么会有孩子呢？

与鲁迅交往密切的孙伏园说，在他的印象中，鲁迅"虽然处在家庭中，过的生活却完全是一个独身者"。

有朋友劝鲁迅早做决断，将朱安送回老家，解除夫妻关系，而供给她生活费。但鲁迅没有这么做。绍兴风俗，女子出嫁，如果被夫家退回来——也就是被"休"掉——是很没面子的。女子再嫁，更是难上加难。一般性格软弱的女子遇到这样的情况，往往自杀。所以从八道湾搬出来的时候，鲁迅虽曾考虑送她回乡，但基于以上因素，最终遵从了朱安留下来的意愿。

在砖塔胡同暂住时，母亲和他们夫妇同桌吃饭，因为母亲爱说笑，场面还显得热闹一些。当母亲去八道湾暂住，只剩下夫妻两个时，话就少多了。便是交谈，也不过朱安询问菜的咸淡，鲁迅或点点头，或答一声"是"或"不"，然后又埋头静静地吃饭。

鲁迅尽量避免同朱安接触和谈话。家里有一只柳条箱，箱体和箱盖各放一处，箱体放在鲁迅床下，里面放着他换下来的要洗的衣裤，盖子放在朱安屋门的右手，口朝上翻着，里面放的是鲁迅要换上的干净衣裤。

朱安暗中揣摩鲁迅的心思，小心周到，尽力让他满意。砖塔胡同院里有几个小孩，常常吵闹。朱安总是百般劝说，不让他们打扰鲁迅写作。

据砖塔胡同邻居的孩子们回忆，鲁迅有一段时间曾教她们做体操。有几次鲁迅不在家，她们练习时，朱安也跟在她们后面照着做起来。当时她们觉得好笑：年纪那么大，又是一双小脚，跳起来那么吃力，也不好看啊！多少年后才悟到，这是朱安对鲁迅敬佩和爱慕的表示——她在努力向鲁迅看齐。

　　鲁迅跟女学生恋爱并且离开了北京，对朱安是很大的打击。她一直留在北京，照顾鲁迅的母亲。鲁迅则定期寄回生活费。1936年鲁迅去世，次年全国陷入战乱，她和婆婆的生活一度陷入困窘。她为婆婆送终后，仍孤寂地生活在阜成门宫门口西三条的宅院内。抗战最艰苦的时候，有一时，朱安曾动过出售鲁迅遗物——主要是图书——的念头。鲁迅的友人听说此事，立即派人到北京交涉。他们在北京停留十多天，终于阻止了这个动议。据当事人回忆，当他们在西三条二十一号寓所见到朱安时，朱安正在吃晚饭，桌上是汤水似的稀粥，碟子里有几块酱萝卜。在他们说明来意并阐明保护鲁迅遗物的重要意义后，朱安好一会儿一言不发，终于突然冲他们说："你们总说鲁迅遗物，要保存，要保存！我也是鲁迅遗物，你们也得保存保存我呀！"

　　最后商定的解决办法是，朱安的生活仍由上海家属负担，如果那里也有困难，则由鲁迅几个生前友好凑钱照顾她。

　　朱安深受旧式婚姻之苦，但无能反抗。她至死还带着浓厚的封建迷信思想，抱定"生为周家人，死为周家鬼"的想法。当得知鲁迅在上海有了孩子时，她反而显得很高兴，她是在想，自己已经没有生育能力，做妻子的没有为夫家生育是一种罪过，现在鲁迅有了孩子，也就等于自己有了孩子，将来她死了，这孩子会在她的坟头上烧香、祭拜。所以她经常在信中问及鲁迅儿子的消息。如果上海来信没有报告相关消息，她还追问而且埋怨。

　　她内心当然有对鲁迅的怨恨。据一位与她相处过的人回忆，鲁迅与许广平定居上海后，寄照片给北京寓所，大家看了很高兴，朱安脸上也没有什么不愉快的表情。随后有一天，她们谈起这事：

我说："大先生和许广平姐姐结婚，我倒想不到。"大师母（朱安——引者注）说："我是早想到了的。""为什么？"我好奇地问。"你看他们两人一起出去……""那你以后怎么办呢？"不料这一句话触动了她的心，她很激动又很失望地对我说："过去大先生和我不好，我想好好地服侍他，一切顺着他，将来总会好的。"她又给我打了一个比方说："我好比是一只蜗牛，从墙底一点一点往上爬，爬得虽慢，总有一天会爬到墙顶的。可是现在我没有办法了，我没有力气爬了。我待他再好，也是无用。"她说这些话时，神情十分沮丧。

有了这个情节，她对上海来客讲的有关"遗物"的话也就可以理解了。

鲁迅和朱安都是旧式婚姻的牺牲品，而朱安的牺牲是更彻底而无可挽救的。这就是为什么鲁迅在考虑自己的前途时，总有所顾虑的原因。

兄弟失和以后，鲁迅的生活发生了重大变化：没有了谈话对手，没有了知音。从《野草》的很多篇章可以看到，鲁迅陷入自言自语的孤独状态。

现在，许广平成了鲁迅的对话者。

多妻

鲁迅比许广平大十八岁。年龄差距也许不算什么，两人结合的最大障碍是鲁迅已有家眷。

1926年，鲁迅和许广平确立了恋爱关系，即意味着北京不能住下去了。他们决定一起去南方。军阀政府对知识界人士也越来越粗暴。有一时，传言鲁迅被通缉，害得他到德国医院、日本医院等处避难。

厦门大学邀请鲁迅去任教。鲁迅决定离开工作和生活了十四年的北京。许广平随同南下。

周作人坚决反对鲁迅与青年学生恋爱，视之为纳妾、多妻行为。

周作人跟随鲁迅多年，了解鲁迅受旧式婚姻之苦甚深，对大哥的选择本应给予同情理解。就在前不久，北京大学一位姓杨的教授给女学生写情书，被这位学生公开，教授大受舆论攻击，甚至有人张贴檄文，视之为"全校之不幸，全国之不幸"。周作人却写了《一封反对新文化的信》，指出如果以公众的名义干涉个人自由是新文化的话，他就要告别这种新文化了。他认为现代文明的一个显著标志是最大限度地保障个人自由处理私事的权利，不能把一切事都置于别人的监督之下。

鲁迅与女学生恋爱是个人私事，只要两厢情愿，就可以结合。但周作人对待鲁迅这种行为，就没有像对待杨教授追求女学生那么宽容了。也许在他看来，杨教授是单身，鲁迅已经是有妇之夫了吧。

鲁迅对这种恋情和未来的生活本是有所顾虑的。但得知被很多人议论，反而下定了决心：让别人说去，走自己的路！他在给许广平的信中说：

> 看见我有女生在座，他们便造流言。这些流言，无论事之有无，他们是在所必造的，除非我和女人不见面。他们大抵是貌作新思想者，骨子里却是暴君酷吏，侦探，小人。如果我

再隐忍，退让，他们更要得步进步，不会完的。我蔑视他们了。我先前偶一想到爱，总立刻自己惭愧，怕不配，因而也不敢爱某一个人，但看清了他们的言行思想的内幕，便使我自信我决不是必须自己贬抑到那么样的人了，我可以爱！

母亲的赡养问题，鲁迅已做了安排——每月寄钱回来。但周作人觉得，孝敬老人，钱固然重要，但却非主要，陪伴才是最大的孝顺。兄弟三个，老大鲁迅和老三建人都跑到南方，亲侍老人的职责无疑主要落到作人身上了。

也是在这一年，建人在上海同一女子同居。羽太芳子及其子女留在八道湾十一号，依靠作人夫妇生活。这自然又增加了作人的负担。

有一件小事，显出家庭关系的微妙变化。1927 年 1 月 11 日，鲁迅在给许广平的信中说："我托羡苏买了几株柳，种在后园，拔去了几株玉蜀黍，母亲也大不以为然，向八道湾鸣不平，听说二太太也大放谣言，说我纵容学生虐待她。现在是往来密切了，老年人很容易受骗。所以我早说，我一出西三条，能否复返是一问题，实非神经过敏之谈。"这里有两点值得注意：其一，母亲因为老大和老三都不在北京，只好与老二一家来往，感情上有所偏向，并对老大有所埋怨，可以理解，毕竟"亲侍"者让老人觉得有着落；其二，老年人重实用，喜欢在园子里种些食材，也在情理之中。

从鲁迅与许广平南下直至同居，周作人的冷嘲热讽也逐渐升级。1931 年，他在《中年》一文中影射道：

> 本来人生是一贯的，其中却分几个段落，如童年，少年，中年，老年，各有意义，都不容空过。譬如少年时代是浪漫的，中

年是理智的时代，到了老年差不多可以说是待死堂的生活罢。然
而中国凡事是颠倒错乱的，往往少年老成，摆出道学家超人志士
的模样，中年以来重新来秋冬行春令，大讲其恋爱等等，这样地
跟着青年跑，或者可以免于落伍之讥，实在犹如将昼作夜，"拽
直照原"，只落得不见日光而见月亮，未始没有好些危险。
这段文字很容易让人想到鲁迅。首先，鲁迅恋爱时四十五岁，中
年了；其次，"待死堂"，指鲁迅在绍兴会馆时自称居所为"俟堂"，
有"空等""等死"之意；再次，超人，谁都知道，鲁迅青年时代
喜欢尼采的文章，是中国最早介绍尼采者之一；此外，鲁迅被称
为"思想界权威"，有英雄志士的美誉——至少在一部分青年人的
心目中如此。

还有一段话，所指也很明显：

譬如普通男女私情我们可以不管，但如见一个社会栋梁高
谈女权或社会改革，却照例纳妾等等，那有如无产首领浸在高
贵的温泉里命令大众冲锋，未免可笑，觉得这动物未免有点变
质了。我想文明社会上道德的管束应该很宽，但应该要求诚实，
言行不一致是一种大欺诈，大家应该留心不要上当。
社会栋梁，和"思想界权威"一样，可指鲁迅；而高谈女权，正
是周氏兄弟"五四"时代的"胜业"。这段话跟上面一段的不同之
处在于，这里不再攻击其中年恋爱，而径直斥为纳妾了。周作人
还说："世间称四十左右曰危险期，对于名利，特别是色，时常露
出好些丑态，这是人类的弱点，原也有可以容忍的地方。但是可
容忍与可佩服是绝不相同的事情，尤其是无惭愧地、得意似地那
样做，还仿佛是我们的模范似地那样做……"

他的议论表面上似乎很宽容，说要原谅人性的弱点。但话锋

一转，举出一种违反"诚实""知耻"的道德准则的特殊情况，断定其极其恶劣，绝对不可原谅——却正是鲁迅这种情况。

所谓"无惭愧地、得意似地"做着的事，周作人认为，鲁迅编辑出版《两地书》达到了极致。鲁迅在上海与许广平同居几年后，将两人的通信编成《两地书》，交上海青光书局出版。周作人闻知，在给友人的信中攻击道："即如'鲁'公之高升为普罗首领，近又闻将刊行情书集，则几乎丧失理性矣。"

此时，他自己的一本书信集也要在同一家书局出版。他在序言中又捎带着讽刺几笔：

> 这原不是情书，不会有什么好看的。这又不是宣言书，别无什么新鲜话可讲。反正只是几封给朋友的信……别无好处，总写得比较地诚实点，希望少点丑态。兼好法师尝说人们活过了四十岁，便将忘记自己的老丑，想在人群中胡混，私欲益深，人情物理都不复了解。行年五十，不免为兼好所诃，只是深愿尚不忘记老丑，并不以老丑卖钱耳。

"这原不是情书"，无端地来这么一句，不明原委的读者可能觉得突兀；自己"行年五十"，自知老丑；鲁迅已经五十有余了，却仍在恋爱；自己的书信写得"比较地诚实点"，不像老兄，五十多岁还出版情书，忘记老丑，并以老丑卖钱。

不过，这些话，都是在没有看到《两地书》之前说的。鲁迅与许广平的通信，很少风花雪月、卿卿我我的词句。多为漫谈时事品评人物，交流个人生活情况如饭菜好坏、天气阴晴等等。鲁迅在编集的时候，对信中的人名和谈及他人的地方做了一些改动。即便从后来出版的原信看，也没有多少肉麻的词句。

鲁迅同许广平商定，两人分头谋职，为将来的共同生活攒些钱，因此一个去了厦门，一个去了广州。鲁迅在厦门得知，他和许广平两个离开北京后，那里有很多关于他们的议论：

> 至于"新生活"的事，我自己是川岛到厦门以后，才听见的。他见我一个住在高楼上，很骇异，听他的口气，似乎是京沪都在传说，说我携了密斯许同住于厦门了。那时我很愤怒。但也随他们去吧。其实呢，异性，我是爱的，但我一向不敢，因为我自己明白各种缺点，深恐辱没了对手。然而一到爱起来，气起来，是什么都不管的。

在种种议论中，有一个青年的声音在鲁迅听来特别刺耳。他就是狂飙社的高长虹。高长虹服膺无政府主义思想，文风颇受尼采的影响。他同鲁迅一起办过刊物，勇气和才华颇受鲁迅赞许。

高长虹和许广平曾有些来往。鲁迅与许广平一起南下后，高长虹发表诗作《给——》，由太阳、月亮、黑夜几个意象组成：

> 我在天涯行走，/ 月儿向我点首，/ 我是白日的儿子，/ 月儿呵，请你住口。// 我在天涯行走，/ 夜做了我的门徒，/ 月儿我交给他了，/ 我交给夜去消受。// 夜是阴冷黑暗，/ 月儿逃出在白天，/ 只剩着今日的形骸，/ 失去了当年的风光。// 我在天涯行走，太阳是我的朋友，/ 月儿我交给他了，/ 带她向夜归去。// 夜是阴冷黑暗，/ 他嫉妒那太阳。/ 太阳丢开他走了，/ 从此再未相见。// 我在天涯行走，/ 月儿又向我点首，/ 我是白日的儿子，/ 月儿呵，请你住口。

北京文界有些人因此怀疑高长虹是在影射鲁迅。鲁迅其时已与高长虹不睦，相信了这个说法。他在给许广平的信中说：

> 我这才明白长虹原来在害"单相思病"，以及川流不息的到我这里来的原因，他并不是为《莽原》，却在等月亮。但对我竟

312

毫不表示一些敌对的态度，直待我到了厦门，才从背后骂得我一个莫名其妙，真是卑怯得可以。我是夜，则当然要有月亮的，还要做什么诗，也低能得很。那时我做了一篇小说，和他开了一些小玩笑……

这篇小说是《奔月》。

小说采用古代神话传说"嫦娥奔月"为题材，自出己意，描写这个美丽的女子婚后的无聊生活，探讨她弃家奔月的原因。古代传说中，羿娶嫦娥为妻，他有一个徒弟叫逢蒙，是个野心家，学会了师傅的箭法，反过来将师傅射死，把嫦娥据为己有。

鲁迅和周作人在日本东京的时候，曾见章太炎先生把《孟子》中讲述该故事的一段话写给来求字的日本人，告诫他们不要学了中国的学问反过来祸害中国人，做忘恩负义的事。鲁迅的小说演绎的正是这个故事。

对现实人事的影射是这篇小说的一大特点。忘恩负义的逢蒙所操的语言常常就是高长虹说过的话。羿奚落自己的徒弟道："你真是白来了一百多回。"高长虹在《1925，北京出版界形势指掌图》中自称与鲁迅"会面不只百次"。

小说结尾写嫦娥飞天之后，羿和侍女们有一番对话：

羿懒懒地将射日弓靠在堂门上，走进屋里去。使女们也一齐跟着他。

"唉，"羿坐下，叹一口气，"那么，你们的太太就永远一个人快乐了。她竟忍心撇了我独自飞升？莫非看得我老起来了？但她上月还说：并不算老，若以老人自居，是思想的堕落。"

"这一定不是的。"女乙说，"有人说老爷还是一个战士。"

"有时看去简直好像艺术家。"女辛说。

　　"放屁！——不过乌老鸦的炸酱面确也不好吃，难怪她忍不住……。"

　　高长虹在《1925，北京出版界形势指掌图》一文中指责鲁迅道："须知年龄尊卑，是乃父乃祖们的因袭思想，在新的时代是最大的阻碍物。鲁迅去年不过四十五岁……如自谓老人，是精神的堕落！"高长虹还透露，1925 年 8 月，韦素园编辑《民报》副刊，登出广告说："特约中国思想界之权威者鲁迅、钱玄同、周作人、徐旭生、李玄伯诸先生随时为副刊撰著，实学术界大好消息也。"高长虹看了非常不满，认为中国需要的是自由思想的发展，不是什么"权威"。他讽刺鲁迅所戴的是"纸糊的权威者的假冠"，从此疏远并且不断攻击鲁迅了。如说鲁迅"所给与我的印象，实以此一短促的时期（指 1924 年末——引者注）为最清新，彼此时实为一真正的艺术家的面目，过此以往，则递降而至一不很高明而却奋勇的战士的面目，再递降而为一世故老人的面目，除世故外，几不知其他矣"。

　　其时，鲁迅正在编纂《唐宋传奇集》，他在序例中加上这样几句："时大夜弥天，璧月澄照，饕蚊浩叹，余在广州。""饕蚊"代指高长虹。鲁迅似乎在说，我远在广州，你是咬不住的，只好自己叹息吧。

　　鲁迅的《奔月》对羿与嫦娥之间关系的处理耐人寻味。他把嫦娥写成一个好吃懒做、百无聊赖的女子，让读者想起鲁迅唯一描写恋爱的小说《伤逝》中的女主人公，本来是大胆追求婚恋自由的新式女青年，但在与男友同居后变成一个琐碎平庸的家庭妇女。

　　嫦娥离开丈夫，奔向月球，是因为生活极为困难，已经到了饭也吃不饱的地步。羿靠打猎为生,因为野兽已被猎光而无用武之地,每天走很远的路,才猎到几只乌鸦,只能让久已缺乏营养的妻子吃乌鸦炸酱面;甚而至于把老太婆的老母鸡当成野鸡打死,被缠着不放,十分窘迫——他真是英雄末路了。

生存是第一要着,没有生活保障,爱情就会枯萎、夭折。这是鲁迅一贯的观点。那么,鲁迅对未来婚姻生活的疑虑能否在这篇小说中找到一些影痕呢?自己现在是一位英雄人物,然而,将到知天命之年,以后还能有多大的作为?以前因为家庭需要供养的人太多,经济上时常拮据,造成很多苦痛。万一再有困难,自己忍受倒也罢了,身边有一位"嫦娥",可怎么好?

鲁迅当然不是走投无路的没落英雄。这些疑虑不久就消除了。

周作人对鲁迅"新生活"的影射攻击还没有完。

在作于1935年的《谈文》中,周作人说:"少年老成的人是把老年提先了,少年未必就此取消,大抵到后来再补出来,发生冬行春令的景象。我们常见智识界的权威平日超人似地发表高尚的教训,或是提倡新的或是拥护旧的道德,听了着实叫人惊服,可是不久就有些浪漫的事实出现,证明言行不一致,于是信用扫地,一塌糊涂,我们见了破口大骂,本可不必,而且也颇冤枉,这实是违反人性的教育习惯之罪,这些都只是牺牲耳。"主旨仍是对那个"智识界的权威"的讥讽——其时,鲁迅在上海已经生活八年了。

1936年3月,周作人又发议论:

我对于文人向来用两种看法,纯粹的艺术家,立身谨重而文章放荡固然很好,若是立身也有点放荡,亦以为无甚妨碍,至于以教训为事的权威们我觉得必须先检查其言行,假如这里有了问题,那么其纸糊冠也就戴不成了。

很容易让人联想到高长虹那句话。

鲁迅逝世的消息传到北京，老母亲十分悲痛，在家里设了灵堂吊唁，周作人赶来安慰母亲。母亲对周作人说："老二，我以后可是靠你了。"周作人却嘟哝着说："我苦哉！我苦哉！"赡养的责任自然是推卸不了的，他只是抱怨自己的负担更重罢了。

一个月后，周作人写了《家之上下四旁》，又发牢骚道：

父母少壮时能够自己照顾，而且他们那时还要照顾子女呢，所以不成什么问题。成问题的是在老年，这不但是衣食等事，重要的还是老年的孤独。儿子阔了有名了，往往在书桌上留下一部《百孝图说》，给老人家消遣，自己率领宠妾到洋场官场里为国民谋幸福去了。

"洋场"一词，显然是指鲁迅后期居住的上海。

鲁迅和许广平结合后，对在北平的老母和朱安，一直给予每月100的生活费用，由朱安支配；此外每月给朱安十元零用，1932年11月以后，因为朱安常觉身体不适，需要增加营养，于是零用钱增加到每月十五元。按许广平的说法，"过年过节总是格外从丰，并且另有存储一千余元，以备不时之虑"。周作人则每月送来十五元。日本全面侵华后，周作人"苦住"北平，谢绝一切与日伪有关系的职务和约稿，收入急剧减少。西三条存款告罄，上海的许广平因《鲁迅全集》出版后版税无着等情形，经济也颇拮据。许广平于1938年10月1日致函周作人，恳请他分担一部分母亲的生活费用。周作人答应了。于是，从1939年起，北平西三条每月用度由许广平和周作人各负担一半。但周作人声明只负担母亲的日常费用五十元，朱安的生活费则必须由上海负担。连冬天用煤也分得十分清楚：母亲房内用煤，周作人答应"借给"，其他家用煤则不管。1939 年 7 月 4 日，鲁瑞写信给许广平，要求八、九月份多给三四十元，以便定购冬天用煤。许广平回信叫苦说上海的物价也极昂贵，北平寓中生活费已有九十元，"另外买煤等再借钱，恐媳仍难负担得起"，甚至负气地说："长此以往，卖身也无补。"鲁瑞本听人说，许广平在上海的收入相当丰厚，因此接到这封信后非常不快，双方关系趋于冷淡。这一年年底，许广平打算去南洋工作，就寄了四百元给李霁野，托他按月分交平寓；又写信给周作人，请他照料老母亲等的安全。建人也寄来一些零用钱。但鲁瑞不领情，于 1940 年 3 月 9 日写信给许寿裳，体恤两个儿子，"启明藏拙未遑，乔峰又力薄能鲜，奈何奈何"，但指责许广平推卸责任，"损害豫才生前之闻望，影响海婴将来之出路"。许广平得知，大为愤慨，写信给许寿裳，倾诉内心的悲愤和不平，并公布鲁迅生前死后收支亏空的情况。

1941 年 12 月 7 日太平洋战争爆发，日军占领上海租界；许广平一度被逮捕，生活陷入困顿，南北也难通汇。1942 年 5 月以后北平家中的生活费全由周作人维持。

周作人一家确实尽了赡养责任。

1943 年 4 月 22 日鲁老太太过世，遗言将周作人每月给她的十五元（折成联准票一百五十元）零花钱转给朱安。母亲临终时嘱咐大儿媳，一定要收下老二送来的钱，算是对朱安终身服侍她的酬劳。这使朱安很为难。她对人说，大先生生前从来没有要过老二一分钱。但生活所迫，使她不得不收下。此时，西三条已将余房出租，每月有约六十元的收入。但朱安年老多病，开支渐多，债务竟"一天天加高到四千余元"，不得已，朱安动了出售鲁迅藏书的念头。据说，周作人让北平图书馆整理鲁迅藏书目录三册，还希望优先购买其中一些他用得上的图书。1945 年南北通汇后，许广平即恢复汇款给朱安，直至 1947 年 6 月 29 日朱安逝世。

中华人民共和国成立后，许广平的地位越升越高，而周作人的地位降到谷底。许广平在一些文章中指责周作人，如将兄弟失和归咎于周作人，引起周作人的不满。他在 1966 年 5 月 23 日的日记中表示对许广平的蔑视：

> 下午偶阅许氏所作回想录，第四章记鲁迅事，意外的述原信中语云，请以后不要进后边院子里来。关于此事，雅不欲谈，乃许氏自愿一再发表，由此一语，略可推测全事矣。妾妇浅见，亦可哀也。

他在给香港友人的信中谈及许广平说：

> 她系女师大学生，一直以师弟名义通信，不曾有过意见，其所以对我有不满者，殆因迁怒之故。内人因同情于前夫人（朱安）之故，对于某女士（许广平——引者注）常有不敬之辞……但传闻到了对方，则为大侮辱矣，其生气也可以说是难怪也。来书评为妇人之见，可以说是能洞见此中症结者也。

周作人把祖父、大哥鲁迅和弟弟建人的"多妻"痛斥为"家风不正"。祖父因为纳妾，家庭不和；大哥和三弟抛弃原配，与女学生同居，把养老抚幼的沉重包袱甩给自己。

而且，这几位亲人的"丑行"还给他本人的婚姻生活带来麻烦。晚年周作人地位低下，生活贫困，心情郁闷，妻子也不时与他吵闹起来。妻子去世后，他在日记里写了这样的一段话，解释自己日记中经常出现"不快"字样的原因，部分归咎于大哥和三弟："余与信子结婚五十多年，素无反目情事。晚年卧病，心情不佳，以余弟兄皆多妻，遂多猜疑，以为甲戌东游时有外遇，冷嘲热骂，几如狂易。日记中所记即指此也。……"

　　周氏三兄弟对中国现代妇女解放运动的理论建设做出了很大贡献，其中尤以周作人对妇女问题的研究最为深刻和全面。两个兄弟的"多妻"行为，使他对妇女解放的复杂性有了更深的认识。切身之痛，使他一有机会，就忍不住讽刺一下：

> 中国多妻主义势力之大正是当然的，他们永久是大多数也。中国喊改革已有多年，结果是鸦片改名西北货，八股化装为宣传文，而姨太太也着洋装号称"爱人"，一切贴上新护符，一切都成为神圣矣，非等到男女两方都能经济独立不能自由恋爱，平常还仍是多妻而已。

十五 文学与革命

厦门大学集美楼鲁迅卧室兼工作室

八道湾十一号

周作人在北大，摄于1930年代

清党

　　厦门大学正在招纳人才，福建籍的林语堂已经到校任职。经林语堂介绍，又有多位学者，包括鲁迅和周作人，收到厦大的邀请。鲁迅接受了邀请。

　　鲁迅南下，但仍经常向《语丝》投稿，而且还为它做宣传，扩大发行。青年爱读鲁迅的文章，他每到一地，本身就是一种宣传，刊物登载了他的新作立即热销，连旧著《呐喊》等也被抢购一空。在厦门，竟有人油印了一千册《呐喊》销售。

　　鲁迅到南方，投奔光明，追求进步；周作人留在北京，在军阀政府的统治下，过着灰暗的生活，给人一个进步，一个落后至少保守的印象。其实，兄弟两个虽然地域阻隔，决裂的余恨未消，但对很多问题看法是一致的。例如，对于革命，他们都是理论上倾向于赞成，实际上却疑虑重重，并不热心参加。他们更看重的是思想进步。暴力革命虽然能够改朝换代，但很难改变人们的思想和品格。革命前满腔正义或满脸正义的人，一旦大权在握，就穷凶极恶，变本加厉并堂而皇之地行非正义之事。那些盲目追随革命、被迫参加革命的人，或像阿Q一样做了无谓的牺牲，或侥幸熬到革命胜利，按鲁迅的话说，也无非是"做稳了奴隶"。

　　鲁迅在《上海文艺之一瞥》中谈到文艺与革命问题时，对当时一班激进的"革命文学家"颇有微词。这些人"将革命使一般人理解为非常可怕的事，摆着一种极左倾的凶恶的面貌，好似革命一到，一切非革命者就都得死，令人对革命只抱着恐怖。其实革命是并非教人死而是教人活的。这种令人'知道点革命的厉害',只图自己说得畅快的态度,也还是中了才子＋流氓的毒。激烈得快的,也平和得快,甚至于也颓废得快"。

在这次演讲中,鲁迅提出了著名的"争夺旧椅子"的理论,并且指出文艺和统治者之间的不相容:

> 文艺不但是革命的,连那略带些不平色彩的,不但是指摘现状的,连那些攻击旧来积弊的,也往往就受迫害。这情形,即在说明至今为止的统治阶级的革命,不过是争夺一把旧椅子。去推的时候,好像这椅子很可恨,一夺到手,就又觉得是宝贝了,而同时也自觉了自己正和这"旧的"一气。

在周氏兄弟看来,自由地发展各种思想(自然也包括当时为统治者所痛恨的社会主义思想),才是社会健康发展的正路。

统治者则要"定于一尊"。北方的军阀政府逮捕并杀害了李大钊,对周氏兄弟刺激极大。李大钊是共产党人,社会上传说这类人主张"共产共妻"、鼓吹阶级斗争,凶神恶煞。鲁迅和周作人却并没有感到李大钊像宣传的那样面目狰狞,相反,倒觉得他温厚平和。鲁迅在《守常全集》题记中说:"他的模样是颇难形容的,有些儒雅,有些朴质,也有些凡俗。所以既像文士,也像官吏,又有些像商人。这样的商人,我在南边没有看见过,北京却有的,是旧书店或笺纸店的掌柜。"鲁迅得知李大钊被害的消息后,李大钊椭圆的脸,细细的眼睛和胡子,蓝布袍,黑马褂,时时出现在眼前。

然而,日本人办的中文报纸《顺天时报》却刊文说李大钊为主义做了无谓的牺牲。并说,李大钊如能自甘淡泊,不作非分之想,用文章和学问教导青年和一般后进,本可以获得很不错的社会地位。该文还劝中国老百姓在国家多事之秋，以苟全性命为好，不要再轻举妄动。

周作人平时对这份报纸就缺少好感，看到这些文章后更是气愤填膺，立即写了《偶感》《日本人的好意》等文章，为李大钊辩护。周作人指出，中国自古有"志士不忘在沟壑，勇士不忘丧其元"的教训，李大钊以身殉道，光明磊落；他家无长物，日常生活艰苦朴素，对此般高风亮节，我们只有敬佩的份儿，还有什么理由对他指手划脚、说三道四！周作人还从日本历史上举出实例，说明日本本来就有"轻视生死"的传统，现在却要叫中国人"苟全性命"，是何用心？"显系一种奴化宣传"！

李大钊生前致力学术和革命活动，生活穷困，没有积蓄，死后遗孤无人照料。周作人冒着风险，让李大钊的大儿子藏身自己家中，后来又与友人共同谋划送他去日本留学。周作人在此后多年中，参与李大钊遗著的收集、保存和编辑工作，帮助李大钊的妻子儿女渡过难关。这些行动得到了鲁迅的赞赏。但因为两兄弟互不通音问，周作人一直到鲁迅去世后才从三弟建人那里得知。

北方是封建军阀盘踞的巢穴。周作人一开始对南方的革命寄予希望，但不久就怀疑起来。

他收到一封发自南昌、署名 CY 的读者的信。这位读者说，自己兴冲冲从北京回家乡参加革命，却每天提不起劲儿。他看到有些人天天高声大叫自己是革命者，把别人视为不革命或反革命，大言欺世，名实不符，尤其令人失望。他认为，要革命，就先得革革这些"革命者"的命。

周作人认为，问题的关键在于，这些"革命者"没有经历过思想革命，没有为革命做充分准备，就仓促地投入人命关天的斗争中，必然要发生"误人子弟"、草菅人命的事。

由于对文化思想问题特别关心，周作人往往以小见大，从别人没有觉察的细节中发现革命运动中存在的问题。有一天，他看到革命的策源地广东省的政府发布一篇解放婢女的公告，却是用骈体文写成。周作人在《妙文》中调侃说："我想对该赤省政府的主稿人员致词曰，这何必呢？这种叫人看了发冷的玩艺儿还是让孙联帅他们弄去罢，你们干脆地赤化就算，咬嚼这些文字作甚？同时又想对联帅致词曰：您放心罢！他们赤党还在这里做骈文，可见是并不十分赤化……"

周作人看出南方革命党和北方军阀的相同之处。两派势力表面上不相容，实际上无论谁掌了权，思想的落后和守旧是一样的。

果然，不久就传来了大屠杀的消息——所谓的"清党运动"开始了。他每天都能从报纸上看到共产党人惨遭杀害的报道。周作人的一些学生，怀着一腔革命热忱，离开北京的高校去投奔革命运动，却不料跌入死地。他在《偶感之三》中提到："燕大出身的顾陈二君，是我所知道的文字思想上都很好的学生，在闽浙一带为国民党出了好许多力之后，据《燕大周刊》报告，已以左派的名义被杀了。北大的刘君在北京被捕一次，幸得放免，逃到南方去，近见报载上海捕'共党'，看从英文译出的名字恐怕是她，不知吉凶如何。"

更让他痛心的是，一些他向来敬佩的文化界著名人士竟然助纣为虐，对这次的大屠杀持赞同支持态度。周作人写了《怎么说才好》一文，说："我觉得中国人特别有一种杀乱党的嗜好，无论是满清的杀革党，洪宪的杀民党，现在的杀共党，不管是非曲直，总之都是杀得很起劲。"文章批评蔡元培、胡适之等人道："最奇怪的是智识阶级的吴稚晖忽然会大发其杀人狂，而也是智识阶级的蔡胡诸君身在上海，又视若无睹，此种现象，除中国人特嗜杀人说外，别无方法可以说明。"他认为，"这在中国总是一种根深蒂固的遗传病，上自皇帝将军，下至学者流氓，无不传染得很深很重"。

北方的军阀自然也不会放下屠刀。周作人主编的《语丝》，批评时政，早已成为当局的眼中钉。1927 年 10 月，张作霖政府终于将它查封。《语丝》在北京无法生存，只好搬到上海出版，由已在上海定居的鲁迅负责编辑。

周作人经历了一场不小的危险。他与刘半农在菜场胡同一位日本友人家里躲避了一星期。

鲁迅对《语丝》同仁的遭遇十分关心，立即写信给章川岛，对二弟的安全表示担忧：

北新捕去李（小峰之堂兄）王（不知何人）两公及搜查，闻在十月二十二，《语丝》之禁则二十四。作者皆暂避，周启明盖在日本医院钦。查封北新，则今卅日。今天乔峰得启明信，则似已回家，云《语丝》当再出三期，凑足三年之数，此后便归北新去接办云云。卅日发，大约尚未知查封消息也。他之在北，自不如来南之安全，但我对于此事，殊不敢赞一辞，因我觉八道湾之天威莫测，正不下于张作霖，倘一搭嘴，也许罪戾反而极重，好在他自有他之好友，当能互助耳。

周作人的"好友"，指的是钱玄同、刘半农等；"天威莫测"等语，说明鲁迅对八道湾十一号周宅里某些人事仍耿耿于怀，但对二弟，他还是很挂念的。

钟楼与酒楼

厦门大学邀鲁迅等来，意图利用名人壮大声势，却并不注意发挥其所长，所以鲁迅到后不久就感到无聊。又因为中国的无论什么机构，总是派系纷争、勾心斗角，鲁迅也不免卷入人事纠纷。

于是他到广州，与许广平会合。

鲁迅享受著名作家、新文化杰出代表的盛名，每到一地，总有人来请他演说，约他作文，于是，他到厦门中学、广州黄埔军校、知用中学等处演讲，还到香港演讲两次。这固然让他高兴，但也使他苦恼。因为才到一地，还不了解情况，他不想发言。然而，发言一迟，就有人埋怨他没有负起思想界领袖的责任，没有大胆地开展社会批评。

处在革命旋涡中的鲁迅，思考最多的是革命与文学的关系问题。他在广州撰写的《在钟楼上》一文，是专谈这个问题的。

钟楼是鲁迅在中山大学的住处。他担任国文系主任，后来又兼教务长。拿着高薪，住在宽敞的房子里，能不能称为革命者，先就有了疑问。有一件事让他惊醒、反思：有一个来投奔革命的青年，写了一封表达自己的理想和志愿的长信给革命队伍的领导。领导接信后，还没有看完，就断定说："这种文学家的样子，写长信，就是反革命的！"青年听了，一跳多高：写长信，抒发感想，怎么就是反革命呢？连写长信都是反革命，那么拿高薪住洋房的教授怎么会是革命者呢？

鲁迅明白了：文学与革命是不相容的。鲁迅想起书中读到的苏联革命时期文学界的情形，想起诗人勃洛克的话：

> 共产党不妨碍做诗，但于觉得自己是大作家的事却有妨碍。大作家者，是感觉自己一切创作的核心，在自己里面保持着规律的。

苏联革命的经验促使他反省知识阶层的命运。

革命要流血牺牲，而人情趋利避害——有谁愿意去死呢？鲁迅从人性出发，申明对革命的看法：

> 老实说，远地方在革命，不相识的人们在革命，我是的确有点高兴听的，然而——没有法子，索性老实说罢，——如果我的身边革起命来，或者我所熟识的人去革命，我就没有这么高兴听。有人说我应该拼命去革命，我自然不敢不以为然，但如叫我静静地坐下，调给我一杯罐头牛奶喝，我往往更感激。

报纸上出现了《鲁迅先生往那里躲》这样的题目，指责他不写文章是在躲避斗争，呼吁他恢复"呐喊"的勇气。

于是，鲁迅写了文章。他以颜色为喻，谈了自己对"革命策源地"的感受：

> 我抱着梦幻而来，一遇实际，便被从梦境放逐了，不过剩下些索漠。我觉得广州究竟是中国的一部分，虽然奇异的花果，特别的语言，可以淆乱游子的耳目，但实际是和我所走过的别处都差不多的。倘说中国是一幅画出的不类人间的图，则各省的图样实无不同，差异的只在所用的颜色。黄河以北的几省，是黄色和灰色画的，江浙是淡墨和淡绿，厦门是淡红和灰色，广州是深绿和深红。

在一次演讲中，鲁迅指出，广州之所以能做"革命的策源地"，是因为这里的人民并没有力量，因此，它也很可能成为反革命的策源地。也就是说，谁获得权力，谁决定这里的颜色。北伐军攻克上海和南京，民众沉浸在胜利的喜悦中，鲁迅写了《庆祝沪宁克服的那一边》，提醒人们，民国的旗帜插得越远，信徒越多，其危险性就越大，因为这时，各色人等都要挤进队伍，"咸与革命"，鱼龙混杂。就好比大乘佛教，等到一般的居士也可以算是成了佛的时候，其戒律也就荡然无存。那不是佛教的弘通，而是佛教的败坏。

革命势力的壮大，并不意味着革命的成功。

鲁迅的论断极为准确。不久，革命队伍分裂，"清党运动"开始。

周作人编《语丝》的时候，常常收到青年人的来信，诉说在南方没有发表意见的处所，声请北方的刊物支援他们。可见，在压制言论方面，南北一致。两地同样恐怖，差别只在颜色：北方是白色恐怖，南方则是红色恐怖。

大屠杀发生后，鲁迅决意离开广州。他受邀为一个讲习班授课，拟了一个关于中国古代文学的题目：《魏晋风度及文章与药及酒之关系》，借古喻今。他所谈论的那个时代，正好也是一个从战乱走向统一的时代，统治者对待文化人从宽大渐渐走向约束和禁锢。那些任性使气的魏晋文人，为反抗专制，沉溺于酒和药，最终却都无法逃离纲常名教的天罗地网，都没有什么好下场。

这就是鲁迅对特定政治环境中文化人命运的思考成果。这次学术演讲是随后他在上海发表的演讲《文艺与政治的歧途》的先声。

大哥与小弟

鲁迅一生的最后十年是在上海度过的。

鲁迅离开广州时，也曾考虑过回北京。北京是文化旧都，图书丰富，有利于做学问，鲁迅是向往的，当然也有顾虑。1927年6月23日，他在给章川岛的信中说："此后何往，毫无主意，或者七月间先到上海再看。回北京似亦无聊，又住在突出在后园的灰棚里给别人校刊小说，细想起来，这是何为也哉！"

他最终还是选择了上海。家庭问题是不容忽视的因素：北京阜成门内的旧居里住着原配妻子，与八道湾的二弟一家也没有和好的希望。

上海也有其好处，便是"稍可自由发言"。北方有军阀政府的枪杆子，南方有轰轰烈烈的群众运动和互相残杀的党派斗争。假如南北的战争以南方胜利告终，中国将出现大一统的局面，就像鲁迅在广州演讲中所说的"晋"的极权专制，文学家即便是沉溺于药与酒，也仍很危险，除非他干脆放弃文学创作，做歌功颂德的八股文章，但如果歌颂得不到位、不得体，后果也难以预料。然而由于中国的特殊情况，上海有中国政府权威覆盖不到的租界。帝国主义列强乘中国衰弱混乱之机，通过逼迫、强占手段，在这里取得了所谓治外法权，又不断越界筑路，扩大势力范围。这本来是中国人的耻辱，但因为中国政府不能进租界执法，就使一些反政府人士免遭迫害，因此成为革命者或曰持不同政见者的避难地。20世纪初，章太炎就是通过这个途径避开了清政府的迫害，在外国人设立的法庭上宣讲民族革命的主张，让清廷难堪。

鲁迅在给朋友的信中决定："……到上海去。那边较便当，或者也可以卖点文章。"在商业大都会上海，他可能或者说只能靠写文章谋生——他将成为一个自由撰稿人。

鲁迅选择定居上海，除了自己事业、生活上的考虑，也考虑到同三弟团聚，两家可以互相照顾。建人一家人口多，收入低，经济不宽裕。鲁迅在厦门、广州时，收入较多而负担不重，多次汇款给三弟。如1926年9月11日："上午托伏园往中国银行汇泉二百于三弟，又一百托其买书。"又如1927年1月8日："汇寄三弟泉百廿，托以二十一元八角还北新书局。"

1927年10月3日，鲁迅携许广平到达上海。三弟建人接待。一年多以前，鲁迅和许广平南下路过上海，也是建人接送和安排食宿。当时建人把他与王蕴如相恋的事报告给大哥。鲁迅在给许广平的信中说："我上船时，是建人送我去的，并有客栈里的茶房。当未上船之前，我们谈了许多话，谈到我的事情时，据说伏园已经宣传过了。（怎么这样地善于推测，连我也以为奇）所以上海的许多人，见我的一行组织，便多已了然，且深信伏园之说。建人说：这也很好，省得将来自己发表。建人与我有同一之景况，在北京所闻的流言，大抵是真的。但其人在绍兴，据云有时到上海来。"

这次来上海，建人已与王蕴如同居。

建人夫妇熟悉上海的情况，可以给鲁迅和许广平多方面的照顾。找房子，鲁迅和许广平就选了离建人住所较近的地方。建人住在宝山路一带的景云里，附近住有很多文化界人士，而且正好还有余房可租。鲁迅和许广平就租下二弄末尾的二十三号。

　　住了一段时间，鲁迅对这里的环境大不满意。他习惯于夜间写作，但附近的住户却常深夜喧哗。

　　于是，他们商议搬家。打听得弄内十八号有空房，鲁迅就同建人一起去看。这所房子比较大，房间多。商量的结果，干脆建人也搬过来，两家合住。这样一直住到"一·二八"战事毁坏了房子，两兄弟才各自另找住处。

　　商务印书馆在"一·二八"战事中焚毁，工厂停工，职员停职，建人一度日子非常艰难。鲁迅托人介绍他到安徽大学当教师，去了很短时间就返回上海。商务印书馆恢复运营后，老板王云五本有辞退建人的打算，鲁迅紧急搬动蔡元培和许寿裳出面说情并作保，才使建人保住了职位。鲁迅为此事写给许寿裳的信就有七封之多。1932 年 3 月 2 日的信中说：

　　　　今所恳望者，惟舍弟乔峰在商务印书馆作馆员十年，虽无赫赫之勋，而治事甚勤，始终如一，商务馆被燹后，与一切人员，俱被停职，素无储积，生活为难，商务馆虽云人员全部解约，但现在当必尚有蝉联，而将来且必仍有续聘，可否乞兄转蕲蔡先生代为设法，俾有一栖身之处，即他处他事，亦甚愿服务也。

　　王云五借口周建人平时有反日言论，"有碍邦交"，拖延不办。鲁迅只好又请蔡元培出面。他在给许寿裳的信中讥讽王云五胆怯如鼠，"不特可哂，亦且可怜"。在谈到三弟的那些"言论"时则说：

　　　　其实此君虽颇经艰辛，而仍不更事，例如与同事谈，时作愤慨之语，而听者遂掩其本身不平之语，但掇彼语以上闻，藉作取媚之资矣。顷已施以忠告，冀其一心于馁，三缄厥口，

周建人，摄于1930年代

此后庶免于咎戻也。

信中还特意提到一种现象："近日刊物上，常见有署名'建人'之文字，不知所说云何，而且称此名者，似不止一人，此皆非乔峰所作，顾亦不能登报——更正，反致自扰也。但于便中，希向蔡先生一提，或乞转告云五，以免误会为幸。"可谓苦心孤诣！

同时也可看出建人虽无两个哥哥那样的大才，但为人老实、耿直。这番努力使建人与商务的合同得以续签，生活有了着落。

鲁迅日常从经济上给建人一家很多帮助，从鲁迅日记里可以看到一些记载：

1929年11月25日：以商务印书馆存款九百五十元赠克士。

1930年12月27日：赠以《溃灭》校阅费五十。

1931年2月8日：上午分与三弟泉百。

1931年6月1日：下午得小峰信并五月份版税四百，晚分与三弟百。

1932年1月5日：晚访三弟，赠以泉百。

1932年7月30日：下午三弟来，言蕴如于昨日生一女。晚同广平携海婴散步，因便道至津岛女士寓，为付接生费三十。

1934年2月2日：赠三弟泉百，为阿玉等学费之用。

1935年1月26日：晚蕴如及三弟携晔儿来，赠以诸儿学费泉百。

鲁迅和建人同在上海，自然少不了与北京联系。鲁迅常在给母亲的信中报告自己和三弟的情况。如"一·二八"战事后，北京方面非常担心两兄弟的安全，鲁迅写信给母亲道："十七日寄奉一函，想已到。现男等已于十九日回寓，见寓中窗户，亦被炸弹碎片穿破四处，震碎之玻璃，有十一块之多。当时虽有友人代为照管，但究不能日夜驻守，故衣服什物，已有被窃去者，计害马衣服三件，海婴衣裤袜子手套等十件，皆系害马用毛线自编，厨房用具五六件，被一条，被单五六张，合共值洋七十元，损失尚算不多。两个用人，亦被窃去值洋二三十元之物件。惟男则除不见了一柄洋伞之外，其余一无所失，可见书籍及破衣服，偷儿皆看不入眼也。老三旧寓，则被炸毁小半，门窗多粉碎，但老三之物，则除木器颇被炸破之外，衣服尚无大损，不过房子已不能住，所以他搬到法租界去了。"

建人则向八道湾的二哥报告：

二哥鉴：

快信前日已收到。沪事发生后，在三马路口一家书栈房内住了月余，才移到法租界善中路合兴里四十九号友人家里，（姓黄的商务同事，及许羡苏家夫妇，她近已生一小孩）居一两月再看情形，以定办法。战争停止后曾往闸北看原来住所，其地在横浜路，作战甚烈，房子一部分已被炸毁，桌椅之类腿皆断落。大概因搜查之故，箱子亦被打破，后从砖屑中拾出衣服来，损失照这次战争的剧烈说，尚算少的。书籍适在未炸毁的一隅，虽然均震散地上，幸没有什么失去，（有些书放在商务的倒被烧掉）还算侥幸。要是三十日（一月）没有日本自警团来搜查，（搜查中国便衣队）我也许还不搬走；虽然来搜查时也有些纷扰，自警团（皆住上海之商人等，手执武器）叫带来的陆战队把我们管束起来，执枪监视着，并且主张把我们杀掉（我及一个学生，几个工人，都是同里居住的，但特别注意我和一个学生）。这时又有一中年以上绅士走来，口喝"坏支那人"，举斯铁克便打，打三四下，（向一排人一一打去）我被打一下，这时任白涛未走出，（也住在同一里内的）在门缝内窥望，疑打的是铁棍，而且专打我一人，因此后来时报上有我被打伤之说，生活上有我已身死的消息。后来（后来来了一个日本青年，仿佛是药房的小伙计，和我们有点面熟，空气遂缓和起来）终于不曾被杀，避出横浜路了。话说伏园先生，他并没有信来，大概近来谋事颇不易，此次上海事变，失业突增四十余万人，其中有许多人在竭力向各方面运动的，扒位是不容易轮到我的。商务大概尚要开办的，不过范围缩小，将来恐仍要用几人，但恐也不易轮到我们进去。

　　战事未发生之前寄出书一包（嘱代买的），想已收到（书价共约七元）。你的东方稿费，只取过十七元，来信谓等后二篇寄到了，一并汇北平，后来那二篇稿费未开出战事已发生了。稿子大约已烧掉（据我所闻，二篇当时还只收到一篇）。

从最后一段可知建人平时也帮二哥办一些稿件方面的事。

有些事，鲁迅和三弟一起商量着办，如关于老家修坟的事，鲁迅向北京报告说："心梅叔有信寄老三，云修坟已经动工，细账等完工后再寄。此项经费，已由男预先寄去五十元，大约已所差无几，请大人不必再向八道湾提起，免得因为一点小事，或至于淘气也。"

更多内容是上海和北京之间自然少不了互寄物品，如："昨闻三弟说，笋干已买来，即可寄出。""果脯等一大包，也收到了。已将一部份分给三弟。"

1936 年 8 月间，周建人和羽太芳子的女儿马理子（周鞠子）

从北平到上海参加考试。她先到商务印书馆找父亲，但建人住处人多，无法安排，就把她送到鲁迅家里，鲁迅安排她在三楼亭子间住了三天，由许广平送她到她的中学老师陶虞孙家里借住。鲁迅在给母亲的信中报告说：

> 马理早到上海，老三寓中有外姓同住（上海居民，一家能独赁一宅的不多），不大便当，就在男寓中住了几天，现在搬到她朋友家里去了（姓陶的，也许是先生），不久还要来住几天也说不定。但这事不可给八道湾知道，否则，又有大罪的。

从鲁迅信中的语气看，八道湾的当家人是不愿孩子与鲁迅接触的。侄女的到来，让病中的鲁迅得到一点安慰和欢乐。他向北京的亲人报告了侄女和自己的独生子之间的感情交流：

> 他同玛利（即马理）很要好，因为他一向是喜欢客人，爱热闹的，平常也时时口出怨言，说没有兄弟姊妹，只生他一个，冷静得很。见了玛利，他很高兴，但被他粘缠起来的时候，我看实在也讨厌之至。

周海婴在《鲁迅与我七十年》中写道：

> 叔叔婶婶来也在内间吃饭，两家人团聚在一张小桌边更显亲切。孩子不上桌面，碗面上夹些菜在一旁吃，上桌面是孩子长大成人的标志。如叔父不带孩子来，那我就可坐在桌子边上了。父亲是绍兴人，又在家乡长大，按照生活环境和遗传，应当具有相当酒量。但记忆中没有见他醉倒过。其实他量不大，一两杯而已。喝尽杯中的酒就说："盛饭哉！"同时劝别人再继续，但是客人也就此停杯用饭了。我不记得父亲喝过白酒之类。叔叔曾送来五加皮，酒色橙红，由于是黑瓶大肚收口，印象很深。

与鲁迅交往密切的青年作家柔石多次在鲁迅寓所碰到建人。他在日记里写道："好几次，我感觉到自己底心是有些异常的不舒服，也不知为什么。可是在周先生家里吃了饭，就平静的多了。三先生的一种科学家的态度和头脑，很可以使我底神经质的无名的忧怨感到惭愧，他底坚毅的精神，清晰的思想，博学的知识，有理智的讲话，都使我感到惭愧。而鲁迅先生底仁慈的感情，滑稽的对社会的笑骂，深刻的批评，更使我快乐而增长知识。"

鲁迅的孩子出生后，由于许广平缺乏育儿经验，一时手忙脚乱，建人夫妻两个就经常过来照看。后来许广平回忆说："深感建人先生相助之忱。蕴如同志在上海久居，一切事无大小，俱获她竭诚相助。鲁迅在这个时期，算是和兄弟怡怡相聚、朝夕相处的最快活的日子了。"

1932 年 11 月 9 日，建人把北平家中的电报送给鲁迅，上写"母病速归"。第二天，鲁迅就冒雨去车站买票，11 号启程，11 号下午回到北平家中。母亲得的是慢性胃炎，出现了眩晕症状，让人担心，是作人主张打电报把鲁迅叫回来的。鲁迅到家时，母亲状态基本恢复正常。鲁迅还是请日本医生隔天来看一次，直到 23 日医生诊察后宣布病体痊愈。在北平期间，老朋友沈兼士、马幼渔、魏建功、台静农、常惠、范文澜、郑奠等来聚会谈天，天津的李霁野也特地赶来相见。他在给许广平的信中说："这种老朋友的态度，在上海势利之邦是看不见的。"鲁迅还应邀到北京大学、北京师范大学等高校做了五次演讲。

从现存鲁迅给母亲的信中可知，1935 年初，母亲曾经想到上海来看望两个儿子，并打算请在砖塔胡同居住时候的邻居俞芳护送前来。鲁迅 3 月 1 日的家信说："俞二小姐如果能够送来，那是

338

母親大人膝下，敬禀者，十月十一日来信，頃已收到，前回所寄一封，也早收到了。牙痛迄来不再發作？倘牙痛，恐怕只好拔去，不過做牙無法可裝，却很不便，只好真實很敷衍的食物了。

海嬰很好，每天上幼稚園去，不大頑了。他此夏天胖了一點，雖還要算瘦，却很長，剛滿六歲，別人都猜他是八九歲，他是細長的手和脚，像他世親的。今年傳仁喫魚肝油，沒有間斷過。

他什麼事情都想樹榜樣，用我未做此，只有我順不肯，寫此信隨便，愛寫怎完，要蓋洋眼了。

最好不过的了，总比别的便人可靠。但火车必须坐卧车；动身后打一电报，我们可以到车站去接。"刚寄出这信，就收到母亲的来信，说打算带女仆同来。鲁迅赶紧复信道："男的意思，以为女仆还是不带，因为南北习惯不同，彼此话也听不懂，不见得有什么用处，而且闲暇的时候，和这里的用人闲谈，一知半解，说不定倒会引出麻烦的事情来的。"

母亲终于没有到上海，她和大儿子再也没有相见。

建人与大哥一起参加了不少社会活动，学到了很多东西。他后来在《进一步学习和研究鲁迅著作》一文中写道："例如他参加中国民权保障同盟，我也一起去；他要营救瞿秋白，我给他跑腿；有人要他帮助接上党的关系，我也帮助联系；他要看什么书，买什么东西，我也给他办好……"

建人坚持写科普文章。他以"克士"的笔名，发表了很多科学小品。单是刊登在《太白》杂志上的就有二十多篇。《蜘蛛》描写了蜘蛛结网、捉虫的情状，生动活泼，饶有趣味，深为青少年读者所喜爱，曾收入中学语文教课书。

1930年5月，建人将自己有关生物学的译文八篇，集为《进化与退化》一书，由上海光华书局出版。鲁迅为之作《小引》，称赞该书让读者了解进化学说并思考中国将来的命运：

> 但最要紧的是末两篇。沙漠之逐渐南徙，营养之已难支持，都是中国人极重要，极切身的问题，倘不解决，所得的将是一个灭亡的结局。可以解中国古史难以探索的原因，可以破中国人最能耐苦的谬说，还不过是副次的收获罢了。林木伐尽，水泽湮枯，将来的一滴水，将和血液等价，倘这事能为现在和将来的青年所记忆，那么这书所得的酬报，也就

非常之大了。

这两篇就是《沙漠的起源,长大,及其侵入华北》和《中国营养和代谢作用的情形》。这些文字警示国人：营养不良、水土流失和沙漠化,正日甚一日地威胁着中国人的生存环境。

这些问题直到现在也还没有得到彻底解决。

十六　战士与文人

上海虹口区四川北路大陆新村九号

一九三二年十一月二十七日鲁迅从上海回北平省亲，在国立北平师范大学（北京师范大学前身）演讲

明末与民末

1920 年代末，周作人经历了思想上的大波动。

1928 年 6 月，国民党统一了中国，北京挂上了青天白日旗。但大一统没有给周作人带来多大惊喜。他注重的是思想革命，而对轰轰烈烈、泥沙俱下的群众运动，早就持怀疑态度。中国社会的复杂性及其存在的诸多问题不是政权更迭所能解决的。像鲁迅一样，他对革命运动中"浪漫主义"思想的危害有清醒的认识。他说："中国近来讲主义与问题的人都不免太浪漫一点，他们做着粉红色的梦，硬不肯承认说帐子外有黑暗。譬如谈革命文学的朋友便最怕的是人生的黑暗……他们尽嚷着光明到来了，农民都觉醒了，明天便是世界大革命！至于农民实际生活是怎样的蒙昧，卑劣，自私，那是决不准说，说了即是有产阶级的诅咒。"周作人这些意见也可以说是在为鲁迅辩护——因为他们都是文坛上的"有产阶级"。

既然是有产阶级，就会成为无产阶级革命运动的攻击对象。鲁迅的文学地位有被推翻的危险。他到了革命的旋涡中，不能像周作人那样孤高矜持。他感到了社会潮流的压力，选择了自我反省和重新学习。他说："人往往以神话中的 Prometheus 比革命者，以为窃火给人，虽遭天帝之虐待不悔，其博大坚忍正相同。但我从别国里窃得火来，本意却在煮自己的肉的，以为倘能味道较好，庶几在咬嚼者那一面也得到较多的好处，我也不枉费了身躯：出发点全是个人主义，并且还夹杂着小市民性的奢华，以及慢慢地摸出解剖刀来，反而刺进解剖者的心脏里去的'报复'。"在与创造社、太阳社的论战中，鲁迅接触很多新名词和理论术语，他克服语言障碍，亲自翻译马克思主义文学理论和苏联的文艺政策，努力掌握新的理论资源。

创作社和太阳社的一批作家，到南方投奔革命队伍，正处在情绪高昂的状态。

一些"革命文学家"擅长写革命青年如何脱离旧的家庭，走上革命道路，而往往却与阔家小姐发生感情纠葛，演绎出所谓"革命加恋爱"的活剧。因为对新生活的认识还不深刻和全面，他们的作品大多意识浅薄，技术粗糙，带着明显的生编硬造的痕迹。这种急就的、简单化的所谓革命文学，生命力难以长久。

鲁迅认为，革命文学固然可以提倡，但这首先须要作家成为革命人。参加革命队伍，并不一定意味着已经成为革命人。实际的革命事业是急切不能耽搁的，而文学则需要缓慢酝酿、点滴体悟。激进的文学青年期望鲁迅毫不犹豫地服从和接受革命的召唤。迟疑和拒绝当然就是不革命，甚至是反革命。

"革命文学家"猛烈攻击鲁迅的同时，投枪匕首也刺向周作人。在革命文学者眼里，他们兄弟都是功成名就的旧式文学家，坚持的都是"五四"时代那些过时的观念，例如，有的批评者就断言，鲁迅的功业无非就是"无聊赖地跟他弟弟说几句人道主义的美丽的说话"。

《创造月刊》第 2 卷第 1 期（1928 年 6 月出版）上发表的《文坛的五月》，集中体现了"革命文学家"们对"鲁迅和语丝派诸君"的看法：

> 鲁迅和语丝派诸君所代表的倾向，分析下来，我们可以

大胆地说，不过是以下几种的混合，就是：很多的趣味，相
当的不平，些须的人道精神。他们有的一面抄着小说旧闻，
一面可以把日本首鼠两端滑头政客鹤见祐辅的新自由主义介
绍过来；有的在帝国主义武装保护的北京城中，翻译着古代
希腊的恋歌，日本武家专政时代的俳句，一面却高撑着由武
者小路的新村借来的人道主义的旗帜。只这两个代表的先生
（不是老生！）已经够叫我们看出他们的矛盾和无聊了。

鲁迅在《我的态度气量和年纪》一文中调侃道：

> 我有兄弟，自以为算不得就是我"不可理喻"，而这位批
> 评家（指成仿吾——引者注）于《呐喊》出版时，即加以讽
> 刺道："这回由令弟编了出来，真是好看得多了。"这传统直
> 到五年之后，再见于冯乃超的论文，说是"无聊赖地跟他弟
> 弟说几句人道主义的美丽的说话"。我的主张如何且不论，即
> 使相同，但何以说话相同便是"无聊赖地"？莫非一有"弟
> 弟"，就必须反对，一个讲革命，一个即该讲保皇，一个学地
> 理，一个就得学天文么？

在中国，描写农村的现状，描写农民自身的缺点的作品，最
深刻的当推鲁迅的小说，特别是《阿Q正传》，这一点周作人认识
得最早也最清楚。创造社和太阳社的批评家们清算所谓老作家时，
以鲁迅为主要攻击对象，被树为靶子的正是这篇代表作。例如，
钱杏邨有一篇文章就径直取名《死去了的阿Q时代》。

老一代文学家、思想家都有被斥为落伍的危险。周作人在
启蒙事业碰壁的失望中，退回书斋，意欲独善其身。他提出"闭
户读书论"，主张"苟全性命于治世"，表面上好像放弃了自己从
"五四"时代起秉持的思想革命的主张，但实际上，这只是一时愤

极之言，并不意味着他从此停止了对社会和对旧观念的批评。但这退避的姿态在革命文学家看来已是不小的罪过。坚持"五四"时期的人道主义尚且不能使革命文学家们满意，更何况消极旁观。

周作人从报纸上看到有关胡适近况的报道。胡适为争"人权"和"自由"，出于一个公民和知识分子的良心，善意地批评了当局，因此受到打压。周作人早就料到，胡适的所谓"好政府主义"的理想和努力也是"蔷薇的梦"。但他佩服胡适那知其不可而为之的精神，同情他的遭遇，遂以老友身份，给胡适写了一封信，劝他离开上海，最好到北平高校，教书做学问。他相信胡适在学问上能有所作为，在"冷静寂寞中产生出丰富的工作"来——"我总觉得兄的工作在于教书做书（也即是对于国家，对于后世的义务）。"

胡适收到信后，大为感动，回信道："至于爱说闲话，爱管闲事，你批评的十分对。受病之源在于一个'热'字……我对于名利，自信毫无沾恋。但有时总有点看不过，忍不住。王仲任所谓'心喷涌，笔手扰'，最足写此心境。"

这些话其实也可用来说明周作人的心境，作为一个知识分子，无论怎样标举克制、隐退，对一些社会现象往往还是"忍不住"要批评。

周作人在去信中说，自己如此劝说胡适改弦更张，有点儿"交浅言深"了。胡适在回信中大发感慨："生平对于君家昆弟，只有最诚意的敬爱，种种疏隔和人事变迁，此意始终不减分毫。相去虽远，相期至深。此次来书情意殷厚，果符平日的愿望，欢喜之至，至于悲酸。"

其实，周作人劝胡适，内心里也在以鲁迅为劝解对象。因为兄弟无法沟通，他只能默默观察、私下品评乃兄所作所为。

连年战争，不断革命，虽然城头变幻大王旗，其实太阳底下无新事。周作人把历史看作可怕的循环。在"五四"时代，他和鲁迅曾震惊于古代的种种恶事在现代搬演的事实，称之为"故鬼重来"。如今，经过新一轮的革命，周作人的空虚感和悲观情绪更加浓厚了：

> 已有的事后必再有，已行的事后必再行，此人生之所以为虚空的虚空也欤？

他觉得，读了那么多书，就总共得到两句话的教训：好思想都写在书本上，一点儿都未实现过；坏事情在人间已全做了，书本上只记着一小部分。

鲁迅和周作人都注重读史，他们曾广泛涉猎各种笔记野史，尤其注意搜集宋末和明末的史书，这是中国历史上两个极为悲惨的时期，亡国的苦痛，曾激发麻木的中国人的心。鲁迅写《狂人日记》，批判封建家族制度，曾从历史书中得到启发。1925 年，鲁迅在《这个与那个》一文中，再次提出多读宋明史的主张，目的是让读者看看这两个朝代是怎样一步步走向衰亡的，并且对照现实，看看当前的中国已经到了怎样危险的地步：

> 史书本来是过去的陈账簿，和急进的猛士不相干。但先前说过，倘若还不能忘情于呻吟，倒也可以翻翻，知道我们现在的情形，和那时的何其神似，而现在的昏妄举动，胡涂思想，那时也早已有过，并且都闹糟了。

面对大一统时代，周作人在《历史》一文中写道：

> 天下最残酷的学问是历史。他能揭去我们眼上的鳞，虽然也使我们希望千百年后的将来会有进步。但同时将千百年前的黑影投在现在上面，使人对于死鬼之力不住地感到威吓。

周作人与钱玄同等合影

　　我读了中国历史，对于中国民族和我自己失去了九成以上的
信仰与希望。

　　他感到自己虽然生在民国，却差不多就像一个明末的人。正
如鲁迅所说："现在是这样的世界。偶看明末野史，觉现在的士大
夫和那时之相像，真令人不得不惊。"

道与文

　　说中国的新文学是受了外国文艺思想的影响产生的，自然不
错，因为新文学的创造者们一开始就在拿外国的文艺思想来改造
中国的旧文学。但归根结底，中国文学总是用中国的文字写成并
反映中国现实，表现中国人思想感情的。

　　在"五四"时代，新文学家们集中火力攻击旧传统，一定程
度上忽视了对于中国传统中精华部分的继承和发扬。至少是在理
论上没有重视。而实际上，对这些新文学的开山者而言，传统的
影响早已先入为主，而且是在日常中潜移默化。就在他们不遗余
力地攻击传统的时候，影响已经分明地显现出来。短兵相接的搏
斗，或曰"反戈一击"，辩证地说，恰恰体现了一种亲密关系。

　　周作人认为，过去几千年的中国文学，走的并非一条直路，
而像一道弯曲的河流，在两种力量的消长中前进。这两种力量是
什么呢？就是"言志"和"载道"。

　　载道文学，就是宣传一种思想而且往往是宣传统治者思想
的文学，是所谓高的大的正的东西；言志派的传统则源于《诗
经》，诗言志，歌咏言，直抒胸臆。在历史上，大一统时代的文学

多是载道派的，而"王纲解纽"时代的文学多为言志。因为专制的统治松弛下来，文人获得相当的自由，可以自出己意。往往在国家将亡的时期，文学反而兴盛，即所谓国运衰，文运兴，国家不幸诗家幸。周作人在明朝末年找到了他心仪的言志派文人，就是公安派和竟陵派。这两个文学派别提倡的"独抒性灵，不拘格套""信腕信口，皆成律度"等主张，与胡适、陈独秀率先倡导的文学革命观念颇多相通之处。

周作人在明代为现代新文学找到源头活水，使新文学给人一种得了真传和很有来头的感觉——明末到民初的言志文学"好像是一条湮没在沙土下的河水，多少年后又在下流被掘了出来；这是一条古河，却又是新的"。

现代社会的动荡不安，正和明末社会相似。这样的类比是否意味着，周作人意识到自己正生活于其中的国家岌岌可危？如果真的如此，那么读书人应该采取怎样的态度呢？

鲁迅与革命文学家们和解，成为左翼文坛的支柱。周作人则退隐书斋，独善其身，以闲情幽思在十字街头建造文学"象牙塔"。

1936年2月的《时代漫画》刊登了汪子美画的《文坛风景》，以周氏兄弟为题材，上图下文。文曰：

> 骑驴过小桥，独叹梅花瘦；
>
> 欲穷千里目，更上一层塔。

话说左翼鲁大夫这一日登上"普罗列塔"的最尖端，眺瞰一下文坛情势。但见青山绿水，万千潇洒。有小鸟之啁啾，无矿夫之铲煤。只一些山野散人，田园骚客，闲云野鹤般，或高吟低哦，踯躅于丛林浅草之间；或拍手鼓掌，啸嗷乎泉石溪流之边；也有"一寸二寸之鱼，三竿两竿之竹"。垂钓于江水之畔。好一幅默静的六朝山水图画！

鲁大夫不由感触一阵寂寞的悲哀，落下一声长叹。正感慨间，忽见远远走来一位骑驴老者，背肩雨伞，手撚疏须，吟声嘤嘤，蹄声得得，踏过那座"小布尔桥"，沿着羊肠小径而去。鲁大夫忖道："咦，唏，这不是吾家兄弟么，他一向总是这样清闲。此行必是往登那象牙之塔去的。这一路山行崎岖，而那座象牙之塔经年不修，受过狂风暴的冲击，已经摇摇欲颓，实有些危险。如欲登高临眺，何如来此塔上，四方动态，都能尽入眼帘，多少是好！"想到这里，又连连咨叹不止。

那驴背上的老者你道是谁？原来正是苦雨斋中的苦雨老人。老人走驴看花，一路吟草咏柳而来，正路过这座"小布尔桥"，只顾着低头吟着"骑驴过小桥，独叹梅花瘦"的句子，哪里看见塔上有人叹息。

对周氏兄弟的定位不一定准确，但透露出当时文坛对两位文学大家的一种看法，耐人寻味。

周作人身边聚集的一些文人，在诗歌、小说和小品散文方面各有优长。由于周作人的引导号召，渐渐形成流派，即所谓"京派"。这不是一个组织严密的社团，但在文坛上很有影响，其精神领袖就是周作人，主要成员有周作人的学生俞平伯、废名等。周作人通过为这两个学生的文集写序跋，申明这个派别的文学主张，其主旨仍是自由言志，态度则是在社会上碰了钉子后躲进书斋，带着几分怨气但尽量显示出雍容和宽容。阿英在《俞平伯》一文中说："周作人的小品文，在中国新文学运动中，是形成了一个很有权威的流派。这流派的形成，不是由于作品形式上的'冲淡和平'

的一致性，而是思想上的一个倾向。"

周作人指出白话文学的演变过程，注意到它的丰富性。新文学一开始，胡适、陈独秀（也包括鲁迅、周作人两兄弟）的文章，是"清新明白"，给人耳目一新的感觉，"好像西瓜之有口皆甜"；后来发展到冰心、徐志摩的文章，"流丽清脆"；最后到了周作人的学生废名、俞平伯这里，变成"简洁"和"奇僻、生辣"。

周氏兄弟在语言方面都做了艰苦探索，深知个中甘苦。写文章，他们都苦于汉语语汇的贫乏，而采用欧化的句法，又显得生硬。不得已，就往往在白话文中夹进一两句古文或嵌几个古字——这情形，在鲁迅的文章中更为常见。

鲁迅在自己那本兼收文言文和白话文文章的《坟》的后记中提出一个设想：口语文应该吸收用古汉语做材料，并广泛采用大众语，融合成的一种有力的表达语。

文坛上流行着这样一种说法：正因为鲁迅使用了一些古文句子，反而使他的文章显得古朴典雅，意蕴深厚。这说法并没有得到鲁迅同意。因为这里面隐含着一个批评，即这样的文章在广大民众的理解力之上。学习白话本已很难，而学习与口语脱节的古文，更是难上加难。而且使用文言意味着复古和落伍，有违文学革命的初衷。鲁迅对此有清醒的认识：

> 以文字论，就不必更在旧书里讨生活，却将活人的唇舌作为源泉，使文章更加接近语言，更加有生气。至于对于现在人民的语言的穷乏欠缺，如何救济，使他丰富起来，那也是一个很大的问题，或者也须在旧文中取得若干资料，以供使役……
>
> 我以为我倘十分努力，大概也还能够博采口语，来改革

我的文章。但因为懒而且忙，至今没有做。我常疑心这和读了古书很有些关系，因为我觉得古人写在书上的可恶思想，我的心里也常有，能否忽而奋勉，是毫无把握的。我常常诅咒我的这思想，也希望不再见于后来的青年。去年我主张青年少读，或者简直不读中国书，乃是用许多苦痛换来的真话，决不是聊且快意，或什么玩笑，愤激之辞。

一直到20世纪30年代，生命的最后几年，鲁迅仍然十分关心汉语的改造问题，撰写了《门外文谈》等文章。

在怎样完善白话文这个问题上，周作人与鲁迅的观点大致相近。他对文言文的态度，从《国语文学谈》一文中可知：古文和白话文不是绝对不同的东西，都同样可以用于做文章。他主张"把古文请进国语文学里来，改正以前关于国语文学的谬误观念"。因为白话文并没有从根本上改变中国语文的语汇和文法。为了使白话文更趋完善，不妨向古文学习。

广采民间口语的办法又如何呢？周作人说：

> 中国现在还有好些人以为纯用老百姓的白话可以作文，我不敢附和。我想一国里当然只应有一种国语，但可以也是应当有两种语体，一是口语，一是文章语，口语是普通说话用的，为一般人民所共喻；文章语是写文章用的，须得有相当教养的人才能了解，这当然全以口语为基本，但是用字更丰富，组织更精密，使其适于表现复杂的思想感情之用，这在一般的日用口语是不胜任的。

周作人还提出，白话文应该结合散文的朴实和骈文的华美。他甚至呼吁对八股文进行研究：

> 八股是中国文学史上承先启后的一个大关键，假如想要研

究或了解本国文学而不先明白八股文这东西，结果将一无所得，既不能通旧传统之极致，亦遂不能知新的反动起源。

他认为民国初年的文学革命，正是对于八股文化的一个反动，假如想了解这个运动的意义而不先明了八股是什么东西，就像不知道清朝历史的人想懂辛亥革命的意义一样完全不可能。他写道：

> 八股文生于宋，至明而稍长，至清而大成，实行散文的骈文化，结果造成一种比六朝的骈文还要圆熟的散文诗，真令人有观止之叹。而且破题的作法差不多就是灯谜，至于有些"无情搭"显然须应用诗钟的手法才能奏效，所以八股不但是集合古今骈散的菁华，凡是从汉字的特别性质演出的一切奥妙的游艺也都包括在内，所以我们说它是中国文学的结晶，实在是没有一丝一毫的虚价。

文章应该也必须是"载道"的，载自己之道便是言志。周作人提倡研究八股文，用意更在于思想上，因此他提醒人们注意这种文体包含的奴隶性：

> 几千年的专制养成很顽固的服从与模仿根性，结果是弄得自己没有思想，没有话说，非等候上头的吩咐不能有所行动，这是一般的现象，而八股文就是这个现象的代表……它的精神在科举废止后在不曾见过八股的人们的心里还是活着。

周作人把八股、鸦片、缠足、阉人称为"中国四病"，这四病治不好，国命将亡。他在《托尔斯泰的事情》中说："我觉得中国人的大病在于喜欢服从与压制，最缺乏的是对于一切专制之憎恶。"

周作人所言之"志"，也是一种"道"。

苦茶

　　在明末找到精神上的朋友，使周作人有了归宿感。他日常和几个主张相同、声气相求的文人品茶论道，切磋琢磨。其中废名最能理解他的意思。有一个时期，废名干脆借住在八道湾周宅，亲聆教言，讲道论学。

　　他们一起筹划出版一个刊物，起名《骆驼草》，刊物同仁被戏称为"驼群"。发刊词中说："我们开张这个刊物，倒也没有什么新的旗鼓可以整得起来，反正一晌都是有闲之暇，多少做点事儿。"还说，刊物虽然不谈国事，但仍要做事，并且不做无益之事——这说明他们并非过着彻底闲适的生活。又说："文艺方面，思想方面，或而至于讲闲话，玩古董，都是料不到的，笑骂由你笑骂，好文章我自为之，不好亦知其丑，如斯而已，如斯而已。"腔调中显然含有对高唱"革命文学"的左翼文人的一丝怨气。

　　不谈政治，不自找麻烦，表面上看起来是一种局外人和老好人的态度，但在那时却很容易触犯众怒。因为在一个充满动荡和争斗的时代，谈政治谈得不对自然危险；但不谈政治也不安全。不管政治的人，政治偏要来管他。社会正在快速地分化组合，人们纷纷寻找自己可以归属的派别。没有信仰、不立派别的人岂不是在故意标新立异吗？一副清高的姿态，是很可能被所有的派别厌恶的。

　　革命文学就是当时很流行很得势的一派，不靠近和加入这个新派，必须做好被孤立、受批判的准备。在南方，已经被批判的鲁迅一面回应，一面也试图调整自己的状态。周作人呢？离南方革命热浪稍远，感受到的攻击的火力还不是很猛烈，还能够继续说几句"闲话"。

周作人承认自己不再有信仰，这包括对"革命"的信仰。他的思想状态可以套用法国作家蒙田的名言来说明：我相信什么？在文化人士纷纷"转变方向"的时候，周作人找到了自己的位置：

> 我觉得现在各事无可批评，有理说不清，我们只可"闭门读书"，做一点学艺上的工作，此不佞民国十八年的新觉悟也。
> 我觉得现在世界上是反动时代的起头，低文化的各国多趋于专制，中国恐亦难免，且封建思想更深且重，所以社会现象亦更不佳，既无反抗之志与力，我想且稍取隐逸态度为宜。

左翼青年看不惯这一群骆驼缓慢、笨拙中含有的自负和高傲。很快，北平的报纸上出现了文章，点名批评周作人，说他是没落者，并且"命定地趋于死亡"。

以前，周作人把自己的书房称为"苦雨斋"，现在起了个新的名字，唤做"苦茶庵"了。

为什么是"苦茶"呢？因为这饮料符合主人当前的思想状态。人的口味是常在变化的。儿童时期喜欢甜食，略尝到一点苦味就揪紧了眉头；成年人则已备尝人间苦味，开始有点自虐似的偏爱苦的东西，正所谓苦中作乐。

命名为"苦茶庵"，还有一层意思。结合周作人出生时周氏家族内那个老和尚转世的传说，这就仿佛在说，庵里住的是一个喝着苦茶的和尚。

1934年1月，满五十岁的周作人用两首诗描写自己"知天命"之年的生活状况和心境：

前世出家今在家　不将袍子换袈裟

街头终日听谈鬼　窗下通年学画蛇

老去无端玩骨董　闲来随分种胡麻

旁人若问其中意　且到寒斋吃苦茶

民国二十三年一月十三日偶作

苦茶盦

周作人《五十自寿》诗手迹

前世出家今在家，不将袍子换袈裟。

街头终日听谈鬼，窗下通年学画蛇。

老去无端玩骨董，闲来随分种胡麻。

旁人若问其中意，且到寒斋吃苦茶。

半是儒家半释家，光头更不著袈裟。

中年意趣窗前草，外道生涯洞里蛇。

徒羡低头咬大蒜，未妨拍桌拾芝麻。

谈狐说鬼寻常事，只欠工夫吃讲茶。

其时，林语堂在上海创办《人间世》杂志，将周作人列为主要撰稿人之一。周作人把诗抄寄了林语堂。林语堂如获至宝，在杂志创刊号上精心设计了专栏，不但刊登这两首诗及周作人朋友们的和诗，还配发了周作人的大幅照片。

老朋友钱玄同最能理解周作人的心思，他的和诗特别注明"也是自嘲"。诗中怀念他们"五四"时代并肩战斗的峥嵘岁月：

但乐无家不出家，不皈佛教没袈裟。

腐心桐选诛邪鬼，切齿纲伦打毒蛇。

读史敢言无舜禹，谈音尚欲析遮麻。

寒宵凛冽怀三友，蜜桔酥糖普洱茶。

胡适先写了《和苦茶先生打油诗》：

先生在家像出家，虽然弗着俭袈裟。

能从骨董寻人味，不惯拳头打死蛇。

吃肉应防嚼朋友，打油莫待种芝麻。

想来爱惜绍兴酒，邀客高斋吃苦茶。

意犹未尽，又写了一首"自嘲"的五言诗，并自注云："昨诗写吾兄文雅，今诗写一个流氓的俗气。"

> 老夫不出家，
>
> 也不著袈裟。
>
> 人间专打鬼，
>
> 臂上爱蟠蛇。
>
> 不敢充油默，
>
> 都缘怕肉麻。
>
> 能干大碗酒，
>
> 不品小钟茶。

所谓"流氓的俗气"，是胡适自认为与周作人不同的地方。他的志愿是一定要到世面上做一番，说得高雅一些，就是坚持儒家的入世态度。

不过，周作人的诗中写得很分明，他本人身上也有半个儒家。

刘半农和了四首，沈尹默竟和了七首。林语堂不如钱、胡两位资格老，也不如沈、刘与周作人关系近，他看周作人，差不多怀着学生对老师的崇敬心理，因此和诗称扬多于交流，题目也颇恭敬：《和京兆布衣八道湾居士岂明老人五秩诗原韵》。

> 京兆绍兴同是家，布衣袖阔代袈裟。
>
> 祗恋什刹海中蟹，胡说八道湾里蛇。
>
> 织就语丝文似锦，吟成苦雨意如麻。
>
> 别来但喜君无恙，徒恨未能与话茶。

最使周作人感到惊喜的是，平时很少与他文字交往、作诗也很少公开发表的蔡元培写了三首，前二首是《和知堂老人五十自寿》：

> 何分袍子与袈裟，天下原来是一家。

不管乘轩缘好鹤，休因惹草却惊蛇。

扪心得失勤拈豆，入市婆娑懒绩麻。

（君自言到厂甸数次矣。）

园地仍归君自己，可能亲掇雨前茶。

（君曾著《自己的园地》。）

厂甸摊头卖饼家（君在厂甸购戴子高《论语注》，），

肯将儒服换袈裟。

赏音莫泥骊黄马，佐斗宁参内外蛇。

好祝南山寿维石，谁歌北庑乱如麻。

春秋自有太平世，且咬馍馍且品茶。

5月5日，蔡元培又寄来《新年周知堂老人自寿韵》一首：

新年儿女便当家，不让沙弥袈了裟。

鬼脸遮颜徒吓狗，龙灯画足似添蛇。

六幺轮掷思赢豆，教语蝉联号绩麻。

乐事追怀非苦语，容吾一样吃甜茶。

这首诗每联写一种绍兴习俗。

首联下注云："吾乡小孩子留发一圈而剃其中边者，谓之沙弥。《癸巳存稿三》，'精其神'一条引经了筵阵了亡等语，谓此自一种文理。"颔联下注云："吾乡小孩子选炒蚕豆六枚，于一面去壳少许，谓之黄，以完好一面谓之黑。二人以上抢掷之，黄多者赢。亦仍以豆为筹码。"颈联下注云："以成语首字与其他末字相同者联句，如甲说：'大学之道'，乙接说：'道不远人'，丙接说：'人之初'等，谓之绩麻。"尾联下注云："吾乡有吃甜茶讲苦话语。"

周作人将蔡先生的和诗珍藏了几十年，晚年在回忆录中赞叹

道："他此时已年近古希，而记叙新年儿戏情形，细加注释，犹有童心；我的年纪要差二十岁光景，却还没有记得那样清楚，读之但有怅惘，即在极小的地方，前辈亦自不可及也。"

因两首打油诗引发的一场"和诗运动"，很使周作人风光了一阵。不料——其实也在意料之中——一场批判运动随即展开了。

一位署名"巴人"的作者，对文坛名流如此吹捧周作人大为不满，也写了和诗五首，讽刺道："几个无聊的作家，洋服也要充袈裟。大家拍马吹牛屁，直教兔龟笑蟹蛇。……"有一首"刺周作人冒充儒释丑态"："充了儒家充释家，乌纱未脱穿袈裟。既然非驴更非马，画虎不成又画蛇。……"另几首将钱玄同、刘半农等逐个嘲笑一番。从内容上看，属于语意浅露的滑稽之作。

上海的左翼作家对周作人的讽刺十分尖锐。例如，《申报·自由谈》上刊登了垫容的《人间何世？》一文，内有和诗一首，谴责道："先生何事爱僧家？把笔题诗韵押袈。不赶热场孤似鹤，自甘凉血懒如蛇。选将笑话供人笑，怕惹麻烦爱肉麻。误尽苍生欲谁责，清谈娓娓一杯茶。"

"误尽苍生"，上纲上线了。

胡风的《"过去的幽灵"》一文，劈头就指出，周作人写这种诗，根本就是错误。他写道，想当年周作人以长诗《小河》奠定了新诗在文坛上的地位，促进了诗歌从旧体式里解放出来，现在却无聊到写旧诗，而且"谈狐说鬼"！他质问道："周先生现在自己所谈的鬼，听人家谈的鬼，是不是当年他翻译（《过去的幽灵》—引者注）的时候，叫我们防备的幽灵呢？昔日热烈地叫人防备，现在却促膝而谈之，不晓得是鬼们昔日虽然可恶而现在却可爱起来了呢，还是因为昔日虽然像现在的批评家似的'浮躁'，而现在的八道湾居士却功成圆满，就是对于小鬼也一视同仁了？"

尽管措辞严厉，但胡风还是注意到了周作人人生态度的变化，也肯定了他以前批判旧文明的功绩。

来自左翼的批评，很容易让周作人想到与他的长兄鲁迅有关。其时鲁迅已经是上海左翼文坛的领袖，而胡风等人与鲁迅关系极为亲密。

周作人的朋友们立即起而辩护。他们提请读者注意周作人诗中含着的"苦味"。曹聚仁在《申报·自由谈》上发表文章，认为周作人"备历世变，甘于韬藏，以隐士生活自全，盖势所不得不然"。他说周作人这十年来思想的变迁，实在可以说是从孔融到陶渊明二百年间思想变迁的缩影，在周作人"谈狐说鬼"的闲适的冷灰之下，有炎炎之火在燃烧。曹聚仁提到那二百年间的变迁，不是凭空说起的。他本人对鲁迅和周作人都很了解，并且常自称是章太炎先生的弟子，那么与周氏兄弟就有同门之谊了。鲁迅和周作人都喜爱魏晋时期的文学，所以曹聚仁将周作人与那个时代的人物相比。林语堂也在这家报纸上发表了《周作人诗读法》，指出，周作人的自寿诗"寄沉痛于幽闲"，是有反抗黑暗社会的意思的。他也拿古代人来比方周作人："长沮桀溺乃世间热血人，明人早有此语。"他为周作人鸣不平道："后之论史者，每谓清谈亡国，不啻为逆阉洗刷，陋矣，且亦冤矣！"

胡风虽然是接近鲁迅的人，但他的观点并不完全代表鲁迅。恰恰是鲁迅，给二弟的诗以中肯的评论。但因为一向尽量避免公开提到周作人的名字，所以他的意见只在私人信件中表达。他在给曹聚仁的信中说："周作人自寿诗，诚有讽世之意，然此种微辞，已为今之青年所不憭，群公相和，则多近于肉麻，于是火上添油，遂成众矢之的，而不作此等攻击文字，此外近日亦无可言。此亦'古已有之'，文人美女，必负亡国之责，近似亦有人觉国之将亡，已在卸责于清流或舆论矣。"在给杨霁云的信中也说："至于周作人之诗，其实是还藏些对于现世的不平的，但太隐晦，已为一般读者所不憭，加以吹捧太过，附和不完，致使大家觉得讨厌了。"

其实，鲁迅本人也在"自嘲"。1932 年 10 月，他写下这样一首诗：

运交华盖欲何求，未敢翻身已碰头。

破帽遮颜过闹市，漏船载酒泛中流。

横眉冷对千夫指，俯首甘为孺子牛。

躲进小楼成一统，管他冬夏与春秋。

奇妙的是，鲁迅的自嘲诗中骨气突然显露，摆出"横眉冷对千夫指"的姿态，引得读者把注意力集中在这句上，遂有意无意地忽略了"俯首甘为孺子牛"的亲切柔和，更少注意"躲进小楼成一统"的消极情绪。

周作人对左翼批评家的攻击怀恨在心，由此牵连怨恨到鲁迅身上。鲁迅逝世后，鲁迅致曹聚仁和杨霁云的信收入《鲁迅书简》发表，周作人见到后，对鲁迅的同情理解不但不表感激，还在一篇文章中颇有怨气地说："三年前戏作打油诗有云：'且到寒斋吃苦茶'，不知道为什么缘故，批评家哄哄地嚷了大半年，大家承认我是饮茶户，而苦茶是闲适的代表饮料。这其实也有我的错误，词意未免晦涩，有人说此种微辞已为今之青年所不憭，而不作此等攻击文字此外亦无可言云云，鄙人不但活该，亦正是受惊若宠也。"也许，他是在怀疑鲁迅一面指使胡风等人写文章攻击他，一面却在私人信件中表示同情的理解，是两面派的行为？

直到晚年，周作人才在回忆录中对鲁迅写了几句感激的话：

> 对于我那不成东西的两首歪诗，他却能公平的予以独自
> 的判断，特别是在我们"失和"十年之后，批评的态度还是
> 一贯……鲁迅平日主张"以眼还眼，以牙还牙"，不会对任何
> 人有什么情面，所以他这种态度是十分难得也是很可佩服的。

危机与生机

鲁迅对周作人及其弟子在一些文章中讽刺自己"趋时"是有
所警觉的。

《骆驼草》创刊号上发表了一篇文章，评论鲁迅等人在上海发
表《中国自由运动大同盟宣言》一事，署名丁武。文章说郁达夫、
鲁迅领衔发表这篇宣言是"丧心病狂"，究其目的，是想引起当局
对自己的重视，以便"文士立功"。第二期丁武又发表《闲话》，
公开声明自己写那篇文章是"刺了鲁迅一下"，还讽刺鲁迅"丢掉
了自己"。鲁迅1930年5月24日写信给章廷谦说："丁武当系丙
文无疑，但那一篇短评，实在晦涩不过。"鲁迅知道，丙文即冯文
炳，也就是周作人的大弟子废名。

实际上，鲁迅对自由运动大同盟的工作并不十分热心。

刘半农去世后，鲁迅写了《忆刘半农君》一文，既对这位
《新青年》同人表达了深切的怀念，又直率地谈到刘半农的一些缺
点。后来他又写了《趋时与复古》，不满于刘半农去世后，被一些
人封为"复古的先贤"，"用他的神主来打'趋时'的人们"。

　　周作人看了鲁迅的文章，写了一篇《半农纪念》回应，还作一首打油诗道："漫云一死恩仇泯，海上微闻有笑声。空向刀山长作揖，阿旁牛首太狰狞。"他在文章中说："半农是我的老朋友之一，我很悼惜他的死。在有些不会赶时髦结识新相好的人，老朋友的丧失实在是最可悼惜的事。"显然是在暗讽鲁迅投机趋时。

　　周作人自发表了《中国新文学的源流》的演讲后，更加有意识地提倡小品文，也更起劲地攻击所谓"载道派"。他把左翼文学称为新八股，同时借古喻今，对八股的老祖宗、唐宋八大家之一的韩愈大加贬损，几乎说得一无是处。他所攻击的"韩文公"身上当有鲁迅的影子。

　　由于他的大力提倡，文坛上一时出现了小品文的繁荣。小品文成了"京派"代表性文体。周作人作为"京派"的核心人物自然成为左翼文学家批评的对象。

　　与"京派"对立的所谓"海派"，并不能完全等同于上海的左翼文人。鲁迅和周作人也并非两派首领，各率一班人马对阵。鲁迅的《"京派"和"海派"》中对周作人的文学主张进行的批评是隐含的，如提到一种新出的刊物："这回却有了真正老京派的题签，所以的确是正统的衣钵。"新出的刊物指林语堂主编的《论语》，老京派无疑是指周作人。但鲁迅又说，"有些新出的刊物，真正老京派打头，真正小海派煞尾了"，说明京派海派，常常交叉换位，乃至勾肩搭背。

　　林语堂醉心于周作人的主张，在自己主编的刊物上大力鼓吹明末小品文。他沿着周作人指引的方向，把袁中郎树为性灵文学和闲适情调的典范。于是，文坛上出现一股袁中郎热，出版商纷纷翻刻他的著作，有些选本还请周作人作序。

　　林语堂把周作人看作"现代公安派"的代表。文学史所谓的"公安三袁"，指的是袁氏三兄弟宗道、宏道、中道，湖北公安人。明代有"袁氏三兄弟"，现代有"周氏三兄弟"，也算是一种巧合。

　　鲁迅却对作人称道的袁宏道的性灵文学不感兴趣。

　　鲁迅同林语堂之间的关系时好时坏。鲁迅因版税等问题与北新书局打官司，林语堂本是从中劝解调停的，但有一次两人言语不合，在饭桌争吵，竟互骂"畜生"了。尽管如此，两人还维持着一般的文字联系。林语堂办《论语》，请鲁迅写文章。但鲁迅对其过分提倡"幽默"感到不满，连续写了《从讽刺到幽默》和《从幽默到正经》等文章，严正指出，在中国提倡"幽默"，不合时宜。

　　为纪念《论语》创刊一周年，鲁迅写了《"论语一年"》，明确表示，林语堂"提倡的东西，我是常常反对的，先前，是对于'费厄泼赖'，现在呢，就是'幽默'。我不爱'幽默'，并且以为这是只有爱开圆桌会议的国民才闹得出来的玩意儿，在中国，却连意译也办不到"。

　　鲁迅不赞成大力提倡闲适小品文也出于同样的原因。本来，鲁迅也肯定过周作人的文章中有对现实的不满，但如果一味抒写闲情，刻意装扮潇洒，使文章成为一种玩意儿和摆设，或者可以称作艺术的成熟，却离衰落不远了。鲁迅在《小品文的危机》中指出，从唐朝末年、明朝末年到"五四"时代的小品文，其传统不是闲适，而是"挣扎和战斗"，然而现在的提倡者却在竭力要求雍容、漂亮、缜密，其目的就是要小品文成为"小摆设"。他还形象地说，在当今激烈斗争的时代，闲适的小品文已经找不到活动的场所，"正如烟花女子已经不能在弄堂里拉扯她的生意，只好涂脂抹粉，在夜里踅到马路上来了"。在这个"风沙扑面，虎狼成群"的时代，所谓的"性灵文学"要"靠着低诉和微吟，将粗犷的人心，磨得渐渐的平庸"。那么，它的危机就是：作为一种麻醉性的作品，"将与麻醉者和被麻醉者同归于尽"。

鲁迅认为，小品文应该成为匕首和投枪，能和读者一同杀出一条生存的血路。当然，他也不否认文章有娱乐功能，可使人得到愉快和休息，但"这并不是'小摆设'，更不是抚慰和麻痹，它给人的愉快和休息是休养，是劳作和战斗之前的准备"。

周作人对鲁迅的意见颇不以为然，针锋相对地加以批驳。他认为鲁迅反对"言志派"的文学，已经堕入"载道派"的魔障。在他看来，鲁迅提倡的战斗文学说到底也是一种摆设：

> 眼看文章不能改变社会，于是门类分别出来了，那一种不积极而无益于社会者都是"小摆设"，其有用的呢，没有名字不好叫，我想或者称作"祭器"罢。祭器放在祭坛上，在与祭者看去实在是颇庄严的，不过其祝或诅的功效是别一问题外，祭器这东西到底还是一种摆设，只是大一点罢了。这其实也还不尽然，花瓶不是也有颇大的么？而且我们又怎能断言瓶花原来不是供养精灵的呢？吾乡称香炉烛台为三事，两旁各加一瓶则称五事，钟鼎尊彝莫非祭品，而今不但见于闲人的案头，亦列于古董店的架上矣。只有人看它作有用无用而生分别，器则一也，反正摆设而已。

其实，鲁迅自己也在受着攻击。他编印《北平笺谱》、复刻《十竹斋笺谱》，就被批评为士大夫趣味，与周作人有同样的闲适和无聊。鲁迅不以为然，继续进行复兴木刻水印技术的工作。他认为，即便是战士，也需要娱乐。就在这个问题上，鲁迅被周作人嘲讽为"心口不一""自相矛盾"。周作人也喜爱笺谱，花四元五角购买了一部《十竹斋笺谱》。他读了书前的介绍文字，发现这书是明末崇祯甲申年刻印的，立即联想到当前现实，写了《十竹斋的小摆设》一文，说：

> 崇祯甲申，岂非明之国难乎，情形严重殆不下于九一八，至乙酉而清兵下江南矣。于斯时也而刻《笺谱》，清流其谓之何？夫刻木板已"玩物丧志"矣，木板而又图画，岂不更玩而益丧欤。抑画图之中或可以有"匕首"亦说不定，若画图而至于诗笺，则非真正"小摆设"而何？使明末而有批评家，十竹斋主人之罪当过于今之小品作家矣。

两兄弟的趣味当然颇有共通之处，但鲁迅关注周作人的生活和思想状况，是从大处着眼，希望弟弟不要昧于世事。这从他后期写的一些文章中可以看得出来。例如，《喝茶》一文指出，享惯了清福的人会变得敏感和过于细腻，经不起风暴的袭击，就是对"苦茶庵"里的周作人的提醒和警告。

《人间世》发表一篇署名"钱天起"的文章《隐士》，称赞周作人是"隐于文采风流"。鲁迅写了《隐士》一文，指出中国历史上极少真正意义上的隐士，而多是沽名钓誉之徒："文士诗翁，自称什么钓徒樵子的，倒大抵是悠游自得的封翁或公子，何尝捏过钓竿或斧头柄。要在他们身上赏鉴隐逸气，我敢说，这只能怪自己糊涂。"也可以视为说给有"当代隐士"之称的二弟的逆耳忠言。

尽管鲁迅对周作人过分宣扬闲适的小品文有意见，但鲁迅评价人事是全面客观的——而且举贤不避亲。一次，他接受美国记者斯诺采访，斯诺问，中国新文学最有代表性的散文家是谁，鲁迅列举的是周作人、林语堂、梁启超、鲁迅等，把周作人排在第一位。

这个采访记录几十年后才公开发表，周作人生前并未看到。

这样的战士

　　鲁迅在上海遭受着来自不同势力的围攻。

　　创造社和太阳社对他的批判火力异常猛烈。他们说鲁迅的作品"以趣味为中心生活基调","矜持的是闲暇、闲暇、第三个闲暇"（鲁迅的杂文集《三闲集》的名目即由此而来），是"有闲的资产阶级，或者睡在鼓里的小资产阶级"的代表，"常从幽暗的酒家的楼头醉眼陶然地眺望窗外的人生"，有"常追怀过去的昔日，悲悼没落的封建情绪"，他的作品反映的"只是社会变革期中的落伍者的悲哀"。

　　郭沫若说当时文化界是"语丝社、太阳社、创造社，三分鼎立，构成了一个混战的局面"，把《语丝》看成一个派别，自然把周氏兄弟当作一条战线上的人。

　　麦克昂（郭沫若）发表《留声机器的回音》，赞赏他的战友们写的批判鲁迅、周作人的文章"把语丝派的'趣味文学'解剖得血淋淋地，把它的心肝五脏都评检出来了"，并判定"语丝派的'趣味文学'是资产阶级的护符"。

　　杜荃（郭沫若）的《文艺战线上的封建余孽》一文对鲁迅的攻击堪称登峰造极，说鲁迅是"二重性的反革命人物"，是"一位不得志的 Fascist（法西斯蒂）"，是要杀尽一切青年人的"旧时代的疯狂杀人者"！

　　鲁迅处境艰难，可想而知。郁达夫为这铺天盖地的攻击感到担心，他在给周作人的信中说："鲁迅先生，近来被普罗包围得厉害。"

鲁迅在给友人的信中也说："上海的情形，比北京复杂得多，攻击法也不同，须一一对付，真是糟极了。"为了应战，鲁迅耗费了巨大精力。

不过，鲁迅是一个战士，他喜欢战斗。他对这种围剿甚至感到一些快意，因为这给他一个表达英雄主义气概的机会。

他的回击很有力量。他在给友人的信中说："有几种刊物（如创造社出版的东西），近来亦大肆攻击了。我倒觉得有趣起来，想试试我究竟能够挨得多少刀箭。"又说："第四阶级文学家对于我，大家拼命攻击。但我一点不痛，以其打不着致命伤也。以中国之大，而没有一个好手段者，可悲也夫。"

鲁迅一生，树敌可谓多矣。但如他所说，为私怨树敌者少，多是为了公心，为了社会。这不停的战斗固然给他带来很多烦恼和痛苦，但也激发他的勇气。

他的战斗过程一般要经过这样几个阶段：开始是忍痛，捂着伤口，在草丛里歇息一下，又继续前进；进而是觉得敌手也没有什么特别的招术，一头黔驴而已，遂掷出手中的投枪，往往一击而中；此后便一笔扫过，风卷残云，如入无人之境；最后是站在一片废墟上，独自咀嚼没有敌手的悲哀。

他曾把自己描绘成一个彷徨者，就像《野草》中虽饥渴劳累但不停赶路的"过客"，不知道前途到底怎样，也不知道自己到底要往哪里去。同时，他也把自己描写成勇猛顽强的"这样的战士"：

他走进无物之阵，所遇见的都对他一式点头，他知道这点头就是敌人的武器，是杀人不见血的武器，许多战士都在此灭亡，正如炮弹一般，使猛士无所用其力。

那些头上有各种旗帜，绣出各样好名称：慈善家，学者，

文士，长者，青年，雅人，君子……。头下有各样外套，绣
出各式好花样：学问，道德，国粹，民意，逻辑，公义，东
方文明……。

　　但他举起了投枪。

　　鲁迅并非不赞成革命和革命文学，但觉得对这样的新生事物，
一定要弄清其含义。他认为，中国的革命论者往往怕吃苦，爱虚
荣，只照搬外国的概念，全不顾及中国的实情。他厌倦了无谓的
争论，而希望有人切实译几部世界上已经有定评的关于唯物史观
的书，再译一两本与其反对的书，以资比较，那就可以使大家少
费很多唇舌。

　　这工作需要功夫，需要毅力，更需要勇气，愿意做的人不多。
于是，鲁迅自己动手，译马克思主义的文艺理论著作，也译苏联
的文艺论著和作品如《艺术论》《文艺政策》《艺术与革命》《毁
灭》等等。

　　他那些被人斥为"落伍"的作品，保存了一个时代的真面
目。他自己引以为豪，拒绝承认它们已经过时和无用。1929
年北上省亲期间，他在给许广平信中说："再想上去，则我的
创作和编著一发表，总有一群攻击或嘲笑的人们，那当然是应
该的，如果我的作品真如所说的庸陋。然而一看他们的作品，
却比我的还要坏……"

　　他仍想沿着自己熟悉的路子继续进行社会批评和文明批
评——他认为这方面他大有可为。实际上，他一到上海就计划利
用中国古代神话和历史材料，写一系列短篇小说，目的是对传统
的旧观念加以彻底的攻击，他称之为"刨一下坏种的祖坟"。

　　1930 年，鲁迅参加了左翼作家联盟，这是他努力走向进步的

一个标志。因为他的巨大声望，鲁迅被这个组织委以要职——当然实际的负责人并不是他。在成立大会上，他发表了《对于左翼作家联盟的意见》的演讲，提出几点忠告。他的中心意思是，左翼文艺工作者不要像几年前革命文学家那样只喊口号，要努力创作出像样的作品。鲁迅已经看到，这个组织里一些人的想法是不切实际的。

成立大会结束后，他写信给朋友，诉说自己的忧虑和苦恼。他说，青年人往往把他当成梯子，想靠他的名望向上爬，他当然愿意效劳。但多年的经验证明，他当梯子的效果并不理想，或者失败，或者受欺。但他仍不死心，乐意继续服务："此次又应青年之请，除自由同盟外，又加入左翼作家联盟，于会场中，一览了荟萃于上海的革命作家，然而以我看来，皆茄花色，于是不佞势又不得不有作梯子之险，但还怕他们尚未必能爬梯子也。"语气里含着痛苦、失望和蔑视。

对鲁迅的攻击中，有些竟是无聊的人身攻击——议论文化界名人对刊物的销路大有好处，也算是对鲁迅的一种"利用"。鲁迅说："有几种报章，又对我大施攻击，自然是人身攻击，和前两年'革命文学家'攻击我之方法并同，不过这回是'罪孽深重，祸延'孩子，计海婴生后只半岁，而南北报章，加以嘲骂者已有六七次了。……"

他仍然是一个"这样的战士"，但却必须横站着，抵挡来自外部和内部两方面的明枪暗箭。

左翼内部并不团结。左联中一些人，特别是某些领导人，并不认真地听取鲁迅的意见。他们把文艺当作宣传品，甚至要求作家文艺家都走上街头集会演讲撒传单，认为这才是做了革命的实际工作。像鲁迅这样整天躲在家里写作，在他们看来，是不革命、要不得的。

"左联"终于走到分裂的边缘。矛盾达到最激烈时,是所谓的"两个口号"的论争。鲁迅支持胡风、冯雪峰的工作,厌恶周扬、夏衍、田汉等。他在给曹靖华的信中说:"有些手执皮鞭,乱打苦工的脊背,自以为在革命的大人物,我深恶之,他其实是取了工头的立场而已。"

这时,鲁迅已经身患重病,身体的劳累和内心的烦忧加速了他的死亡。但鲁迅很少在公开的场合表达自己对这个组织内部情形的不满,无论如何,作为该组织的领导人之一,他应该维护大局。

表面上,鲁迅仍然以一个英雄主义者的姿态出现,对一切敌手都不妥协,他愿意把他人加在自己身上的苦痛当作一杯苦酒,一饮而尽,不皱眉头;但在私下场合,他多次表露厌倦和愤懑的情绪。

周作人更多看到表面的鲁迅。对鲁迅在上海的左倾,他不断加以影射讽刺。

在他眼里,鲁迅同那些文人混在一起,简直是在胡闹。所谓转变方向,追求进步,实质上是投机趋时。

革命文学家们在把鲁迅当作旧时代文人进行攻击时,总是拿《阿Q正传》作为落伍的证据,判定鲁迅否定农民的觉悟,把中国社会设想得一团糟。周作人曾以《阿Q正传》最初评论者的身份,斥责过"革命文学家"对中国社会的幼稚幻想。但当鲁迅加入"左联","革命文学家"同鲁迅和解后,周作人又写了《阿Q的旧帐》一文,注意到一种奇妙的变化:

> 不久有左翼作家新兴起来了,对于阿Q开始攻击,以为这是嘲笑中国农民的,把正传作者骂得个"该死十三元"。……

不久听说《阿Q正传》的作家也转变了。阿Q究竟死了没有呢，新兴的批评家们还未能决断定，而作者转变了，阿Q的生死事小，所以就此搁起了。不久《阿Q正传》等都被认为新兴正统的文学了，有广告上说《正传》是中国普罗文学的代表作，阿Q是中国普罗阶级的代表，于是阿Q既然得到哀荣，似乎文坛上的阿Q问题也就可以结束了。

在周作人眼里，这些左翼批评家反复无常，前后矛盾，极为可笑。而鲁迅却同这样一些人混在一起，享受他们的吹拍，充当他们的头领!

对于鲁迅翻译新兴无产阶级文学理论，周作人也不以为然：

这个年头儿，别的什么都有，只是诚实却早已找不到，便是爪哇国里恐怕也不会有了罢……我们平常看书看杂志报章，第一感到不舒服的是那伟大的说谎，上自国家大事，下至社会琐闻，不是恬然地颠倒黑白，便是无诚意地弄笔头，其实大家也各自知道是怎么一回事，自己未必相信，也未必望别人相信，只觉得非这样地说不可，知识阶级的人挑着一副担子，前面是一筐马克思，后面一口袋尼采，也是数见不鲜的事……

周作人最熟悉鲁迅知识来源，尼采的名字在他影射鲁迅的文字中屡次出现并不奇怪。

周作人常标榜自己是一个"京兆布衣"，不问时事，在书斋里读书作文，同古代先贤欣然交心，不搞什么投机趋时的新玩艺。在他眼里，鲁迅正相反，跟着时代潮流奔跑，一味趋新。他有两段文字，发挥老人不能趋新的意思，分明是在讽刺鲁迅，就差指名道姓了。一段出自《〈蛙〉的教训》：

　　　　其实叫老年跟了青年跑这是一件很不聪明的事。……老年
人自有他的时光与地位，让他去坐在门口太阳下，撮绳打草鞋，
看管小鸡鸭小儿，风雅的还可以看版画写魏碑，不要硬叫子媳
孝敬以妨碍他们的工作，那就好了。有些本来能够写写小说戏
曲的，当初不要名利所以可以自由说话，后来把握了一种主义，
文艺理论与政策弄得头头是道了，创作便永远再也写不出来，
这是常见的事实，也是一个很可怕的教训。日本的自然主义信
徒也可算是前车之鉴，虽然比中国成绩总要好点。把灵魂卖给
魔鬼的，据说成了没有影子的人，把灵魂献给上帝的，反正也
相差无几。不相信灵魂的人庶几站得住了，因为没有可卖的，
可以站在外边，虽然骂终是难免。

说鲁迅创作再也写不出来，当然是指小说、诗歌之类。在周作人
（还有其他不少人）看来，鲁迅后期大量杂文是不能被视为创作的。
另一段出自《老人的胡闹》：

　　　　往往名位既尊，患得患失，遇有新兴占势力的意见，不
问新旧左右，辄靡然从之，此正病在私欲深，世味浓，贪恋
前途之故也。虽曰不自爱惜羽毛，也原是个人的自由，但他
既然戴了老丑的鬼脸踱出戏台来，则自亦难禁有人看了欲呕
耳。这里可注意的是，老人的胡闹并不一定是在守旧，实在
却是在维新。盖老不安分，重在投机趋时，不管所拥戴的是
新旧左右，若只是因其新兴有势力而拥戴之，则等是投机趋
时，一样的可笑。……其实此类事世间多有，即我国的老人
们亦宜以此为鉴，随时自加检点者也。

　　鲁迅逝世后不久，周作人也注意到一些微妙复杂的情况：
"文坛上很是奇怪，他有时不肯让你不怎么样，譬如不许可不

做喽罗，这还是可以了解的，但是还有时候并不许可不做头目。""剿如不成则改用抚，拘如不行则改用请。单只是不肯做喽罗的人这样也就没有话了，被人请去做个小头目也还没啥，这一场争斗成了和棋，可以就此了结。假如头目也不愿意做，那么不能这样就算，招抚不成之后又继以攻剿，周而复始，大有四日两头发疟子之概矣。"

此时，周作人大约知道了鲁迅晚年的艰难处境。

十七 荣辱

上海虹口大陆新村鲁迅寓所卧室

鲁迅五十三岁生日照。一九三三年九月十三日摄于上海

民族魂

1936 年 10 月 19 日清晨，鲁迅逝世。上海及其他很多城市举行了隆重的纪念活动。葬仪上，写着"民族魂"三个大字的挽幛覆盖在鲁迅遗体上。

鲁迅的人生态度，正如他的两句诗"横眉冷对千夫指，俯首甘为孺子牛"所宣示，一方面是对恶势力决不妥协，奋战到底；一方面是对劳苦大众怀着深切的同情和友爱。

他的作品生动地体现了现代中国人慈悲、善良、仁爱、坚强、勇敢的品格。

鲁迅只活了五十六岁，应该说是短寿。他虽死于多种疾病，其实更与过度劳累有关。即使重病在身，他也总是谋划各种工作，催促自己"赶快做"。他如果听从医生和亲友的劝告，好好疗养，本可以延长生命的。

他的去世对北京的亲人来说有些突然。

周作人当天早晨接到建人的电报得知噩耗。第二天，他坚持到北大讲授"六朝散文"课。这次他讲的是《颜氏家训》的第三篇《兄弟》。柳存仁在《知堂纪念》中回忆：

> 10 月中讲这一篇的时候鲁迅先生故世了。他去世的第二天，北平天津的报纸上都登了电讯。我们上课的学生都猜想岂明先生可能今天告假了。我们在寂静的课堂里等了一会，岂明先生来了，大家的情绪上都有点悲怆。这一堂敷衍过去了，除了颜之推的文章什么也没有提，到了快下堂前约几分

钟的样子，岂明先生挥一挥他那件藏青呢袍的袖子，掸了掸粉笔灰，说"我要到鲁迅的老太太那边去一趟"，就这样下课了。这一件事，和他说这一句话时的神气，我还仿佛记得。

周作人很推崇《颜氏家训》。颜之推幼年丧父，一生三次经历亡国之痛，乱世求生，尽全力保护孩子，给予谆谆教导。他提示子女为人生道路留有余地，而又不失节操。深厚的父爱和渊博的知识的结合，使《颜氏家训》成为家训的经典之作。

该书《兄弟》一章中有这么几节：

> 兄弟者，分形连气之人也。方其幼也，父母左提右挈，前襟后裾，食则同案，衣则传服，学则连业，游则共方，虽有悖乱之人，不能不相爱也。及其壮也，各妻其妻，各子其子，虽有笃厚之人，不能不少衰也。娣姒之比兄弟，则疏薄矣。今使疏薄之人，而节量亲厚之恩，犹方底而圆盖，必不合矣。惟友悌深至，不为旁人之所移者，免夫！

> 二亲既殁，兄弟相顾，当如形之与影，声之与响，爱先人之遗体，惜己身之分气，非兄弟何念哉？兄弟之际，异于他人，望深则易怨，地亲则易弭。譬犹居室，一穴则塞之，一隙则涂之，则无颓毁之虑；如雀鼠之不恤，风雨之不防，壁陷楹沦，无可救矣。仆妾之为雀鼠，妻子之为风雨，甚哉！

> 兄弟不睦，则子侄不爱；子侄不爱，则群从疏薄；群从疏薄，则僮仆为仇敌矣。如此，则行路皆踏其面而蹈其心，谁救之哉？人或交天下之士，皆有欢爱，而失敬于兄者，何其能多而不能少也；人或将数万之师得其死力而失恩于弟者，何其能疏而不能亲也！

好像说的就是周家的事！

周作人接受《大晚报》记者采访说：

> 关于家兄最近在上海的情形，我是不大清楚的，因为我们平常没有事，是很少通信的。虽然他在上海患着肺病，可是前些天，他曾来过一信，说是现在已经好了，大家便都放下心去。不料今天早晨接到舍弟建人的电报，才知道已经逝世。

口气很是平淡，听不出来他同鲁迅有过什么矛盾。他说的来信，是指鲁迅写给母亲的信——他和鲁迅不是"很少"通信，而是根本不通信。

谈到鲁迅的思想特性，周作人并没有一味赞扬：

> 说到他的思想方面，最起初可以说是受了尼采的影响很深，就是树立个人主义，希望超人的实现。可是最近又有点转到虚无主义上去了。因此，他对一切事，仿佛都很悲观，譬如我们看他的《阿Q正传》，里面对于各种人物的描写，固是深刻极了，可是对于中国人的前途，却看得一点希望都没有，实在说起来，他在观察事物上，是非常透彻的，所以描写起来也就格外深刻。

"鲁迅晚年趋向虚无主义"——周作人对此印象很深，终生坚持这观点。

关于鲁迅的性格，周作人也不讳言缺点："他的个性不但很强，而且多疑，旁人说一句话，他总要想一想这话对于他是不是有不利的地方。"

两兄弟共同的朋友如钱玄同也曾总结过鲁迅性格的特点：

> ①多疑。他往往听了别人几句不经意的话，以为是有恶意的，甚而至于以为是要陷害他的，于是动了不必动的感情。②轻信。他又往往听了别人几句不诚意的好听话，遂认为同

志，后来发觉对方的欺诈，于是由决裂而至大骂。③迁怒。譬如说，他本善甲而恶乙，但因甲与乙善，遂迁怒于甲而并恶之。

周作人还接到不少报刊叙说鲁迅的邀约，但他非常克制，只写了《关于鲁迅》和《关于鲁迅之二》两篇。总体上说，文章语气平和，实事求是，不贬低也不抬高。他说："一个人的平淡无奇的事实本是传记中的最好材料，但唯一的条件是要大家把他当作'人'去看，不是当作'神'——即是偶像或傀儡，这才有点用处。"他可能是看到报刊上有一些高度评价鲁迅的文章，觉得有些不顺眼。

周作人在《关于鲁迅》一文中，将鲁迅在学问艺术上的工作分为两部分，甲部为搜集辑录校勘，乙部为创作。这种排列方式，先就与很多人的看法不同，一般人是把鲁迅的创作排在第一位的；而在创作部分，周作人也只列举了小说和散文，对于鲁迅晚年在上海发表的大量杂文只字未提。

他对鲁迅的这些意见，引起革命青年的不满。他收到了一张发自武汉的明信片，上面写着："鲁迅先生的学问，先生是不会完全懂得的，此事可不劳费神，且留待别些年青人去做。"

反过来，鲁迅生前对周作人的学问文章评价极高。他曾对一位朋友说，现在文坛上像周作人那样读书多的人不多。

商务印书馆有一时准备出版周作人的译作，在商务工作的建人见到鲁迅时说起这事，并说编辑正在审稿。鲁迅听了诧异地问："莫非启孟的稿子，编辑还用得着校吗？"言下之意，周作人的文字不容置疑。建人回答说："那总还是要看一遍的吧！"鲁迅就不做声了。

据建人说，鲁迅在逝世前几天还找来周作人的文集阅读。这或可理解为，人之将终，就想起一生中那些曾同自己度过最美好时光、最可怀念的人？三十年后，周作人在"文革"的风暴即将到来，自觉将有没顶之灾的时候，也找出鲁迅的文集阅读。

冯雪峰在上海期间同鲁迅接触频繁，日常谈话自然会涉及周作人。鲁迅去世后，冯雪峰对周建人说，他在北京曾听过周作人讲课，也看过周作人的《谈龙集》等文章，觉得他是中国第一流的文学家，鲁迅去世后，周作人的学识文章，没有人能比得了。他还设想让周作人南下上海，并说，自己可以去接近他，做做他的工作。他托周建人写信给周作人，但没有成功。

周作人把上海看作革命文学的大本营，是鲁迅及其门徒的"地盘"。他曾对北平的朋友们说，如果他到南方，鲁迅的"党徒"会对他不利的。

作人写信给建人，询问长兄后事安排情况。建人回信，就丧事办理、北京亲属生活安排等问题做了回答：

来信均已收到。大哥丧事系由治丧委员会办理，今已安葬于万国公墓，只是墓碑尚未做好，待后再说。治丧费听说约三千余元。

北平方面用度，目下由北新书局照常支付，以后出版家如有更动等事情的话，办法再讲。

大哥去世的夜里，我闻知消息赶去，他大概并不知道，因此亦无遗言。惟他于前数天病中讲到关于你的话，追述于下：

有一天说看到一日本记者（？）登一篇他的谈话，内有"我的兄弟是猪"一语，其实并没有这话，不知记者如何记错的云云。

384

又说到关于救国宣言这一类的事情，谓连钱玄同、顾颉刚一班人都具名，而找不到你的名字，他的意见，以为遇到此等重大题目时，亦不可过于退后云云。

有一回说及你曾送XXX（指李大钊——引者注）之子赴日之事，他谓此时别人并不肯管，而你却偃（掩）护他，可见是有同情的，但有些作者，批评过于苛刻，责难过甚，反使人陷于消极，他亦极不赞成此种过甚的责难云。又谓你的意见，比之于俞平伯等甚高明［他好像又引你讲文天祥（？）的一段文章为例］，有许多地方，革命青年也大可采用，有些人把他一笔抹煞，也是不应该的云云。但对于你前次趁（赴）日时有一次对日本作家关于他的谈话则不以为然。总起来说，他离北平之后，他对于你并没有什么坏的批评。偶然想起，便说明几句，匆匆。

信中所说救国宣言，是1936年初北平和天津文化界一百零四人联名发表的《平津文化界对时局的意见书》。周作人并没有在意见书上签名。鲁迅的意见很耐人寻味，觉得二弟应该有所表态，因为二弟是名人，反对日本侵略又是一件关系国家危亡的大事，太积极固然有热衷和出风头之嫌，但也不能"过于退后"，袖手旁观。鲁迅希望二弟小事糊涂，大事不要糊涂。因为他知道二弟潜心读书，对时事态度消极。他曾在给许广平的信中说："周启明颇昏，不知外事。"

这担心不是多余的。两三年以后，周作人终于滑进投敌叛国的泥潭。

周作人曾留学日本，更因为亲戚关系，比较喜欢日本，是可以理解的。在周氏兄弟心目中，日本不是一个抽象的概念，而是与自己的生活紧密联系的留存了许多美好回忆的所在。

翘首东云

鲁迅晚年曾写诗表达对日本的怀念："扶桑正是秋光好，枫叶如丹照嫩寒。却折杨柳送归客，心随东棹忆华年。""文章如土欲何之，翘首东云惹梦思。"

鲁迅在讨论中国国民性时，往往拿日本的国民性做对比，结果常常归结为对中国国民性的严厉批判。他印象最深的是日本民族做事认真这一点，日本的图书印制精美，很多产品品质优良，日本的生活颇具艺术趣味。

当日本侵略者占领东北时，鲁迅写了多篇文章，一方面批评国民党当局的不抵抗政策，一方面揭露日本帝国主义的险恶用心。上海的战事直接影响了鲁迅的生活，迫使他外出避难多天。即便如此，鲁迅仍然很冷静地思考着两国的现状和未来，希望中日两国人民能友好相处。一位日本学者在战争废墟上捡到一只鸽子，带回日本。过些日子，鸽子死了，他便建冢埋葬了鸽子，并写信请鲁迅题铭，鲁迅写了《题三义塔》一诗：

奔霆飞焞歼人子，败井颓垣剩饿鸠。

偶值大心离火宅，终遗高塔念瀛洲。

精禽梦觉仍衔石，斗士诚坚共抗流。

度尽劫波兄弟在，相逢一笑泯恩仇。

他把中日两国比作兄弟，表达了兄弟和睦的美好愿望。这愿望里是否也包括小而言之的他与二弟的关系呢？然而，他本人与亲兄霁云先生：

顷得惠函，知先生尚未回师。致秉中函已以必要，因由此稍迟化扎。

此画现尚有人同看，定须我们扎装多，或直言，或无如，另一律外，又几

暇，次在乙故且都不收入耳。诗（已三三作）入，但题目应作「送O·E·君

孤高归国」，又「偶记」应改「独记」，抄印误也。日有又另得淳厚文一

篇，今录呈之，又写诗一首，也三三年作，今在。此复诗

旅安。

　　　　　　　　　　　　迅上　十二月卅一。

题三义塔

三义塔者，中国上海闸北三义里遗鸠埋骨之塔也，在日本，农

人共建之。

奔霆飞熛歼人子，败井颓垣剩饿鸠。偶值大心离火宅，终遗高

塔念瀛洲。精禽梦觉仍衔石，斗士诚坚共抗流。度尽劫波兄弟

在，相逢一笑泯恩仇。

弟尚不能和睦相处，中日两个国家岂能轻易做到相安无事？

　　鲁迅正好在日军大举入侵中国以前去世，历史没有让他做关乎名节的选择。对于抗战，他也发表过一些看法。对侵略军，必须抵抗，不容置疑。但他对很多人正在狂热宣扬的所谓"民气"论持反对态度。一味地强调气节，高呼口号，而不注重实力，不是真正的抗战。正因为如此，他看到周作人有关时事的文章后，对其某些观点如有关文天祥的论述表示赞同。他在与记者的谈话中也说，"所谓民族解放战争，在战略的运用上讲，有岳飞、文天祥式的，也有最正确的，最现代的，我们现在所应当采取的"。但他没有明说应该采取什么方式。

　　周作人在《关于英雄崇拜》中说，我们对文天祥等人应该表示钦佩，但不能去向他学习。他算不得我们的模范。因为气节应该平时使用，到了亡国的时候再来讲它，未免牺牲太大，在即将亡国的时候去死也没有什么益处。

　　战还是和，理论上各有依据。周作人注意到主战派和主和派在中国历史上屡次对抗的实际，着重批评一种不负责任的现象："中国往往大家都知道非和不可，等到和了，大家从避难回来，却热烈地崇拜主战者，称岳飞而痛骂秦桧，称翁同龢刘永福而痛骂李鸿章，皆是也。"

　　在许多论者看来，周作人这样的观点导致了他后来的与侵略者合作。

　　周作人在日本军国主义野心暴露的前夕，开始撰写了一系列研究日本文化的文章，取名《日本管窥》。他指出，实际上中国和日本从文化上有亲缘关系，应该很好地互相理解，但中国并不曾有真正的亲日派，因为多少年来，两国在政治上一直冲突不断，严重妨碍了文化的交流。

周作人自认为是"知日派"。他了解日本，因为相知，遂有情意，而对一个国家的最好的理解，是对其文化内涵的理解。他认为，一个民族的代表可以有两种：一是政治军事方面的所谓英雄，一是文艺学术方面的贤哲。二者应该分别来看待，不能根据这一个而抹杀另一个。所以对日本，不能因为喜爱它的文明而为它的丑恶行为辩护，也不能因为他的暴力行为就全盘否定其文化。

他提倡到日本的民间去寻找日本文化的真谛。日本民族是爱美的，但其民间有不同于中国的宗教信仰，往往感情超过理智，蛮不讲理，有时离奇狂暴近于发疯。这种两重性可以帮助人们了解日本民族有不断膨胀的野心的原因。

周作人对日本文化的研究从细节着手，保持冷静分析的态度，结论令人信服。1921年5月7日，胡适碰见一位日本教授批评中国人"排日"。胡适在日记中写道："我实在不高兴听了，故略说了几句话，大意说：日本当力求中国人懂得日本的文化。中国人在日本留过学的，先后何止十万人，但大多数是为得文凭去的，就是那最好的少数人，至多也不过想借径日本去求到西洋的文化。这十万人中，像周作人先生那样能赏识日本的真正文化的，可有几人吗？这是中国人排日的一个真原因。中日亲善不是口头上可以做到的。若日本能使中国留日学生中有一百个周作人，排日的趋向自然没有了！"

日本国民性中有好的一面，为什么不拿出来给中国，却总是不停地欺负中国，心存恶意呢？周作人认为日本文化是吸收了中国文化和西洋文化的精华融合而成的，所以对中国负有文化上的债务，"这种文化的债务在当时虽很是欣慰，后来也会渐渐觉得是一个迫压，特别是自己站得起了而债主已是落魄的时候"。他认为日本人为这笔欠债感到屈辱，故而施行暴力，反抗中国。

这种从心理角度所做的分析，会不会流于玄虚呢？

周作人也知道，在风雨欲来的气候下研究日本文化，要避开政治和国际关系，是不可能也不讨好的事。1937 年 6 月全面战争爆发前夕，他写完《日本管窥之四》后宣布："日本文化可谈，而日本国民性终于是谜似的不可懂，则许多切实的问题便无可谈，文化亦只清谈而已。"

他的"日本店"就此关门。

苦住庵

日军全面侵华，中国军队败退，北平沦陷。政府已经撤走了，文物运走了，大学搬迁了，不愿做亡国奴的人们，纷纷南下。

形势十分严峻：在日本帝国主义占领的北平，如果不同侵略者合作，可能意味着没有饭碗，难以养家糊口。

周作人把苦茶庵改名为苦住庵，决心坚持下去。

如果说他一开始就想到在日本人占领后谋一个职位，继续维持生活，所以才不走的，那确实是冤枉他了，但他应该想到他的地位比较特殊。他不是一般的平民——所谓"京兆布衣"——他是中国第一流的文学家，全国文化界的代表人物，说得夸张一点，由于他一直在做社会批评和文明批评，他是中国社会的良心。

而且，他与日本又有相当亲密的关系，形象地说，母亲和鲁迅夫妇搬出后，八道湾里就剩下作人一个真正的中国人了。日本侵略者必然要打他的主意。

全国的文化界都在为周作人担忧。

刚从日本潜回国内参加抗战的鼎堂（郭沫若）写了《国难声中怀知堂》一文，深切地表达了忧虑。他说，在国难深重的时候，人们多在系念某某司令、某某抗敌将军、某某民族英雄，但他回国以后时刻怀念的，却是北平苦雨斋中"我们的知堂"。文章高度评价了周作人在文化界的地位：

> 近年来能够在文化界树一风格，撑得起来，对于国际友人可以分庭抗礼，替我们民族争得几分人格的人，并没有好几个。而我们的知堂是这没有好几个中的特出一头地者，虽然年青一代的人不见得尽能了解。

郭沫若还说，如果周作人能够间道南行，像自己这样的人，就是死上几千几百个换他也是值得的，因为，日本人中信仰周作人的比较多，如果他离开北平，本身就是对日本狂热的军国主义行动注入了镇静剂。

周作人看到这篇文章，给上海的友人写信说："鼎堂先生文得读，且感且愧，但不敢不勉耳。"对国人的关注，他必须做一个庄严的保证，于是给《宇宙风》杂志写信表示："有同事将南行，曾嘱其向王教长蒋校长代为同人致一言，请勿视留北诸人为李陵，却当作苏武看为宜。此意亦可以奉告别位关心我们的人，至于有人如何怀疑或误解，殊不能知，亦无从一一解释也。"

周作人在另一封信中还谈了近况，特别说明自己的困难："舍间人多，又实无地可避，故只苦住，幸得无事，可以告慰。……回南留北皆有困难，只好且看将来情形再说耳。"但既然他保证要效法牧羊的苏武，大家也就放心了。

北大南迁时，校方同意患重病的孟森教授和包括周作人在内的其他三位留守北平，保管校产，每月给每人寄来津贴五十元。1937年年底，蒋梦麟校长为此特地打电报给周作人，重申此意。周作人想以译书维持生活，向中华教育文化基金董事会编译委员会申请工作，委员会委托他翻译古希腊神话，每月交两万字，稿费二百元。但这项目只维持了几个月，委员会就迁到香港去了。周作人不得已，向教会学校燕京大学求助。经国文系主任郭绍虞积极帮助，校方聘他为客座教授，每周去一天，教两门课，每门两小时，每月报酬一百元。

1938年2月9日，周作人应邀到北京饭店参加日本大阪每日新闻社召集的"更生中国文化建设座谈会"，到会的有日本驻华大使馆参事官、伪华北临时政府议政委员长兼教育总长汤尔和、新民会副会长张燕卿、清华大学教授钱稻孙等。《大阪每日新闻》报道了这次会议，并配发了照片。周作人虽然没有公开表示与日伪合作，也没有担任什么职务，但这个举动还是引起轩然大波。5月初，中华全国文艺界抗敌协会发出通电说："周作人钱稻孙及其他参加所谓'更生中国文化建设座谈会'诸汉奸，应即驱逐出我文化界之外，藉示精神制裁。"

5月14日，"文协"会刊《抗战文艺》第4期发表了由老舍倡议、楼适夷起草、郁达夫修改的《致周作人的一封公开信》，茅盾、冯乃超、王平陵、胡风、胡秋原、张天翼、丁玲、舒群、奚如、夏衍、郑伯奇、邵冠华、孔罗荪、锡金、以群等也签了名。公开信说：

　　　　去秋平津沦陷，文人相继南来，得知先生尚在故都。我们每听暴敌摧残文化，仇害读书青年，便虑及先生安全。更有些朋友，函电探问；接先生复书，知道决心在平死守。我们了解先生未能出走的困难，并希望先生作个文坛的苏武，境逆而节贞。可是，由最近敌国报章所载，惊悉先生竟参加敌寇在平召集的"更生中国文化座谈会"：照片分明，言论具有，当非虚构。先生此举，实系背叛民族，屈膝事仇之恨事，凡我文艺界同仁无一不为先生惜，亦无一不以此为耻。先生在中国文艺界曾有相当建树，身为国立大学教授，复备受国家社会之优遇尊崇，而甘冒此天下之大不韪，贻文化界以叛国媚敌之羞，我们虽欲格外爱护，其如大义之所在，终不能因爱护而即昧却天良。

我们觉得先生此种行动或非出于偶然，先生年来对中华民族的轻视与悲观，实为弃此就彼，认敌为友的基本原因。埋首图书，与世隔绝之人，每易患此精神异状之病，先生或且自喜态度之超然，深得无动于心之妙谛，但对素来爱读先生文学之青年，遗害正不知将至若何之程度。假如先生肯略察事实，就知道十个月来我民族的英勇抗战，已表现了可杀不可辱的伟大民族精神；同时，敌军到处奸杀抢劫，已表现出岛国文明是怎样的肤浅脆弱；文明野蛮之际于此判然，先生素日之所喜所恶，殊欠明允。民族生死关头，个人荣辱之际，又不可不详察熟虑，为先生告者。

我们最后一次忠告先生，希望能幡然悔悟，急速离平，间道南来，参加抗敌建国工作，则国人因先生在文艺上过去之功绩，及今后之奋发自赎，不难重予以爱护。否则惟有一致声讨，公认先生为民族之大罪人，文化界之叛逆者，一念之差，忠邪千载，幸明辨之！

这封公开信产生的影响，可以从鲁迅和周作人的学生魏建功 5月 29 日写给许广平的信中体会出来：

> 八道湾近日捉襟之象已露，武汉切责露布，见之殊令人哭笑皆非。功与先师间若有至诚感格，深知寒燠之别，与苦翁大异也。二三年来，颇觉阋墙之私，贤者不免，而家素系于司晨之牝，可为叹耳！

魏建功虽然觉得武汉的公开信谴责过于严厉，对周作人表达了一些同情，但拿鲁迅来比周作人，他的倾向是明显的。周作人不知"寒燠之别"，部分原因要从家庭中寻找。牝鸡司晨，他的日本妻子起了不好的作用——这是当时很多人的看法。

1938 年 8 月，周作人收到远在伦敦的老朋友胡适的信，内有诗一首，劝他尽快南下：

> 臧晖先生昨夜作一个梦，梦见苦雨斋中吃茶的老僧，忽然放下茶钟出门去，飘然一杖天南行。天南万里岂不大辛苦？只为智者识得重与轻。梦醒我自披衣开窗坐，有谁知我此时一点相思情。

周作人在回诗中感谢胡适的关心，但强调自己的"庵"里住着好些老小，不能移动。周建人也给哥哥写了信。他在《鲁迅和周作人》一文中回忆说，我"写了一封信，恳切地劝他来上海。然而，没有得到他片言只字的回音。于是，我们就断绝了往来"。

日本占领当局对周作人的引诱没有间断，起初都被他拒绝了。他连留日同学会也不参加。不但如此，他还劝别人不要加入日本人主导的文化组织，态度十分坚决。

下水

　　最终，周作人还是同日本侵略者合作了，那是在 1939 年元旦遇刺以后。

　　1939 年 1 月 1 日上午，周作人的学生沈启无来拜年，两人在客厅里谈话，工役进来报告说，天津中日学院一位姓李的先生求见。客人被请进来了，周作人还没有看清他的面貌，那人也只问了一声："你是周先生么？"举枪便打，周作人觉得左腹有点疼痛，但没有跌倒。沈启无站起来说："我是客。"那人照着他也是一枪，沈应声倒地。那人跑到门外，在院里被工役抱住并被缴了枪，但在外边接应的人赶进来，开了几枪，把那人救出去了。刺杀事件致多人受伤，其中车夫张三伤重当场死亡；小方肩背为枪弹平面所穿过，消毒包扎即可；沈启无弹中左肩，没有伤到心肺，但子弹留在里边，在医院里治疗一个半月；周作人受伤最轻，子弹正中毛衣钮扣，只擦破点皮面。

　　全家人都被吓坏了，但又感到庆幸。老母亲给上海的建人去信，报告了事情经过，说："老二家于元旦晨十时忽来暴客二人，（时在会客）枪击老二，中胸部，外衣服已穿，托天之幸，弹未入腹，略受微伤。……"

　　周作人坚持认为这次刺杀事件是日本人策划的，目的就是逼他下水。而日本军方则怀疑此系国民党特务所为，随后把周作人传唤到宪兵队，盘问了两个小时。最终没有查出结果。

　　周作人的侄子周丰三，早已同父亲建人脱离了关系，此时在

周作人遇刺后所摄，箭头标示中弹处

辅仁大学附中读书。他常听同学们议论他的伯伯周作人有同日本人合作的可能性。还有的同学认为，保全周作人名誉的唯一办法就是把他杀掉。丰三听到这样的议论，深为伯伯的处境苦恼。刺杀事件，加上他与父亲的关系，使他心情苦闷，产生厌世思想，两年后用家中卫队士兵的手枪自杀。

刺杀事件发生后，八道湾十一号住进了宪兵队派来的保安人员。周作人一步一步地靠拢日伪政府。十来天后，周作人收到北京大学图书馆馆长的聘书。可以想见，他陷入痛苦的抉择。1939年初开始，他陆续接受了北京大学图书馆长、文学院长等职务。1941年1月，出任伪"华北政务委员会常务委员兼教育总署督办"（1943年2月8日辞职），从1943年3月起，又被汪伪政府委以"国民政府委员""华北综合调查研究所副理事长"等职。

周作人遇刺，使重病中的老友钱玄同受了极大的震惊。钱玄同托家人送信给周宅，让周作人"本平日宁静乐天之胸襟加意排解摄卫"。不久，他突发脑溢血去世。周作人认为钱玄同是他的"畏友"，在悼文中说："玄同平常不务苛求，有所忠告必以谅察为本，务为受者利益计算，亦不片面徒为高论，我最觉得可感，虽或未能悉用，而重违其意，恒自警惕，总期勿太使他失望。"在民族大义上，钱玄同一向毫不含糊。日军占领北平后，他又恢复了反清革命时期使用过的名字"钱夏"，严格华夷之辨，发誓不与日本侵略者合作。钱玄同毕竟是周作人几十年的老友，知道八道湾周家人口众多、经济拮据的实情，没有也不会对周作人提出过苛的要求，而只用旁敲侧击的办法警告和规劝周作人。

周作人为老朋友撰写了挽联：

　　戏语竟成真，何日得见道山记，

同游今散尽，无人共话小川町。

他怀念在日本留学时的快乐时光，特为此联加了注释。上联注云：
"前屡传君归道山，曾戏语之曰，道山何在，无人能说，君既曾游，
大可作记以示来者。君殁之前二日有信来，复信中又复提及，唯
寄到时君已不及见矣。"下联注云："余识君在戊申岁，其时尚号
德潜，共从太炎先生听讲《说文解字》，每星期日集小川町《民报》
社。同学中龚宝铨、朱宗莱、家兄树人均先殁，朱希祖、许寿裳
现在川陕，留北平者唯余与玄同而已。每来谈常及尔时出入民报
社之人物，窃有开天遗事之感，今并此绝响矣。"

周作人既已"出山"，必须放下读书人身段，混迹于官场，签
署文告，发表训辞，同各色人等周旋，拜见汪主席、满洲国的溥
仪甚至日本天皇。历史老人是很会开玩笑的。辛亥鼎革，清帝逊
位后，周作人写信给溥仪，祝贺他成为普通公民，建议他补习一
点功课，考入高中，将来上大学，毕业以后去外国留学，还希望
他学习一点希腊文化。

然而现在，他们一同做了日本人的傀儡。

周作人感到自己并不适应官场的应酬，感到说套话和假话的无
聊，是可以想见的。但既然已经走上了这条路，再要退回是不可能
了。周作人为伪政府效劳，生活水平自然提高，大兴土木，大摆宴
席，乃至为老母亲大办丧事，都是一个高官家庭应该有的场面。

鲁老太太于 1943 年 87 岁时去世。老太太是幸运的，她没有
看到二儿子被逮捕和审判的凄惨情景。周作人花了一万四千多元
为母治丧，前来吊唁的有四五百人。母亲晚年，虽然一部分生活
费由鲁迅寄来，但周作人因在京亲侍，出力甚多。他比较忙的时
候，就让妻子到西三条看望，送一些母亲爱吃的东西。母亲每年

过生日，他总要订一桌酒席，由母亲叫几个陪客同吃，还让儿子丰一去摄影留念。

据一位同乡回忆，鲁瑞对周作人夫妇做的一件事念念不忘：她曾患有肾炎，医生要她多吃西瓜。这事夏季好说，冬季就很难办。羽太信子就在夏天将西瓜煎成膏，装起来保存到冬季。这样，母亲坚持服用，治好了肾炎。

就在周作人扮演着不光彩的角色时，在上海，三弟一家和大哥的家属正过着艰难的生活。

正道

鲁迅逝世后，鲁迅先生纪念委员会决定出版《鲁迅全集》和《鲁迅三十年集》，这在当时需要大量人力物力，周建人和许广平等其他委员一起，终于在鲁迅逝世两周年之际，完成了这个巨大的工程。

周作人没有参加这项工作，他要与鲁迅"保持着距离"。

许寿裳编写《鲁迅年谱》，需要向亲属核实材料。许寿裳请周作人与自己合编，但周作人拒绝了。他在复信中申明，自己作为亲属，参加编写恐不合适。实际上，他对许寿裳的写法不全赞成。大体上，他嫌许寿裳文字夸张。具体说，他们对有些事件的看法有差异。例如，关于鲁迅是否参加了同盟会（或光复会）的问题，许寿裳认为是参加的，周作人则坚持说没有参加。周作人说，如果鲁迅参加，不会不告诉自己；许寿裳则说，参加会党的人都是单线联系，当时规定不能告诉亲属。直到 50 年代，周作人仍然坚持自己的主张。张铁铮在《知堂晚年轶事一束》中回忆：

> 鲁迅先生到底参加光复会没有？我在 60 年代初期请教过知堂翁。周先生不假思索就回答说，这件事我已经多次在所写文章中说明过（鲁迅是不曾参加过光复会的）。但别人不相信，还说我的话不足为据，我只好不再说话。又说，有些人总想把鲁迅说成一出世就是革命的，这有点可笑。谈话中他尤其不满意于林辰著作中对这件事情的推理。我觉得老人的谈话仍不能解我之惑，就接着问根据。回答仍很简单，只说"焕皇帝"（陶焕卿）在光复会，鲁迅是不会参加的。这样周先生似乎有不屑与辩的神气，我也就不能再问下去。

此事实际上已经没有对证，鲁迅既然没有说过自己参加过革命党（当然也没有说过自己没有参加革命党），又没有实际的证据来证明，种种说法就都是推测，年谱中应当不写或者存疑。然而许寿裳坚执己见，言之凿凿，周作人只好声明不合作。

鲁迅逝世后，周作人也列名于治丧委员会。许广平很想倚重周作人，给周作人写了一封措辞恭敬的信，说："生离了北京，许多北平昔日崇敬的师长都难得亲承教训。有的先生，有时从发表文章上，一样的好似得着当面的教益，即如先生，就是这样时常给生教益的一位。……"

周作人下水以后，他们自然也就没有了来往。

许广平怀着对鲁迅的崇敬和爱，倾全力收集、整理和出版鲁迅著作，并且写了很多回忆和纪念鲁迅的文章，为鲁迅上海时期生活和工作情况提供了不少有价值的资料。她与亲朋好友一道，将鲁迅生前编定但未出版的《且介亭杂文》《且介亭杂文二集》和没有编好的《且介亭杂文末编》《夜记》等，编成出版。此外，还广泛搜集佚文，编定了《集外集拾遗》等。

上海沦陷后，许广平积极参加抗敌救亡运动，多次参加为前方战士募捐的活动，自己捐献过一百只电筒等物品。

1942 年，日本侵略军为了寻找抗日知识分子在上海活动的线索，大肆逮捕文化界人士，许广平也没有幸免。在日军宪兵队里，她抱定"牺牲自己，保全别人；牺牲个人，保存团体"的信念，没有向敌人透露任何情况。据她自己回忆，敌人对从她家里搜出的每一本签名赠送给鲁迅的书都要盘问，要弄清作者是什么人，住在哪里，她都机智巧妙地做了回答。在宪兵队，敌人对她施以十几次电刑，有时电流开到最大限度，使她的身体受到极大摧残。

经过狱中 76 天磨难，许广平由鲁迅的日本朋友内山完造保释出狱。当天她就来到周建人家里，看她的孩子。在她被捕期间，儿子由中共地下党组织和周建人一家照料，以"周渊"的化名入学。

日本宪兵队抄家时拿走的物品中，1922 年的鲁迅日记没有归还。据许广平回忆，鲁迅去世后，她花了一笔钱，把鲁迅手稿存入上海一家外国人开的银行里，本来是很保险的，但为了出版拿出来抄写时，被宪兵队抄走。1922 年鲁迅还在八道湾居住，是他创作的高峰期，也是与周作人失和的前一年。这一年的日记丢失，的确十分遗憾。

鲁迅逝世前，对许广平和儿子的生活有所安排，所以母子俩的生活没有遇到很大的困难。

我们迄今没有看到过在日本占领时期周作人同周建人的通信。两兄弟可能是通过母亲传递消息。

抗日战争爆发后，周建人在上海的生活一度很艰难。但他在大是大非问题上立定脚跟，积极参加救亡运动，多次在救亡宣言

周建人，摄于1940年代

上签名。尽管生活困难，身体又多病，需要钱，但他决不为日本侵略者做事。

他所在的商务印书馆有一个姓周的人，办了一份杂志，为争取读者而拉名人写稿以光门面。他约周建人写一篇纪念鲁迅的文章。当时谁都知道这个杂志的后台是日本人。周建人推辞说："鲁迅是我的大哥，年龄比我大得多，小时候在一起的时间不长，记不起来了。"这人碰了软钉子，仍不罢休，又托另一个同事向周建人催稿，并且说，如果刊登，稿费丰厚。周建人仍然坚决拒绝。

有人赠建人一副对联道：

士穷节乃见，

民主安无倾。

商务印书馆在战争中遭受重创，经营困难，常常连工资都发不下来，周建人每月只能拿半薪。为生活所迫，他连鲁迅送给他的、已经珍藏多年的外文生物学书籍都卖掉了。

周建人有三个女儿，都在上学，自己体弱多病，工资又常常发不下来，所以吃饭成了问题。在这个时候，他得到了共产党的帮助。

他向上海的共产党组织提出到苏北解放区去工作。新四军将领陈毅听说他的处境不好，特地派人送来一万元钱，暂时解决了生活困难。来人告诉周建人，苏区的生活很艰苦，不利于病体的康复。

由于战争的破坏，上海的出版业遭遇困境。周建人在一次裁员时失去了工作。这回没有人再来说情，而且说情也没有用。周建人只好以教课为生，也写一些关于鲁迅的文章。

因为他经常同鲁迅见面谈天，所以他在文章中提供一些较有

价值的材料。例如有一篇文章中写到，他曾问鲁迅，要谋中国的
进步应该怎么办，鲁迅说：

> 拿大约一百年前欧美讲科学和工业等发达起来的情形
> 的书籍来看看可以供一点参考。照此说来，中国社会的情
> 形，照当时发展的快慢说来要落后一百年。其间工业、交
> 通、科学等等方面的落后是一看就明白的，必定还有与之相
> 当的但看不出的东西，便是思想的落后，便是思想系统里面
> 缺落一段。从农业社会跨到工业社会以后的成长的观念，在
> 有些知识分子的脑子里实在是没有的，或者只有零零落落的
> 一些。……中国的没我主义与自我同时非常坚强，西洋资本
> 主义社会中发生的观念不是都对，都应该学习的。可是应当
> 知道它们，才可以认识近代许多事物及行动等等（正确的认
> 识还有别的方面，这里单说思想一方面）。

周建人还提到鲁迅对社会上一些现象的评论。如针对落后的国
民性，周建人这样叙述了鲁迅的观点："不懂得上海有些市民的脑中
的观念，就不能懂得为什么西摩路、爱文义路的电车站上的等车人
常常挤作一团，不肯排了队，宁可让空车开过，也不肯开门（因人
不排队，故不肯开），有时等了很多时候，如果排队，早已乘了去。
又用中国'皇法不外乎人情'的法律，即人情观，以及后来的自由
观念，很难了解有些外国为什么把'合法'与'不合法'机械地分
得这么严（如基督教国的看重礼拜堂中牧师证明的结婚仪式，由此
分合法与否）。"

这些从平日闲谈中听来的鲁迅意见，为后人更全面地了解鲁
迅提供了线索。

有一件事让人看到周建人的诚实和朴实。鲁迅生前给他的信大

约三四百封，但一封也没有保存下来，很让人纳闷。曾有人向他问及此事，周建人答道：我看过他的信后，随即就毁掉了，固然，环境恶劣也有关系，但也不全然，我当时并不认为这些信有什么了不起，无非谈些家常，谈些思想，谈些所遇的人和事，太普通了。要是我认为很珍贵，也许就千方百计保存下来，像其他同志收到鲁迅的信那样。

亲人（或仆人）眼里没有圣人。中华人民共和国成立后，有一次，许广平到某地考察，看到人们隆重纪念鲁迅，对人说，像鲁迅这样的旧文人，竟然得到如此高的评价，她甚感吃惊。

V

1945—

十八

辩解

南京老虎桥监狱

周作人由军警押送前往南京首都高等法院接受审判

审判

1945 年 8 月 15 日，日本投降，抗战胜利，举国欢庆，政府还都。周作人虽然惶恐不安地等待着早已注定的结局，但因为自己早就没有实职，被官僚系统边缘化，所以内心也还抱着一丝幻想。他想继续在北大任教，甚至还希望发挥自己的专长，被派往日本接收遭劫文物。

12 月初的一天，军警包围了他的住宅。周作人先被拘押在北平炮局胡同的陆军监狱，半年后，押解到南京受审。

检察官在公诉书中列举了周作人的罪状，周作人聘请律师辩护，自己也做了答辩。周作人声明，日军占领北平后，自己处境险恶，家庭生活困难，特别是元旦遇刺，生命受到威胁，在汤尔和的再三怂恿下，出任北大文学院院长。但他并非真心投敌，他的想法是："学校可伪，学生不伪，政府虽伪，教育不可使伪。"——动机在维持教育，抵抗奴化。他还说自己出任伪职是为了减轻沦陷造成的危害："头二等的教育家都走了，像我这样三四等的人，不出来勉为其难，不致让五六等的坏人，愈弄愈糟。"而且，他担任伪政府官员，秉持的是所谓"积极中消极，消极中积极"的方针。

任职期间，他曾在与一位友人聊天时，以苦涩的幽默说道："我现在好比是站在戏台上场门边看戏的看客。"

有不少青年人来法庭旁听审判。记者报道说："周逆昔日小有文名，今日旁听席上，特多男女青年。"周作人在回答审判官对自己投敌之前经历的询问时，"颇以二十年北大文科教授之任自傲"。

周作人在文坛上的影响不能抹杀。旁听席上不少喜爱他的文章、受过他思想影响的人。便是出任伪职期间，他的影响也不容低估，不仅是作为伪政府官员的负面影响，而且也有文化思想上的积极影响。他在战争期间出版的几本书保持沉稳平实的风格，与"官方"通电、讲话的调门有很大的差异。如他应《庸报》约稿写的一些短文，用以古喻今、借古讽今的方法，隐晦曲折地表达自己的想法。这些文章后来以《庸报》的名义集为《药堂语录》出版，销路很好。

鲁迅的盛名并不能拯救他或给他一点好处，尽管他是鲁迅的亲弟弟。这样不光彩的场合，新闻记者笔下自然很少提及鲁迅。在审讯过程中，法庭也只是例行公事似地问他与鲁迅的关系，他的回答则平平淡淡，不冷不热。

当初，他在日本人占领北平时迟迟不南下，牵动全国知识界的关心，友朋因此发起了一场"营救运动"。现在，他身陷囹圄，文化界又发起了一场"说情运动"，请求法庭考虑他的特殊情况，减轻刑罚。

最关心、最着急的，是他的弟子废名和俞平伯。

左翼人士在斥责周作人附逆时，自然忘不了他的高足废名。1941 年，楼适夷发表《闻某老人荣任督办戏和其旧作》诗两首，第二首是：

> 半为浑家半自家，本来和服似袈裟。
>
> 生性原属墙头草，诱惑难禁树底蛇。
>
> 为羡老头挣大票，未妨吹拍肉如麻。
>
> 堪念最是废名子，仍否官斋拜苦茶。

诗作者推测废名会紧跟乃师。实际情况却是，废名在日军占领
北平时，回老家湖北乡下教书糊口。老师在北平做大官时，他并没
有来依附投靠。此刻老师身陷牢狱，举国声讨，废名却站出来了。
他不但没有谴责老师，相反，却致以同情理解。他在小说《莫须
有先生坐飞机以后》中特地写了一段话，称周作人是"中国第一个
爱国的人"。为什么呢？"知堂老先生最不屑为的是一个'俗'字，
他不跟我们一起逃了，他真有高士洗耳的精神，他要躲入他理智的
深山。""他不喜欢说天下后世，倒是求有益于国家民族。"师道古
风，令人动容。但此种友情、学理，法庭是不予采纳的。

俞平伯写信给文化界有影响的人物胡适，希望他从爱惜人才
的角度为周作人说几句话。信中陈述了三件"可虑"的事：

> 以六旬之高年身幽缧绁，恐不能支，其可虑一也；名为
> 显宦，实犹书生，声气罕通，交游寡援，将来宣判未必有利，
> 其可虑二也；左翼作家久嫉苦茶，今日更当有词可藉，而诸
> 文士亦以知堂之名高而降敌也，复群起而攻之，虽人情之常
> 态，而受者难堪，其可虑三也。

周作人书生为吏，不善于应酬周旋，也没有什么派系，导致
他在伪华北政府教育总署督办任上被排挤下台。

时任北大校长的胡适让学校出具证明，说收复以后清点校产，
发现不但没有损失，而且还有所增加。这是一个有力的证据，说
明周作人在任伪职期间起到一些正面作用。原北京大学校长蒋梦
麟也写来证明说，当年学校撤离北平时，他的确委派周作人等四
位教授留守，保护校产。

俞平伯等联络多位大学教授，联名发出《为周作人案呈国民政
府首都高等法院文》，申明周作人在任伪职期间"有维护文教消极

抵抗之实绩"。呈文呼吁说："周作人学术文章久为世所推服，若依据实绩，减其罪戾，俾就炳烛之余光，完其未竟之著译，于除奸惩伪中兼寓为国惜才，使存善美之微意，则于情理实为两尽。"

郑振铎写了《惜周作人》一文，同时提到鲁迅："在抗战的整整十四个年头里，中国文艺界最大的损失是周作人附逆。"周作人"始终是代表着中国文坛上的另一派……鲁迅和周作人是两个颠扑不破的巨石重镇，没有了他们，新文学史上便要黯然失光"。这段话的隐含意思是，周氏兄弟代表的两派都很重要，都不可或缺。他提议政府将周作人养起来，从事外国古典文学作品的翻译等工作。

周作人任伪职期间曾掩护过的国民政府派驻北平的地下工作者向法庭提供了证明，法庭予以采纳。

经过历时数月的审讯，法庭做出判决：处以有期徒刑十四年，褫夺公民权十年。

周作人不服，申请复判。法庭经过审议，做出最终判决，比前次减少四年徒刑。其原因，判决书说："查声请人虽因意志薄弱，变节附逆，但其所担任之伪职，偏重于文化方面，究无重大罪行"，并有"曾经协助抗战及为有利人民之行为"。

历史老人性喜嘲讽。周作人曾在批评鲁迅时说过，老年人应该安守本分，然而自己五十多岁却做了他素来鄙视的事。

一位记者描写了周作人在关押期间的面貌和生活环境。过去文人记者笔下温雅的周作人此时形象大变：

> 一会，我在窗外看见一位狱吏带了一个老头儿来了。这是我第一次看见周作人，不过在印象中，是早已有了一个影子的，现在看看"正身"，大抵差不多。他穿了府绸短衫裤，浅蓝袜子，青布鞋，光头，瘦削，右边脸庞上有老年人常有

的瘢痕，寸许的短髭灰白间杂，金丝眼镜（这是他一篇文章中提到过的"唯一"的一副金器，三十年前的老样子）。

与想象中不同的是没有了一脸岸然的道貌，却添上了满脸的小心，颇有"审头刺汤"的汤裱褙的那种胁肩谄笑的样儿。

……

……我走进了"忠"字监。这是一个小院子，里边是孤零零的一所红砖房。其中是一间间的小房间，从门板上面的一小块铁丝网窗中可以望进去，房子极小，可是横躺竖卧的有五个人，……走到第四间，"知堂"刚刚回来，在里面一角里的席地上，脱下了他的小褂小心地挂在墙上，赤了膊赤了脚在席上爬，躺下去了。旁边放着一个花露水瓶子。

在狱中，周作人写了很多"杂诗"，叙述过往的生活经历。鲁迅是他生活中一个绕不开的存在，无论怎样尽力避免涉及，也难免涌上笔端。《丙戌丁亥杂诗》中的《狂人》《天才》两首表达了对鲁迅的怀念之情和敬佩之意。《天才》的主要内容是复述鲁迅曾跟他说过的话：

昔往本乡时，常闻索士语。（索士为鲁迅旧时别号，此篇所述，均系当时原意）极口颂天才，凡愚无足数。未必是超人，文明有盟主。俗世不相容，有怀不得吐。有如鹄在笼，奄忽化黄土。孰乃杀性解，应得大咒诅。（索士以天才一语不妥，适曾改译为性解）哲人自萎谢，孽根斯为巨。自坏汝长城，灾祸还归汝。忽忽四十年，人琴无处所。酌酒湛空觞，劳劳亦何补。

第一句的"本乡"，并不是绍兴，而是日本东京他们居住的街区。青年时代鲁迅的豪情奇志，周作人亲自闻见。如今，鲁迅已逝，知音难觅。

但后来编诗集，他并没有收录这两首与鲁迅有关的作品。

他的"怀旧"诗中从未出现弟弟建人。

周作人有极强的求生意志和工作热诚。监狱环境杂乱，生活艰苦，周作人所在的忠舍，房间不大，却挤了五个人。但他能静下心来，用一个饼干洋铁罐做台，放上一块木板，当作写字桌，翻译了英国劳斯的《希腊的神与英雄与人》，交给中正书局，当时未能出版。后来重译，改名《希腊的神与英雄》，由文化生活出版社印行。

1949年初，国民政府准备撤离大陆，监狱的犯人面临疏散。周作人获得保释。出狱后，他先在上海住了半年多，观察局势，寻找出路。他没有会见胡适，也没有会见弟弟和鲁迅的遗孀许广平。其时，胡适忙于离开大陆，许广平和周建人准备参加新政权的建设。

周作人于8月回到已成为共产党人民政权首都的北京。

周作人的罪行虽然是由国民政府的法院判定的，但共产党政权不可能对其作出更改，因为他的罪名是叛国。

此后一直到去世，周作人没有获得公民权，不能公开自由活动，实际上是监视居住。政府考虑到他精通多种外文特别是古希腊文，请他做翻译工作，但发表时必须用笔名，如"周遐寿""周启明"等。

"不辩解"

在新中国，鲁迅被尊为新文化运动的旗手、主将，"鲁迅研究"成了显学，对研究资料的需求很大。有一个时期，周作人常常接受研究者和记者的访问。有一次，来访者体贴他生活困难，怕耽误他著译的时间，还付给他一定的报酬。

别人也许要嘲笑他在"吃鲁迅饭"了。他自己却更为自己悲哀：在文坛驰骋了半个多世纪，年老体衰时却赶任务似的写这些"琐碎"文字。不过，他用一种说法为自己找到了心理平衡，即把此类文章视为对鲁迅的"报恩"："我很自幸能够不俗，对于鲁迅研究供给了两种资料，也可以说对得起他的了……"这里说的"不俗"，含义很多，应该有他没有随俗歌功颂德的意思。所以，他一直强调他提供的是事实，不打诳语。

关于他与鲁迅的失和，他很少谈及，大致取了不辩解的态度。他明白，大多数人都把兄弟失和的责任推到他和妻子身上，指责他忘恩负义，至少是轻信妇人之言，没有主见。他写回忆录，不得不涉及这件"大事"时，也先声明这种"不辩解"主张。但藏在心底里的怨气还是可以从字里行间感受到的。他的底线是决不为兄弟决裂负责——就像不承认参加伪政府是"罪"一样，与长兄决裂不是自己的"错"。他对曾就此事发表过评论的老友许寿裳颇多微词；对鲁迅，则赞扬中暗藏讥讽：

> 关于那个事件，我一向没有公开的说过，过去如此，将来也是如此。……这里我要说明，徐是徐耀辰，张是张凤举，都是那时的北大教授，并不是什么"外宾"，如许季茀所说的，许君是与徐张二君明白这事件的内容的人，虽然人是比较"老实"，但也何至于造作谣言，和正人君子一辙呢？不过他有一句话却是实在的，这便是鲁迅本人在他生前没有一个字发表，他说这是鲁迅的伟大处，这话说得对了。鲁迅平素

是主张以直报怨的，并且还更进一步，不但是以眼还眼，以牙还牙，还说过这样的话，（原文失记，有错当改，）人有怒目而视者，报之以骂，骂者报之以打，打者报之以杀。其主张的严峻有如此，而态度的伟大又如此，我们何不能学他的百分之一，以不辩解报答他的伟大乎？

"不辩解"是周作人晚年的一个关键词。在失去公民权的年代里，他知道不辩解是他所能采取的唯一可行的办法，因为辩解没有用。他曾给中共高层领导写信（周恩来转毛泽东），试探着为自己辩解过。他在信的开头说出自己不得已的处境：

> 我写这封信给先生，很经过些踌躇，因为依照旧的说法，这有好些不妥当，如用旧时新闻记者的常用笔调来说，这里便有些是拍马屁，有些又是丑表功，说起来都是不很好听的。可是我经过一番考虑之后，终于决定写了。现在的时代既与从前不同，旧时的是非不能适用，我们只要诚实的说实话，对于人民政府，也即是自己的政府有所陈述，没有什么不可以的，这与以前以臣民的地位对于独裁政府的说话是迥不相同的。因为这个缘故，我决心来写这信给先生，略为说明个人对于新民主主义的意见，以及自己私人的一点事情。

关于投敌期间的表现，信中说：

> 及汤尔和病死，教育总署一职拟议及我，我考虑之后终于接受了。因为当时华北高等教育的管理权全在总署的手里，为抵制王揖唐辈以维护学校起见，大家觉得有占领之必要。在职二年间，积极维持学校实在还在其次，消极的防护，对于敌兴亚院、伪新民会的压迫和干涉，明的暗的种种抗争，替学生与学校减少麻烦与痛苦，可以说是每日最伤脑筋的事。

这有多少成效不敢确说，但那时相信那是值得做的事情，至少对学生青年有些关系或好处，我想自己如跑到后方去，在那里教几年书，也总是空话，不如在沦陷中替学校或学生做得一点一滴的事，倒是实在的。我不相信守节失节的话，只觉得做点于人有益的事总是好的，名分上的顺逆是非不能一定，譬如受国民政府的委托去做"勘乱"的特务工作，决不能比在沦陷区维持学校更好，我的意见有些不免是偏的，不过都是老实话，但是我所顾虑到的只是学校学生一方面，单为知识阶级的利益着想，未能念及更广大的人民大众，这当然是错误，我也是承认的。

只肤浅地承认一些错误，关键地方却是在"表功"。难怪鲁迅的学生（也听过周作人课的）冯雪峰在上海看到这封信后生气地说："周作人如果有一点自知之明，是不该写这样的东西的。"后来有关部门为了名正言顺地照顾他的生活，希望他写自白书承认对人民有罪，求得宽恕，他虽然写了，却仍然坚持"无罪"的立场。

同时期，他应报纸约稿，开始写随笔，虽然主要是为了挣稿费，但有时也稍稍表达自己的思想，牵涉时事，表明态度。例如1950年6月6日发表的《副净与二丑》，从鲁迅的《二丑艺术》一文谈起，意在丑化国民党政权，其中有这样的段落："只看蒋二秃子手下文武两班有几个不是副净，何应钦、阎锡山、汤恩伯、戴笠、毛森、孙科、（孔宋或是小花脸），朱家骅、傅斯年、王云五、陶希圣，说下去这文章要太长了，已经有十个算作代表吧。"这样直白浅陋，颇异于其中年时期刻意追求的温雅文风。

周作人是中国现代屈指可数的散文大家之一。郁达夫编《中国新文学大系·散文二集》，将全书十分之六七的篇幅给了周氏兄弟，并且在序言中高度评价了周作人的文章，说他的文体"舒徐自在，信笔所至，初看似乎散漫支离，过于烦琐，但仔细一读，却觉得他的漫谈，句句含有分量，一篇之中，少一句就不对，一句之中，易一字也不可，读完之后，还想翻转来从头再读的"。

周作人得到的这类评价很多。

周作人20世纪40年代曾写过一篇题目就叫《辩解》的文章，申说"辩解之无用"。莫非那时，他就已经预料到自己与日本侵略者的合作是一种需要辩解但辩解又无用的行为？这篇文章虽不能全面表现他散文的优点，但对其学问的渊博，态度的平实，语言的简洁明晰而涵义丰富，以及顺便巧妙地表明对有关事件的立场等方面，或者能有一些认识：

> 我常看见人家口头辩解，或写成文章，心里总是怀疑，这恐怕未必有什么益处吧。我们回想起从前读过的古文，只有杨恽报孙会宗书，嵇康与山涛绝交书，文章实在写得很好，都因此招到非命的死，乃是笔祸史的资料，却记不起有一篇辩解文，能够达到息事宁人的目的的。在西洋古典文学里倒有一两篇名文，最有名的是柏拉图所著的《梭格拉底之辩解》，可是他虽然说的明澈，结果还是失败；以七十之高龄服了毒人参（koneion）了事。由是可知说理充足，下语高妙，后世爱赏是别一回事，其在当时不见得是如此，如梭格拉底说他自己以不知为不知，而其他智士悉以不知为知，故神示说他是大智；这话虽是千真万真，陪审的雅典人士听了哪能不生气，这样便多投几个贝壳到有罪的瓶里去，正是很可能的事吧。

> 辩解在希腊罗马称为亚坡罗吉亚，大抵是把事情"说开"了之意，中国民间，多叫作冤单，表明受着冤屈。但是"兔

在幕下不得走，益曲折也"的景象，平常人见了不会得同情，或者反觉可笑亦未可知，所以这种声明也多归无用。从前有名人说过，如在报纸上看见有声冤启事，无论这里说得自己如何仁义，对手如何荒谬，都可以不必理他，就只确实的知道这人是败了，已经无可挽救，嚷这一阵之后就会平静下去了。这个观察已是无情，总还是旁观者的立场，至多不过是别转头去，若是在当局者，问案的官对于被告本来是"总之是你的错"的态度，听了呼冤恐怕更要发恼，然则非徒无益而又有害矣。乡下人抓到衙门里去，打板子殆是难免的事，高呼青天大老爷冤枉，即使侥幸老爷不更加生气，总还是丢下签来喝打，结果是于打一场屁股之外，加添了一段叩头乞恩，成为双料的小丑戏，正是何苦来呢。

古来懂得这个意思的人，据我所知道的有一个倪云林。余澹心编《东山谈苑》卷七有一则云：

"倪元镇为张士信所窘辱，绝口不言。或问之，元镇曰，一说便俗。"两年前我尝记之曰：

"余君记古人嘉言懿行，裒然成书八卷，以余观之，总无出此一条之右者矣，尝怪《世说新语》以后所记，何以率多陈腐，或歪曲远于情理，欲求如桓大司马树犹如此之语，难得一况。云林居士此言，可谓甚有意思，特别如余君之所云，乱离之后，闭户深思，当更有感兴，如下一刀圭，岂止胜于吹竹弹丝而已哉。"此所谓俗，本来虽是与雅对立，在这里的意思当稍有不同，略如吾乡方言里的"魇"字吧，或者近于江浙通行的"寿头"，勉强用普通话来解说，恐怕只能说不懂事，不漂亮。举例来说，恰好记起《水浒传》来，这在第八回《林教头刺配沧州道》那一段里，说林冲在野猪林被两个公人绑在树上，薛霸拿起水火棍等要结果他的性命，林冲哀求时，董超道："说什么闲话，救你不得。"金圣叹在闲话句下批曰：

"临死求救，谓之闲话，为之绝倒。"本来也亏得做书的写出，评书的批出。闲话这一句真是绝世妙文，试想被害的向凶手乞命，在对面看来岂不是最可笑的废话。施耐庵确是格物君子，故设想得到写得出也。林武师并不是俗人，如何做的不很漂亮，此无他，武师于此时尚有世情，遂致未脱俗。古人云，死生亦大矣，岂不痛哉。恋爱何独不然，因为恋爱生死都是大事，同时也便是闲话，所以对于"上下"我们亦无所用其不满。大抵此等处想要说话而又不俗，只有看梭格拉底的样一个办法，元来是为免死的辩解，而实在则唯有不逃死才能辩解得好，类推开去亦无异于大辟之唱《龙虎斗》，细思之正复可以不必矣。若倪云林之所为，宁可吊打，不肯说闲话多出丑，斯乃青皮流氓"受路足"的派头，其强悍处不易及，但其意思甚有风致，亦颇可供后人师法者也。

此外也有些事情，并没有那么重大，还不至于打小板子，解说一下似乎可以明白，这种辩解或者是可能的吧，然而，不然。事情或是排解得了，辩解总难说得好看。大凡要说明我的不错，势必先说对方的错，不然也总要举出些隐密的事来做材料，这都是不容易说得好，或者不大想说的，那么即使辩解得有效，但是说了这些寒伧话，也就够好笑，岂不是前门驱虎后门进狼么？有人觉得被误解以至被侮辱损害都还不在乎，只不愿说话得宥恕而不免于俗，即是有伤大雅，这

样情形也往往有之，固然其难能可贵比不上云林居士，但是
此种心情我们也总可以体谅的。人说误解不能免除，这话或
者未免太近于消极，若说辩解不必，我想这不好算是没有道
理的话吧。

周作人正是通过申述"不辩解"来为自己辩解。一说便俗，
但又不能不说；辩解无用，但又不得不辩解。怎么辩说才是恰好，
颇费斟酌。

"从前有名人说过"这句话分明又在影射鲁迅了。鲁迅 1927
年在黄埔军校演讲时说过这样的话："所以仅仅有叫苦鸣不平的文
学时，这个民族还没有希望，因为止于叫苦和鸣不平。例如人们
打官司，失败的方面到了分发冤单到时候，对手就知道他没有力
量再打官司，事情也就了结了；所以叫苦鸣不平的文学等于喊冤，
压迫者对此倒觉得放心。"

周作人不满鲁迅，当然含有不满时人过分吹捧和利用鲁迅的
成分。

相逢

鲁迅和周作人失和后，再没有见面，也没有直接通信。作人
和建人之间虽然有通信，但见面很少。在建人婚变问题上，作人
对弟弟很不满。1940 年母亲八十大寿，建人和王蕴如回京省亲，
在八道湾与芳子及其子女发生冲突，双方从此断绝往来。作人随
后写信谴责弟弟的行为。

建人到新中国首都北京工作后，并没有去看望哥哥的意思。

他也不会到八道湾十一号去看望自己的前妻和儿女。不过，也许是因为上级的指示，加上同僚的邀约，1950 年初，他还是硬着头皮与出版总署的另一位副署长叶圣陶一起去八道湾拜访了二哥。叶圣陶日记写道：

> 饭后两时，偕乔峰、灿然访周启明于八道湾。启明于日本投降后，以汉奸罪拘系于南京，后不知以何因缘由国民党政府释出，居于上海，去年冬初返居北京，闻已得当局谅解。渠与乔峰以家庭事故不睦，来京后乔峰迄未往访，今以灿然之提议，勉一往。晤见时觉其丰采依然，较乔峰为壮健。室中似颇萧条，想见境况非佳。询其有无译书计划，无确定答复，惟言希腊神话希腊悲剧或可从事，但手头参考书不备，亦难遽为。盖其藏书于拘系时没收，存于北平图书馆也。谈四十分钟而辞出。

周作人在回忆录中对此也有记述，但没有提及弟弟建人："一九五〇年一月，承蒙出版总署署长（按：是副署长）叶圣陶君和秘书金灿然君过访，叶君是本来认识的，他这回是来叫我翻译书的，没有说定什么书，就是说译希腊文罢了。过了几天，郑西谛君替我从中法大学图书馆借来一册《伊索寓言》，差人送了来，那是希腊文和法文译本，我便根据了这个来翻译，这就是我给公家译书的开始。"

周建人晚年撰写的《鲁迅与周作人》一文，谈到他和二哥的一次邂逅：

> 全国解放后不久，有一次，我在教科书编审委员会突然面对面地碰到周作人。我们都不由自主地停了脚步。
>
> 他苍老了，当然，我也如此。只见他颇凄凉地说："你曾

写信劝我到上海。"

"是的，我曾经这样希望过。"我回答。

"我豢养了他们，他们却这样对待我。"

我听这话，知道他还不明白，还以为他自己是八道湾的主人，而不明白，其实他早已只是一名奴隶。

这一切都太晚了，往事无法追回了。

"度尽劫波兄弟在，相逢一笑泯恩仇。"这理想状态，既没有出现在鲁迅生前，也没有出现在鲁迅身后。鲁迅和周作人天南地北，交通不便，尚有可说；同住京城的作人与建人却也毫无来往，令人扼腕。

几个亲兄弟，虽然天分有异，资历不同，但结局却有天壤之别，不能不让人感到命运的难测和历史的无情。周作人，按他一贯的行事法和性格，把这一切默默忍受。还没有可靠的资料证明他在解放后曾向弟弟求助。

那段回忆中的"我豢养了他们，他们却这样对待我"一句话很耐人寻味，"他们"是指谁？有可能是指羽太信子、羽太芳子等人。周作人被捕入狱后，家庭生活水平大大下降，出狱后又没有多少经济来源，八道湾十一号日常生活的艰苦不难想见。

周作人认为建人抛弃妻子儿女，而且以原配及其儿女是汉奸亲属为借口，为自己的遗弃行为辩护，是道德品质问题，多次在日记和私人信件中表达厌恶和愤恨之情。

新中国的《婚姻法》颁布后，周作人立即写了一篇文章，认为婚姻法的发布是中国本年的一件大事，这奠定男女平等的基础，过去封建社会中的两性间的片面道德将由此而逐渐被打破。这篇文章并非表态性的空论，不但是他多年对妇女问题关注思考的延

中國作家协会"譯文"社譯者登記表　11

编号：54

姓名	周啟明	筆　名	周遐壽（已不用）
性別	男	通訊处和电話	新街口八道灣十一号
年齡	七一	工作單位和职务	在家（给人民文学出版社翻课）
党派	無	从事何种文字翻譯	古希腊文，日本文，英文 过去一时译过世界语
籍貫	浙江绍興	喜譯何类文藝作品	小说，戲曲，民间故事
學歷	（前清）江南水師学生。日本 私立立教大学文科。	曾參加过那些學術团体	無
工作簡歷	1950-51年此名天下出版社並间时发表译书。1952年七月起，改为人民文学出版社课书，所有所译也均改择课社，工作至今。		
翻課工作情况	本年中拟将政里庇得斯悲劇译下的四部译出，併作一部分校訂工作。		

195 6 年 1 月 29 日填

周作人为译文社填写的译者登记表

续，而且与自己的家务事关系密切。他写道：

> 近来见到北京市人民法院院长的一篇报告，对于重婚等
> 问题有所说明，十分合理，在被压迫的女性真是一个引路的
> 明灯。在婚姻法公布以前的重婚，只要由任何一个关系女性
> 提出离婚，区政府或法院应立即批准或判离，在财产上给以
> 照顾；如果男方提出与后娶的离，亦可批准或判离，财产上
> 亦给以照顾，但如男方提出与前妻离异，则一般的不批准亦
> 不判离。有人会这样问，这不是违反了自由的原则吗？我们
> 的答复是，给他以损人利己的自由，便违反了保护妇女利益
> 的立法精神。

作人以为婚姻法的公布会对弟媳有利，于是鼓动羽太芳子提
起诉讼，争取八道湾的房产权。但法院判决结果，是羽太芳子不
但没有胜诉，反而受辱，导致她自杀险些丧命。

虽然出版社每月都给周作人一笔不小的预支稿酬，无奈他家
人口众多加上年老生病，钱总是不够用。1951 年 1 月 12 日他给
人民文学出版社亚非组的信说："今另封寄上《枕草子》译稿第一
分，为计算便利计，共一七五纸，计七万字。乞按照十二月十五
日来信办理。此次因春节在迩，务祈早日付下，不胜幸甚。"有几
年，由于天灾人祸，食品短缺，全家营养不良，周作人不得不经
常给海外友人写信，请求邮寄食品和药物。1959 年 12 月 4 日，他
写信给康生，说明艰难处境。康生指示有关部门关照了他。1960
年 1 月 13 日，人民文学出版社派人与他商谈，决定增加预支稿费
至每月四百元。

1962 年 1 月 18 日周作人写信给鲍耀明说："内人前患糖尿病，
惟现几已复原，近几年因腰腿有病，不能下地行走，故卧床已有

数年之久，近因缺乏营养，故愈益衰弱，现亦无适当之药需用也。此间流行之病，系一种浮肿病，闻系缺营养所致，幸敝处尚无此时髦之病发现，此可以告慰者也。北京有钱买不到东西，即中国特产之茶叶现亦无处购买，幸舍间尚有存储，暂可足用……"

1962 年 4 月 6 日，羽太信子发病，经中国文联帮助联系住进北大医院。灯下独坐，周作人记下感想道："送往医院的人们尚未回来，不无寂寞之感。五十余年的情感，尚未为恶詈所消灭，念之不觉可怜可叹。"8 月 1 日，信子去世。周作人虽然悲伤，但也有释去重负之感，日常的"恶詈"也随信子离去，他可以得到更多清静来从事著译。

1964 年，羽太芳子患病，12 月 14 日周作人日记写道："芳子在协和医院检验，云系直肠生小疣，日后再割去。"1965 年 4 月 3 日，周作人日记载："鞠子言芳子病甚，医言虽未检查，当系肠癌也。其实早死亦复佳耳。"羽太芳子就在这一年结束了不幸的一生。

十九　度尽劫波

即将搬迁修缮的八道湾十一号周宅，摄于2009年

周作人，摄于1960年代

鲁迅饭

鲁迅的地位愈益崇高，周作人被卷入敬仰赞颂鲁迅的时代大潮。写回忆鲁迅的文章本是他的强项。他曾说过，鲁迅早年的很多活动，他亲自闻见，掌握第一手资料。但周作人也很有自知之明，他知道人们不需要也不信任他对鲁迅的评论，而且以他的身份，说好说坏均难讨好，所以他一开始就定了一个原则：只写事实，不作评价。

最先写成的是"鲁迅在东京"三十五篇，接着写"百草园"六十一篇，"学堂生活"二十四篇，"补树书屋旧事"十五篇，汇集成《鲁迅的故家》一书出版。随后又逐篇解读鲁迅小说，指出鲁迅小说中人物的原型并提供背景材料，写成"《呐喊》衍义"二十九篇、"《彷徨》衍义"二十六篇和"《朝花夕拾》"十九篇，集成《鲁迅小说中的人物》一书。《朝花夕拾》虽不是小说，但其中提到的许多人物为周作人所熟悉。这些文章材料翔实，文笔细腻，态度平和自然，很受读者欢迎。

但也有人认为周作人这样写是贬低了鲁迅的小说，仿佛在说鲁迅的小说简直是在照搬生活。有论者甚至说，周作人是个散文化的人，不懂得文学创作的典型性原则，不知道小说创作虚构的奥妙。

周作人公开发表有关鲁迅的文章，尽量保持既尊重又客观的语调。但私下里，他对时人给予鲁迅的高度评价颇多微词。

他读了曹聚仁著的《鲁迅评传》后，致信作者说："云其意见根本是'虚无主义'的，正是十分正确。因为尊著不当他是'神'看待，所以能够如此。"谈到上海虹口公园（今鲁迅公园）的鲁迅塑像时说："死后随人摆布，说是纪念其实有些实是戏弄，我从照片看见上海的坟头所设塑像，那实在可以算是最大的侮弄，高坐在椅上的人岂非即是头戴纸冠之形象乎？假使陈西滢辈画这样一张像，作为讽刺，也很适当了。"

1956 年，因为文艺界的气氛有所好转，又值鲁迅逝世二十周年纪念，到八道湾十一号采访的记者和约稿的编辑络绎不绝。从 8 月开始到年底，周作人在全国多家报刊上发表回忆鲁迅的文章近二十篇。他的行动也有些自由了，不但被允许接待海外友人，而且还参加了文联组织的西安参观团。

他的文章追溯了鲁迅的学术渊源，指出鲁迅的创作所受的影响。如谈到鲁迅的叛逆精神时在本国和外国两方面追溯，很有参考价值。因为培养鲁迅的文化环境，周作人自己从小也浸润其中。

周作人重点阐述了浙东学术的特点。浙东学术与浙西学术的不同在于前者重史后者重文。浙东学术具有反抗精神，如浙东的毛西河专门与朱子为难，施行攻击毫不客气，章实斋和李越缦也采取这个态度，鲁迅继承了这个传统："拿鲁迅和他们相比，的确有过之无不及，可以说是这一派的代表。"

在《鲁迅的国学与西学》一文中，周作人对鲁迅不迷信正统学问而追求杂学或曰"旁门"做了详细的论述。这也是他自己的为学态度。他曾写过《我的杂学》，历述自己学习经过，大体也与鲁迅的学术修养一致。

发表在《陕西日报》上的《鲁迅的笑》委婉地批评了时人对鲁迅的误解和曲解。他说，他所见过的鲁迅的画像中，大都是严肃有余而和蔼不足。他没有责怪画家有意拔高鲁迅，使其显现战士面目，却为画家们开脱道："可能是鲁迅的照相大多数由于摄影时的矜持，显得紧张一点……画家不曾和他亲近过，凭了他的文字的印象，得到的是战斗的气氛为多，这也可以说是难怪的事。"但在给香港友人的信中用语就不很客气："尝见艺术家所画的许多像，皆只代表他多疑善怒一方面，没有写出他平时好的一面。良由作者皆未见过鲁迅，全是暗中摸索……"

这一年，周作人还被安排会见了来中国参加纪念鲁迅逝世二十周年活动的日本作家长与善郎等。楼适夷在 1988 年写的《我所知道的周作人》一文中回忆说："他们到北京后就提出要会见周作人，并要求不要陪人，不要翻译。我们都同意了。会见以后，文联要我去看看周作人，同他随便谈谈。他大概了解我的来意，主动谈了与日本作家谈话的内容。对方主要关心他在国内的生活状态。他表示生活比较安定，工作也很顺利。不久前文联专门派人陪他去西安参观，他对祖国建设事业的发展，表示非常满意。后来又谈日本作家表示对蒋介石有好感，因为日本失败后没有要求赔款，又怀疑我们对日本友好，是否意图赤化日本。周作人对此都作了一些适当的合乎分寸的说明，后来我向文联照样作了汇报。"不过，楼适夷怀疑周作人没有将所有的谈话内容都向他汇报："他到底说了什么，我是有怀疑的，因为后来我在日本的报刊上，看见过这几位日本作家访华后的观感，是对我们表示恶意的。如认为尊重鲁迅，也是一种虚伪的政治手段等等，这里边有没有与周作人谈话的影响，就不能说了。"

周作人的真实想法常见于他写给海外友人的信中。

讲到鲁迅的地方很不少，因为总有人问到他对鲁迅的意见。

例如在给曹聚仁的信中说："鲁迅写文章态度有时严肃、紧张，有时是戏剧性的，所说不免有小说化处，即是失实。"还说鲁迅让青年不读中国书是"好立异唱高调，故意地与别人拗一调"。

1962 年 5 月 8 日，香港的鲍耀明给周作人寄来林语堂 3 月 3 日在香港发表的《追悼胡适之先生》一文，其中有一段将鲁迅和胡适的文风和人品做了比较："关于文章，适之先生是七分学者，三分文人，鲁迅是七分文人，三分学者。在人格上，适之是淡泊名利的一个人，有孔子最可爱的'温温无所试'，可以仕、可以不仕的风格。适之不在乎青年的崇拜，鲁迅却非做得给青年崇拜不可。"

周作人回答道：

> 承示林语堂文，想系见于港报，其所言亦有一部分道理，胡博士亦非可全面抹杀的人，所云学者成分多，亦是实话，至说鲁迅文人成分多，又说非给青年崇拜不可，虽似不敬却也是实在的。盖说话捧人未免过火，若冷眼看人家缺点，往往谈言微中。现在人人捧鲁迅，在上海墓上新立造像，我只在照相上看见，是在高高的台上，一人坐椅上，虽是尊崇他，其实也是在挖苦他的一个讽刺画，那是他生前所谓思想界的权威的纸糊之冠是也。恐九泉有知不免要苦笑的吧。要恭维人不过火，即不至于献丑，实在是大不容易事。

鲁迅已逝。周作人此时要对付的是许广平。

鲁迅在上海十年，许广平对鲁迅的照顾是周到的。她也因此成了家庭妇女。刚开始，她不满于自己这个角色，有一个时期还托人找到了工作。但鲁迅得知后，很悲伤地说，生活好不容易安定了，她出去工作，自己怎么办呢？于是，许广平只好做出牺牲。

在近十年的时间里，她的工作是帮鲁迅抄稿、校对、收发信件、操持家务。

鲁迅逝世后，她为收集、整理、出版鲁迅的遗著做了大量工作，并且撰写了多篇回忆录。抗日战争胜利后，她担任了中国妇女联谊会上海分会的主席，并参加了中国民主促进会。

1948 年 10 月，她与其他许多民主人士从香港间道进入解放区，参加新政协的筹备工作。共和国成立后，她被任命为中央人民政府政务院副秘书长，以后又担任过许多职务，如：全国人大常委、全国政协常委、全国妇联副主席、全国文联副主席、中国民主促进会中央副主席等等。

1960 年，经毛泽东、周恩来审批，许广平加入中国共产党。

1968 年，"文化大革命"爆发后，中央文革小组负责人江青等人要查阅鲁迅书信手稿，将藏在鲁迅博物馆的手稿调往中央文革。因调用手续不全，致使手稿一度下落不明，许广平误以为丢失，受到惊吓，突发心脏病去世，终年六十九岁。

许广平于 1963 年出版《鲁迅回忆录》，谈到兄弟失和的时候，指责周作人夫妇赶走兄长，忘恩负义。周作人读了这本书，对许广平披露他 1923 年给鲁迅的决裂信表现出愤恨和蔑视。

唐弢回忆说：

> 记得许广平《鲁迅回忆录》完稿，其中——尤其是《所谓兄弟》一节，牵及周作人夫妇的地方很多，作家协会曾由邵荃麟出面，在南河沿文化俱乐部开过一次会，商量增删问题，我记得林默涵、楼适夷、郭小川等同志都参加了。我也聊陪末座。会上逐章研究，着实删了一些。问题涉及家务，我碍难置喙，会上一言未发，说心里话，我是赞成将一些琐细的枝节删

鲁迅为编纂《古小说钩沉》抄录《齐谐记》资料手稿，有周作人题识。见于二〇一六年十二月西泠拍卖

齊諧記

餘杭縣有一人姓沈名縱其家近山嘗一歲與父同入山至三夏

忽見一人其體傀儡云是聞山王晉鈐百二十九

江夏安陸縣隆安三初有郭慶兄弟三人寒天而忽得時行

病俄遂大能食一日食解糜米家供五斗八至糵貢三百口十三

周安方有女噉膾不知是黿齋鯱復以饌一千未作一

爬土百口十五

右魯迅手寫古小說鈎沉稿式葉計其附單在
中華民國初年

去的。散会的时候，通过那条长长的回廊，我走在许先生身旁，看她面有不愉之色……

这从侧面说明许广平对文字的深浅迂曲的体会不如周作人精到，把握分寸也不如周作人纯熟。

周作人为鲁迅研究提供了不少资料。本来两兄弟一起从事学术项目，留下的资料并没有也无法分得很清。1923年7月分手仓促，鲁迅的一些手稿留在作人的"苦雨斋"里。因为社会上崇拜鲁迅的人愿意得到鲁迅的手泽，周作人时常以此赠人或者与人交换。敌伪时期，北平一位共产党地下工作者与周作人联系紧密，临别时，周作人就拿出两种鲁迅手抄本《柳恽诗》和《傅肱蟹谱》赠送。许广平也曾提到，周作人曾把鲁迅《古小说钩沉》手稿送人："解放前曾有前燕大外籍学生专研究鲁迅著作的，曾到上海来见我，有所探询，并谓在北京见过周作人，案头有鲁迅手稿一堆，并随手送了他五六页以作纪念云。其他朋友到周处，亦常赠与鲁迅手稿，是知早期鲁迅未搬出八道湾前，必有不少手迹留在彼处，除由他随手送人外，不知是否业已清理完了一齐交出。"

进入21世纪，拍卖市场上果然出现了好几份此类手稿。

大限

随着国内政治形势紧张，上级机关没有闲心再来做周作人的"统战工作"。

周作人在寂寞的书斋里继续著译。

周作人翻译方面的最大的贡献在古希腊文。出版的专著有

《红星佚史》（后人根据荷马二史诗编写）、《希腊拟曲》、《希腊神话》（阿波罗多洛斯）、《希腊的神与英雄》、《希腊女诗人萨波》、《伊索寓言》、《欧里庇得斯悲剧集》、（与罗念生合译）、《卢奇安对话集》等等。留存下来的周作人古希腊文译作约二百万字，除了《希腊拟曲》1934 年出版外，其余均为 1949 年以后完成。

古希腊戏剧是周作人翻译的一个重点。周作人 1950 年 10 月 7 日日记载："罗念生来访，邀参加为天下图书公司翻译悲剧工作，约以明年。"10 月 18 日云："罗念生来，携来欧利披台斯书三册，约定翻译从下月起。"10 月 22 日云："下午至天下图书公司，与公司葛一虹、郁文哉及罗念生、缪灵珠共谈译事。"这次出版公司约定缪灵珠译埃斯库罗斯，罗念生译索福克勒斯，周作人译欧里庇得斯。周作人本来就很看重欧里庇得斯的悲剧，曾多次论及，另外，他也想通过翻译这位戏剧家的作品温习一下古希腊神话。完成欧里庇得斯悲剧后，他又接受翻译阿里斯托芬喜剧《财神》的任务，因为次年要纪念这位世界文化名人。译文完成后，出版社安排其他译者（如罗念生）来核校他的译稿（他也负有校对别人译稿的责任）。罗念生在两个方面与周作人意见不同：一是罗念生认为人地译名当依英美读法，周作人则主张"名从主人"；二是关于译本的注释，周作人总是做详细的注释，期于帮助读者理解原文，但罗念生不同意（也可能是出版社不同意）。罗念生在《周启明译古希腊悲剧》一文中说："周译注解很多，我曾建议压缩，但译者不同意，说可以任读者自由取舍。"结果总是罗念生的意见占上风，弄得周作人兴趣大减，经常抱怨译书是"令人厌恶的苦差事""没有意思"，"没有什么可喜的了"。1955 年底，周作人译完欧里庇得斯的《赫剌克勒斯的儿女》，1956 年 1 至 2 月完成《请愿的妇女》，4 至 6 月完成《疯狂的赫剌克勒斯》，6 至 8 月译出《腓尼基妇女》本文，12 月开始写注释时却生了病，是"血压过高，脑血管发生了痉挛"，此后休息了一段。1957 年 2 月、11 月和 1958 年 9 月，人民文学出版社出版《欧里庇得斯悲剧集》三卷，其中有十三部作品署"周启明译"。

周作人最看重的是晚年所译《路吉阿诺斯对话集》（或作《卢齐安对话集》），甚至在遗嘱中说："余一生文字，无足称道，惟暮年所译希腊对话，是五十年来的心愿，识者当自知之。"

周作人在日文翻译方面也足称大家。

他为人民文学出版社译的日本古典作品，从 8 世纪初的《古事记》、11 世纪的女官清少纳言的随笔《枕草子》、13 世纪的《平家物语》、14 世纪的《日本狂言选》、18 世纪的《浮世澡堂》和《浮世理发馆》，到 20 世纪的《石川啄木诗歌集》，时间跨度长达一千多年，真不愧"日本通"之美誉。文洁若是人民文学出版社日语文学编辑，有一个时期负责与周作人联系。她回忆说：

周作人每译一部作品，都力所能及地多找几种版本，然后选定自己认为最可靠的版本，如果个别词句和注释参考了其他版本，就在注文中一一说明。每部译稿，他必加上详细的注释，并在前言、后记中交代作者生平、作品的历史背景、艺术特色等。他立论精辟，提纲挈领，深入浅出，恰到好处。

周作人晚年还有一个大工程，就是写作《药堂谈往》（《知堂回想录》）。在写回忆录时，周作人虽然尽力保持客观态度，但个人恩怨和很多人事纠葛不可能不在他的心中激起一些浪花。而在翻译作品中周作人可以把自己的注意力转移到几百几千年前的世界中，忘掉现世的烦恼，得到一种解脱的快乐。他对朋友说，老年翻译这样大的作品"似乎未免太不自量了，不过耐心地干下去，……子衫极一……房里晒……有一天西人……弟推愿觉……怎然听见门的……

叫了一声。（不知道是谁在叫、据推测这是天花息的叫声、它从我这边出来、钱到妹子那里去了。那次在我也没有叫唤之必要、所以只好存疑了。）大人惊起青时、妹子的痘便都已隔入、我却疑是好转了。急忙的去请天花寺门的主医师来看、已经来不及挽闾、债果妹子终于死去、后来葬在龟山的山後、父亲自己写了「周端姑之墓」五个字、鉴一小石碑立於墳前、直到一九一九年鲁迅回去搬家、才把它搬和四弟的墳都迁葬于道达淖的。

鲁迅在种牛痘的时候、也只有两三岁光景、但他对于当时情形记得清清楚楚、连医官的墨晶大眼镜和他的官话、

第　頁

知堂自用

危险。可怕的痘神给种的"天花症"，它的死亡率不知百分之几，侥免的也要脸上加上密图。我所出的便是这种"天花"。据说在那偏僻地方，也有打官话的医官有时出张，拖种牛痘，但是在那两三年内大约医官不曾先临，所以也就没法种之，直待痘儿哥之或痘儿姐之来给种上了。那时是我先出天花，不久还把只有週岁在右的妹子也给感染了。妹子名叫端姑，如果也是在北京的祖父给取的名字，那麽一定也是得家信的这一天里，有一位姓端的裸籍大兵适便来访，所以借用的，不过或岁是女孩，不用此例，也未可知。据说这个妹子手得十分可爱，有一回我看她脚上的大拇趾，是可爱了，便不禁唆了它一口，她大声笑了起来，大人急做到哪里是哪里，写成功了一篇，重复看一遍，未始不是晚年所不易得的快乐"。

晚年的周作人，除了年老多病，经济困难，心绪也常常十分恶劣。作为政治贱民，不会再有人来关注和尊重他。同是新文化运动的干将，鲁迅享受着崇高的威望，自己却被唾弃和遗忘。

1965年4月8日，是羽太信子病逝三周年的日子。周作人在日记里写道：

> 余今年一月已整八十，若以旧式计算，则八十有三矣，自己也不知怎么活得这样长久。过去因翻译路吉阿诺斯对话集，此为五十年来的心愿，常恐身先朝露，有不及完成之惧，今幸已竣工，无复忧虑，既已放心，便亦怠惰，对于世味渐有厌倦之意，殆即所谓倦勤欤。狗肉虽然好吃，久食已无滋味（猒字本意从甘，犬肉）。陶公有言，聊乘化以归尽，此其时矣。余写遗嘱已有数次，大要只是意在速朽，所谓人死消声灭迹，最是理想也。

4月26日，他根据上则日记，写成遗嘱"定本"：

> 余今年已整八十岁，死无遗恨，姑留一言，以为身后治事之指针尔。死后即付火葬或循例留骨灰，亦随便埋却。人死声销迹灭，最是理想。

> 余一生文字，无足称道，惟暮年所译希腊对话，是五十年来的心愿，识者当自知之。（但是阿波多洛斯的神话译本，高阁十余年尚未能出版，则亦是幻想罢了。）

"一生文字，无足称道"，当然不是他内心的真实想法。他之所以倾心翻译古希腊作家的对话集，是因为该书用嘲讽的语调讲述荒诞怪异的世事，既可以解颐，又能影射现实。

　　"文化大革命"爆发前夕，他的脑海里不断萦绕着往事。在"三·一八惨案"四十周年纪念日这一天，他想起死难学生，特在日记中记下自己的思绪。

　　他想起了曾和鲁迅一起奋力痛打的那只"老虎"——《甲寅》主编章士钊。这位老先生是当今伟大领袖的同乡，担任中央文史馆馆长的要职。对比自己的处境，简直是一个天上，一个地下。

　　在绝望中，他写信给章士钊，请求帮助。"此亦溺人之藁而已，希望虽亦甚微，姑且一试耳。"

　　章士钊派秘书来了解情况，答应再来。这给了他一线希望。他在日记中写道："此一个月不作一事，而辛苦日甚，日惟忧贫，心劳无一刻舒畅，可谓毕生最苦之境矣。行严秘书王君曾云，当再次来访，因随时期计其到来，作种种妄想，窃自思惟，亦不禁悯笑也。"

　　这期望最终落空了。

　　他寻找毛泽东的著作来看，读《毛泽东论文艺》，读红皮本的《毛主席语录》。这些宝书，他只能向孙辈借来看。半个世纪前，那位湖南青年到八道湾十一号拜访，向他讨教新村建设事宜。半个世纪后，他竟连崇拜这位后生的资格也得不到了！

　　终于，劫波度尽，大限来临。红卫兵冲进八道湾，对他施行专政。抄家、批斗、罚跪，最后被赶进洗澡间，每天只能吃棒子面粥，因饥饿而身体浮肿。为搜集鲁迅资料而来访问的鲁迅博物馆工作人员，看到这样的场面：周作人被关在院内的一个小棚子里，睡在搭在地上的木板上，脸色苍白，身穿一件黑布衣，衣服上钉着一个白色的布条，上面写着他的名字。他似睡非睡，痛苦地呻吟着，看上去已无力站起来了，而且几个恶狠狠的红卫兵却拿着皮带用力地抽打他，叫他起来。

1967年5月6日，周作人在屈辱中，离开了人世。

此时身居高位的建人，对哥哥的处境无能为力。

《颜氏家训》中说，兄弟不睦，子侄不亲。长辈们的恩怨，本不应该影响后辈。但因为政治环境和家庭矛盾等因素的影响，鲁迅和建人的儿女与作人的子女几乎没有来往。不过，也有例外。在"文化大革命"中，周作人的孙辈们想买《毛泽东选集》而不得，就请求建老（他们是这样称呼的）给予帮助，得遂心愿。周作人的儿媳曾告诉笔者，有一次，她所在的北京市第三十九中学因为开展学习鲁迅的活动，想请周建人来讲话，她自告奋勇担当了前去邀请的任务。令她惊喜的是，建老答应了！那次报告效果很好，使她在学校很有面子。

进步

周建人在政治上倾向共产党，积极参加中国共产党领导的民主运动。1945年12月30日，他在上海参加了中国民主促进会成立大会，成为第一届理事会的十一位理事之一。

1948年，建人加入中国共产党。

他从上海辗转到解放区。在西柏坡举行的招待各民主党派爱国人士的宴会上，他见到了毛泽东主席。旁边有人介绍说："这位是鲁迅的弟弟周建人先生。"毛泽东高兴地同他握手。

1949年1月31日北平解放，周建人与一批民主人士于2月3日进城。同年4月18日，他被任命为华北人民政府教育部教科书

1975年11月1日毛泽东在鲁迅之子周海婴来信上批示，同意成立鲁迅研究机构，编辑出版鲁迅著作

444

编审委员会副主任。

这之前，周氏三兄弟中，毛泽东只见过周作人。然而他最佩服的是鲁迅。

毛泽东青年时代在北京求学期间就对鲁迅的作品产生过深刻印象。在江西苏区，他对鲁迅在上海的情况给予关注。他屡次同人谈起鲁迅，说鲁迅是共产党对敌斗争中的一个重要力量。

鲁迅逝世后，毛泽东在延安发表讲话，高度赞扬鲁迅的道德文章，称之为"现代中国的孔夫子"。他亲笔为延安鲁迅艺术文学院题写校名。他购置的一套《鲁迅全集》，一直带在身边，即便在延安失守，匆忙撤退中，也舍不得丢掉。在《新民主主义论》中，他对鲁迅的评价达到了极致，用三个"家"字和五个"最"字（文学家、思想家、革命家，最正确、最勇敢、最坚决、最忠实、最热忱）确定了鲁迅在新中国文化思想界的崇高地位。

毛泽东一生喜爱读鲁迅著作。就在逝世前不久还在读鲁迅的杂文。他不但让印刷厂给他印制线装大字本的《鲁迅全集》，还喜欢读鲁迅的手稿。

毛泽东以"伟大导师"的权威号召全国人民学习鲁迅，大大有助于鲁迅的思想和著作在广大读者中普及。

周作人为鲁迅研究提供了几种资料，为奠定鲁迅研究的坚实基础做出贡献。建人也为鲁迅研究和鲁迅纪念设施的建立做了大量工作。

全国刚解放，鲁迅在上海大陆新村、北京西三条二十一号的旧居就被保护下来，经过修缮向公众开放。绍兴也建立了鲁迅纪念馆。鲁迅故家的房屋被国家征用，但其中的物品早已不是原物。这时候，鲁迅当年回家接亲属去北京时，周建人写的一份《绍兴存件及付款簿》起到了作用。绍兴鲁迅纪念馆根据这个记录，把散失和寄存在别处的家具杂物找了回来。

鲁迅去世后，建人应《救亡日报》《时代日报》《读书与出版》等报刊之邀撰写了一些关于鲁迅的回忆文字。1953 年，他从中选出十一篇，亲自修改校阅，编为《略讲关于鲁迅的事情》，于 1954 年 8 月由人民文学出版社出版，署名"乔峰"。他的文章虽然提供了一些资料，但不如周作人此类文章价值大。因为他的年龄与鲁迅相差较多，鲁迅早年经历他了解不详。正如周作人在鲁迅刚逝世时写的纪念文章中所说："豫才早年的事情大约我要算知道得顶多，晚年的事在上海的我的兄弟懂得顶清楚……"

"文化大革命"期间，周建人为报刊写了很多宣传鲁迅的文章，那时，鲁迅已经成了被人利用的工具，周建人以鲁迅弟弟的身份，虽然未遭劫难，却也逃不过被利用的命运。他这时期的十七篇文章，集成《回忆鲁迅》一书，1976 年 9 月由上海人民出版社出版，大多是配合形势的应景之作，如《学习鲁迅，深入批修》《学习鲁迅，彻底批孔》等。鲁迅的史实就是那么多，该写的都写了。但为了迎合现实需要，不得不加添情节。例如，有一篇文章把鲁迅晚年租的藏书室说成"秘密读书室"，说鲁迅"经过周密的筹划，为了迷惑敌人，在上海向内山书店租了一间他们职员住过的房间，存放马、恩、列、斯的著作，设了这个秘密的藏书处"。"室内都是书，空余的地方就很少了，只有一张桌子和一把椅子，上面挂着一盏电灯，灯罩用旧报纸围着，四周的光线是比较暗的，屋子里总是带着浓烈的烟味。"鲁迅经常到这里"攻读马列主义，边读书边思索，往往通宵达旦"。"文革"时期一些以鲁迅为题材的绘画，就是循着这篇文章的思路创作的。打倒"四人帮"之后，周建人特意撰文予以澄清："有人把这个秘密藏书处说成是秘密读书室，是不对的。上海出版的我的《回忆鲁迅》一书中也写成'秘密读书室'，这是别人修改的，没有经我核阅过，在这里更正一下。据我所知，鲁迅并未经常到那里去看书，而是有时去查找一些资料。"

关于鲁迅与瞿秋白的关系，政治大环境也不断逼迫当事人改变口径。在"文革"中，党史对瞿秋白的评价达到最低点。许广平和周建人也加入了批判瞿秋白的大潮，许广平不再提她和鲁迅为瞿秋白提供避难所的往事，周建人则在鲁迅诞辰九十周年之际，发表《学习鲁迅，认真读书》一文，说："有一次，瞿秋白写一个纸条给鲁迅，署名'犬耕'。后来鲁迅问他：'你为什么要用这个名字？'他说：'搞政治，我实在不会搞，我搞政治，就像狗耕田！'鲁迅对此深为不满，当面批评了他。后来鲁迅在编《海上述林》时，只收瞿秋白的翻译，而不选他的文章，这就证明马克思主义者鲁迅对瞿秋白是有所保留的。""四人帮"被清除后，党史恢复了对瞿秋白的正确评价，建人发表的纪念瞿秋白的文章中又说到瞿秋白使用"犬耕"笔名的事，但特意强调，鲁迅对瞿秋白丝毫没有责备的意思。

周建人这类文字造成不好的影响，损伤了他的威信甚至损伤了鲁迅的名声。同样，许广平这个时期的一些纪念文章后来也屡遭诟病。

有一个特殊情况值得一提：周建人晚年身体不好，几乎丧失读写能力，这些文章多由秘书或写作班子代笔。

柯灵在《周建人文集》序言中为他开脱道：

> 在"文革"的炼狱中，老人经受的是另一种煎熬。"四人帮"不可告人的阴谋需要堂皇的旗帜，现成的偶像以外，还要

抬出一尊历史的偶像，那就是鲁迅。他们的鬼蜮伎俩是任意�扯揉捏鲁迅，利用乔峰老人的身份地位、和鲁迅的关系，是更卑污的一手。老人那时已到八十开外，枯藤老树，古道西风，生命的夕阳已经西斜，加以双目失明，根本丧失了阅读和写作能力，而报上却出现了由他署名的文章。这类文字不免招来白璧微瑕之感，但我们怎么能要求他对此负责呢？

其实，辩解也是不必。即便这样写出于他本人的意愿，也可以理解：从国家层面上说，是大势所趋；就他本人而言，身处高位，不由自主。

周建人晚年口述、由女儿整理编辑的《鲁迅故家的败落》于1987年出版。口述和编辑这部书时，他已九十三岁高龄，视力听力均极衰弱。女儿为了唤起他的记忆，拿周作人的日记、鲁迅亲友和同时代人的回忆文字读给他听。他订正了回忆录中的一些错误，也凭记忆增补了一些材料，经过女儿的编写，可读性较强。

《鲁迅故家的败落》是关于鲁迅早年生活的。读者却更期待建人讲述鲁迅晚年的生活。2001年9月，有人根据他和夫人留下的口述资料整理出版了《回忆大哥鲁迅》一书。但这是一本建人回忆鲁迅文章的结集，并非专讲鲁迅晚年生活。其附录收入了他的夫人王蕴如和女儿周晔的几篇回忆文字。

福荫

1954年9月15日至28日，中华人民共和国第一届人民代表大会第一次会议在北京举行。周建人作为浙江省代表出席会议。

10 月 31 日，周建人被任命为中华人民共和国高等教育部副部长。12 月 21 日至 25 日，全国政协二届一次会议在北京举行，周建人被选为常务委员会委员。同月，他还被增选为中国民主促进会第三届中央委员会副主席。

周建人早年受两个哥哥影响，对妇女问题比较关心。解放后担任领导职务，仍然在一些场合对此发表意见。例如，解放初期，有人民代表建议实行计划生育，控制人口增长。最热心提倡者是著名经济学家马寅初。周建人在政协会议上做了赞成马寅初意见的发言：

> 节制生育显然是一种进步的措施，受胎本是生理的自然作用，现在用科学方法作有计划控制，分明是控制自然的一种推广，是进步的。并且减少一些生育，对于女人生理上的负担，父母精神上的负担，及经济上的负担都有所减轻，也就能够把更多的力量用在物质生产和精神生产上，把这些产物生产得更好，对社会是极其有利的。

可是没过多久，马寅初就因为他的"新人口论"遭到严厉批判，同意他的观点的人好多都受了牵连。但周建人却安然无恙。无疑，鲁迅的名声保护了他。

整风运动中，周建人就表现得很"稳当"了。1957 年 4 月 27 日，中共中央发出《关于整风运动的指示》，决定进行一次以"正确处理人民内部矛盾的问题"为主题，以反对官僚主义、宗派主义、主观主义为内容的整风运动。从 5 月 8 日开始，中共中央统战部邀请各民主党派负责人和无党派民主人士举行座谈会，请大家给共产党提批评意见。一些民主党派领导人发表了尖锐的言论。5 月 8 日，民建副主任委员章乃器指出：4 月 22 日《人民日报》社论《工商业者要继续改造，积极工作》教条主义严重。这

周建人手迹

篇社论说："从一个资本家变为一个自食其力的劳动者……是一个脱胎换骨的过程。"章乃器进一步批评说："脱胎换骨这说法不只是教条主义，而且是宗教上的信仰主义和神秘主义。"他担心这种说法"只能使工商界增加无穷的忧虑"。5月10日，民革中央常委邵力子发言："党在政府部门的领导，最好是通过党组。一切重大问题，党组决定后，交由党员去运用，使能贯彻执行。如果直接由党发号施令，就会差一些。"5月22日的座谈会上，周建人以中国民主促进会中央副主席的身份发言，针对一些人把消除党群之间的隔阂叫作"拆墙"的说法，提出补充意见，主张从两方面来拆墙。他说，作为一个民主党派的成员，努力学习，搞通思想，就是拆墙的妙法。他强调思想改造是一种艰苦的工作，出身于小资产阶级和资产阶级的知识分子，必须经过艰苦的思想改造过程，而资产阶级分子改造起来工程比小资产阶级还要大些。他同意采用"脱胎换骨"这个提法，显然是反对章乃器的言论。

周建人的发言受到高层的赏识。《人民日报》用了"讨论逐步转向深刻化""周建人同意'拆墙'要从两面来拆"的醒目标题来报道他的观点。但他的表态也引起本组织内部同志的不满。在下一次座谈会上，民进中央常委吴研因指出：现阶段三害之墙只是在开始拆，而且远远没有拆到下层的墙。民进的中小学教师会员殷切盼望在下层拆墙时，他们也有机会参与。周建老身为民进中央领导，不代表中小学教师讲话，却强调要他们进行思想改造，冲淡了整风运动。

不料，紧接着来了反右斗争，提意见的人纷纷被划为"右派"，遭到批判和迫害。周建人却备受眷顾。不久，中共浙江省委常委、省长沙文汉被打成"右派"，开除党籍，撤销职务。1958年

2 月，周建人由高等教育部副部长调任浙江省省长。

他的同僚大多是战争年代立过战功的军人，省委第一书记是江华。沙文汉成为"右派"的罪名之一是"叫嚷党政分工，反对党委对政府工作的领导"。周建人吸取教训，积极配合江华的工作。江华的决策，他不敢说一个"不"字。自己有什么想法，也不敢坚持。即便如此，也还是会出现一些矛盾。日久天长，郁积于胸，建人难免有委屈之感。据他身边的工作人员回忆，当时省政府机关里有些人对他不很尊重。因工作不顺利，心情不愉快，周建人曾多次写信给中央，要求回北京工作。

对于这段经历，柯灵在《周建人文选》序中总结说：

> 人的价值观，如果用真纯和正直做法码，乔峰老人是完美无疵的。这种人可以是忠诚的革命者，却不可能成为城府深严的政治家。……蕴如夫人也曾深有感慨地说："他是个好党员，党员要是都像他，那就好了。"她又说到，当省长对他是极不愉快的经验。老人不能适应政坛错综的棋局，这是不难理解的。不久前，一位长期参与党内高层领导的同志谈到：原以为请一位文化素养的知名人士主持本籍省政是适宜的，结果却反而造成乔峰老人和党的距离。……"他太单纯了！"——"君子可以欺以方"，我看到了现实的例证。

在浙江工作期间，周建人为政清廉，严格要求自己，显示了他朴实诚实的本色。据接近他的人回忆，他从不搞人情关系，不拉帮结派。他痛恨那些腐败骄横、欺负穷苦百姓的官员。有一个时期，国民经济非常困难，浙江这个鱼米之乡也闹起了饥荒，然而有些基层干部一面欺压百姓，强行征粮，一面营私舞弊，中饱私囊。甚至屡屡出现殴打群众的事件。在老百姓纷纷弃家逃荒的时候，有的高级干部耽于享乐，挥霍浪费，大讲排场，不以为耻，反以为荣。周建人常常气愤填膺，但也拿不出有效的治理办法。

有一个村支部书记经常胡作非为，奸污妇女多人，却没人来管。因为他在当地很有势力，上级干部也袒护他。后来他侮辱了一个军人的妻子，被起诉到法院，又因为官官相卫，只关了几天就被释放。他出来后不但不悔改，反而变本加厉。那位军人又上告到省法院，结果也只判了三年徒刑。周建人接到群众举报，派人做了调查，情况属实，就亲自去法院，主张从严判处。法院的人却搪塞说，这种生活作风问题，判三年也就差不多了。周建人火了，把帽子一丢，喝道："法院如此轻判，不能制止犯罪，也不足以平民愤。此事你们不管，我宁可不当省长，也要管到底！"

他怎么管呢？打电话给北京的最高人民法院院长。如此才引起重视，案件得到重新调查，受害人冤屈得伸。

一个小小的村干部就让周建人窝了一肚子气，何况别的人事。这也就可以看出周建人做官的艰难了。

还有一次，有一个女村民因为饥饿难忍，偷了生产队两个玉米棒子，被发现后遭到残酷批斗，还被剥光了衣服游行示众。周建人被这种严重侵犯人权的行为震惊了。

他唯一的法宝是上书中央。

1961年初，周建人写信给胡乔木，谈到浙江省遂昌等县的干部违法乱纪、对待群众粗暴野蛮等问题。胡乔木1961年5月25日就此致信毛泽东：

> 浙江省长（省委常委）周建人老同志，今年七十多了，年初曾给我来一信，着重说西湖文化面貌和迁墓问题，也谈了一些农村问题，不过比较简单。那信给田家英同志看后找

周建人，摄于1949年

454

不着了，因此在回信时请家英同志去杭州时特意找他谈一次。最近他又来一信，着重谈农村干部作风问题。因为少奇同志参加我们的小组会议，所以把这信送他看了一次。少奇同志认为这封信说的是一个十分严重的问题，要我把原信送你和中央各同志看一下。周建人同志说的问题，在别省也有，甚至还更严重，更荒谬。他的信态度恳切，语重心长，信也很短，很容易看。

毛泽东批示将胡乔木和周建人的信印发当时正在北京召开的中共中央工作会议代表。

"文革"时期，周建人看到同僚甚至更高的领导一个一个被打倒，莫名其妙。在两封给当时浙江省政府办公厅职员冯仰澄的信中，他叙述了自己在北京的所见所闻：

杭州想已安定下来。北京仍然热闹，前几天有过一次全市性的向谭震林的示威大游行。大汽车上的大喇叭声与人叫打倒谭震林声相呼应。接着体育场开谭的斗争会，谭出来与否不知道，但听说他基本上已倒掉了。近日又在搞别人。（1967年3月24日）

谭震林的被攻击地位已提高刘、邓的一级，以前口号叫刘邓陶，今上海等处已叫刘邓陶谭（加上了谭字），北京想亦如此，不过街上我没有去看，不大知道罢了。（1967年4月8日）

"文化大革命"期间，周建人不但没有受到冲击，而且政治上还在不断进步。

那个时代，鲁迅的著作与毛泽东的著作一样享受了很高的待遇，全国人民都要认真学习。鲁迅的一些文章段落，也被编成流行的语录体，大量发行。根据革命的逻辑，毛泽东和鲁迅都是绝对正确的，而且鲁迅是坚决拥护毛主席的领导的，他虽是新文化运动的主将，但同时也是毛泽东文艺战线上的一个小兵。周建人是鲁迅的弟弟，当然拥护鲁迅，也就当然拥护毛泽东，也就当然拥护"文化大革命"。无论这种逻辑怎样使人惊异甚至令人发笑，但它的确让周建人安全度过了这个狂风暴雨季节。

"文革"取消了省委和人民政府，代之以革命委员会。1966年3月24日，浙江省革命委员会成立，军人南萍任主任，周建人被任命为副主任之一。1969年，周建人在中国共产党第九次全国代表大会上当选为中央委员。他虽然是1948年入党的老党员，但以前一直以中国民主促进会领导人的身份进行社会活动。这次会上，他第一次公开了中共党员的身份，并且进入中央委员会。

1970年5月4日，全国政协副主席、中国民主促进会主席马叙伦病逝，周建人代理主席。

1973年初，周建人回北京定居。1975年以后，他担任人大常委会副委员长。

1978年2月24日至3月8日，在全国政协五届一次会议上，周建人当选为全国政协副主席。在同时举行的五届全国人大一次会议上，他继续当选全国人大常委会副委员长。1979年10月11日至22日，中国民主促进会第四次全国代表大会在北京举行，周建人当选为民进中央主席。1980年5月，他辞去全国人大常委会副委员长职务。1981年9月25日是鲁迅诞辰一百周年，周建人担任纪念委员会副主任委员。1983年6月，在中国人民政治协商会议第六届全国委员会第一次会议上，周建人继续当选全国政协副主席。

1984年7月29日，周建人在北京医院病逝。

三兄弟晚年留影

参考书目

1　鲁迅 . 鲁迅全集 . 北京：人民文学出版社，2005.

2　北京鲁迅博物馆 . 鲁迅译文全集 . 福州：福建教育出版社，2008.

3　周作人 . 周作人散文全集 . 桂林：广西师范大学出版社，2009.

4　周作人 . 周作人译文全集 . 上海：上海人民出版社，2012.

5　周建人 . 周建人文选 . 北京：中国文史出版社，1988.

6　北京鲁迅博物馆 . 鲁迅研究动态 . 北京：北京鲁迅博物馆，1980-1985.

7　北京鲁迅博物馆 . 鲁迅研究月刊 . 北京：北京鲁迅博物馆，1985-2016.

8　北京鲁迅博物馆鲁迅研究室 . 鲁迅研究资料 . 北京：文物出版社，天津：天津人民出版社，北京：中国文联出版公司，1976-1991.

9　周海婴 . 鲁迅、许广平所藏书信选 . 长沙：湖南文艺出版社，1987.

10　孙郁，黄乔生 . 回望鲁迅 . 石家庄：河北教育出版社，2000.

11　孙郁，黄乔生 . 回望周作人 . 开封：河南大学出版社，2004.

12　周建人 . 略讲关于鲁迅的事情 . 北京：人民文学出版社，1954.

13　周建人，周晔 . 鲁迅故家的败落 . 长沙：湖南人民出版社，1984.

14　周建人 . 回忆大哥鲁迅 . 上海：上海教育出版社，2001.

15　许寿裳 . 我所认识的鲁迅 . 北京：人民文学出版社，1952.

16　许寿裳 . 亡友鲁迅印象记 . 北京：人民文学出版社，1953.

17　周观鱼 . 回忆鲁迅房族和社会环境 35 年间的演变（1902—1936）. 北京：人民文学出版社，1959.

18　许广平 . 鲁迅回忆录 . 北京：作家出版社，1960.

19　许广平 . 许广平忆鲁迅 . 广州：广东人民出版社，1979.

20　陶明志 . 周作人论 . 北京：北新书局 ,1934.

21　张菊香，张铁荣 . 周作人年谱 . 天津：天津人民出版社，2000.

22　张菊香，张铁荣 . 周作人研究资料 . 天津：天津人民出版社，1986.

23　舒芜 . 周作人的是非功过（增订本）. 沈阳：辽宁教育出版社，2000.

24　钱理群 . 周作人传 . 北京：北京出版社，1990.

25 倪墨炎.苦雨斋主人周作人.上海：上海人民出版社，2003.

26 王仲三.周作人诗全编笺注.上海：学林出版社，1995.

27 木山英雄，赵京华.北京苦住庵记——日中战争时代的周作人.北京：生活·读书·新知三联书店，2008.

28 俞芳.我记忆中的鲁迅先生.杭州：浙江人民出版社，1981.

29 谢德铣.周建人评传.重庆：重庆出版社，1991.

30 朱正.鲁迅回忆录正误.北京：人民文学出版社，2006.

31 止庵.周作人传.济南：山东画报出版社，2009.

跋

我与黄乔生先生相识是在 2013 年的春天。

当时，北京市第三十五中学（前身为北平志成中学）还没有离开小口袋胡同十九号老校区，不过已经在新街口开建新的高中部了。黄先生作为北京鲁迅博物馆主管业务的副馆长到我的办公室来，我们谈得很愉快。他赠送我一本他的著作《鲁迅像传》，把鲁迅的一百多幅照片一一解说，角度新颖，文笔生动。交谈间，我了解到他正在写一本新书《八道湾十一号》，写的正是我校新校址内鲁迅兄弟三人曾经居住的那座院落。

我知道他的来意了，惊讶、欣喜、感动。这不正是我们想阅读而寻觅不得的书吗？

西城区人民政府决定将我校高中部迁到新街口地区，对我们是有所嘱托的。这个地区八道湾胡同的十一号宅院，鲁迅曾经居住过并在其中创作了《阿Q正传》《故乡》等名篇，具有很高的文物价值，正好位于高中部新校区的中心。政府的关心和重视可以想见，而三十五中的使命光荣而艰巨。也正因为有这座文学史上知名的建筑，这个地区的搬迁工作花费了很大精力和很长时间，校区的建设进度也因此一再推迟。

自打决定搬迁，学校就为怎样充分利用得天独厚的文化资源发展学校的人文教育做了大量的调研工作。黄先生来访，并且带来正在撰写专著的消息，真是机缘巧合！这对学校是一大幸事！那天，我向黄先生介绍了学校建设的情况，回答了他提出的问题，并邀请他几天后实地考察新校区建设工地，特别是八道湾十一号宅院的修缮工程。

从此以后，我就很期待这本书的出版，每次见面总要催问一下。

2015年，《八道湾十一号》终于面世了。拜读之后，受益良多，对黄先生的文笔和学识由衷地敬佩。这本书很受师生们欢迎。在修缮一新的八道湾十一号院内举办的研讨会上，我听到来自全国各地的专家学者对这本书的高度评价，感到也分享了光荣。

黄先生与我们的交往逐渐密切。随后，我们邀请他为学校的教学和管理骨干举办了讲座；2015年，学校高中部迁入新校区，新学期开学典礼上，我们邀请他为师生们做了题为《一座宅院，一所学校》的报告。我校师生工作学习在旧居周围，又认真阅读这本著作，所受教育具体可感，大家对这座具有深厚历史内涵的宅院的关爱与日俱增。

2017年底，八道湾十一号正式进入展陈实施阶段，"一座宅院，一所学校"又成了整个展陈的主题。我校的创办人之一李大钊先生和鲁迅先生是《新青年》同仁、北京大学同事，他们并肩战斗，相互支持，志同道合，友情深厚。鲁迅为李大钊的文集写了饱含深情的序言。现在，在各级政府的关怀下，在黄馆长这样的知名专家的努力下，在全校师生的支持下，两位伟人在百年之后又共同屹立于志成校园，成为志成的精神支柱，这是志成的大幸事。八道湾十一号将成为学校、西城区、北京市乃至全国重要的人文社会课程基地，在教育指向"立德树人"的今天，发挥更大的作用。

黄先生还给予学校很多帮助，让我们铭感。例如他就院内绿化问题给我们写信，提供了很具体的建议；在关于宅院命名的研讨会上，他的意见得到了大家的赞同；当准备为宅院题写匾额的书法家就这个命名有所咨询时，黄先生写了一封长信给书法家，述说理由，显示出丰富的学识和精到的判断。关于如何将八道湾十一号宅院建设成人文教育基地，他也提出一些设想，美好的愿景让大家振奋。

在交往中，我了解到他二十年前写过《度尽劫波——周氏三兄弟》一书，叙述三兄弟丰富多彩的成长过程和彪炳史册的文化业绩。这正是学生们需要认真学习的，可惜书店和网上都买不到了，我便催促他修订再版。他日常行政工作多，学术研究任务重，能抽出时间来实在不易。令人惊喜的是，现在，该书修改完毕，即将出版。我祝贺他，也感谢他。

我是黄先生的读者，这很平常，因为他的读者很多；我还是一位催稿者，这样的人可能不多吧。黄先生还有一些写作计划，我觉得都很有价值。期待他写出更多给人启发、让人愉悦的著作。我呢——不辞长做催稿人。

北京市第三十五中学校长　朱建民

2018年8月19日

责任编辑：罗少强
特约编辑：李建新

图书在版编目（CIP）数据

度尽劫波：周氏三兄弟 / 黄乔生著.—

北京：人民出版社，2019.3

ISBN 978-7-01-019768-5

Ⅰ.①度… Ⅱ.①黄… Ⅲ.①鲁迅（1881-1936）－生平事迹②周

作人（1885-1967）－生平事迹③周建人（1888-1984）－生平

事迹 Ⅳ.①K825.6

中国版本图书馆CIP数据核字（2018）第212246号

度尽劫波：周氏三兄弟
DUJINJIEBO：ZHOUSHISANXIONGDI
黄乔生 著
人 民 出 版 社 出版发行
（100706 北京市东城区隆福寺街99号）
北京汇林印务有限公司印刷 新华书店经销
2019年3月第1版 2019年3月北京第1次印刷
开本：640毫米×960毫米1/16 印张：29.5
字数：322千字 印数：0,001-5,000册
ISBN 978-7-01-019768-5 定价：68.00元
邮购地址100706 北京市东城区隆福寺街99号
人民东方图书销售中心 电话：（010）65250042 65289539